Die deutsche

LUFTWAFFE

im 2. Weltkrieg

Die deutsche
LUFTWAFFE
im 2. Weltkrieg

GONDROM

DIE GESCHICHTE DER LUFTFAHRT

Chefredakteur: Dale M. Brown
Verantwortlicher Redakteur: Jim Hicks
Designer: Raymond Ripper
Chef der Dokumentation: W. Mark Hamilton

Redaktionsstab des Bandes
Die Luftwaffe:
Bildredakteurin: Marion F. Briggs
Textredakteure: David S. Thomson, Russell B. Adams Jr.
Vertragsautoren: Kevin D. Armstrong, Robert A. Doyle, Laura Longley, Glenn Martin McNatt
Dokumentation: La Verle Berry, Patricia A. Cassidy (leitend), Betty Ajemian, Roxie France, Adrienne George, Elizabeth L. Parker, Jules Taylor, Maria Zacharias
Assistent des Designers: Van W. Carney
Textkoordination: Elizabeth Graham, Anthony K. Pordes
Bildkoordination: Betsy Donahue
Redaktionsassistentin: Caroline A. Boubin

Besondere Mitarbeiter: Derek Dempster, Herbert Molloy Mason Jr., John Neary (Text); Katie Hooper McGregor, Nancy Cromwell Scott (Dokumentation).

Leitung der deutschen Redaktion:
Hans-Heinrich Wellmann
Textredaktion: Madeleine Jakits

Fachberater für die deutsche Ausgabe:
Dr. Albrecht Lampe

Aus dem Englischen übertragen von Wulf Bergner

Korrespondenten: Elisabeth Kraemer (Bonn); Margot Hapgood, Dorothy Bacon (London); Susan Jonas, Lucy T. Voulgaris (New York); Maria Vincenza Aloisi, Josephine du Brusle (Paris); Ann Natanson (Rom). Wertvolle Hilfe leisteten außerdem: Helga Kohl (Bonn); Judy Aspinall, Millicent Trowbridge (London); Christina Lieberman, Tina Voulgaris (New York); Traudl Lessing (Wien); Bodgan Turek (Warschau).

Lizenzausgabe 2001 für Gondrom Verlag GmbH, Bindlach

ISBN 3-8112-1907-3

Der Umwelt zuliebe gedruckt auf chlorfrei gebleichtem Papier.

***DIE BERATER* für Die Luftwaffe**

Dr. Edward Homze, der Hauptberater, ist seit 1965 Professor für Geschichte an der University of Nebrasca in Lincoln. Der ehemalige Bombenschütze/Navigator von B-47 der amerikanischen Luftwaffe hat zahlreiche Bücher und Artikel über Deutschland geschrieben, darunter *Arming the Luftwaffe* und *Foreign Labor in Nazi Germany*.

Dr. Horst Boog ist Wissenschaftlicher Direktor im Militärgeschichtlichen Forschungsamt in Freiburg. Er hat mehrere Arbeiten über die Luftwaffe geschrieben, darunter *Die deutsche Luftwaffenführung 1935–1945 – Führungsprobleme, Spitzengliederung, Generalstabsausbildung*.

***DIE BERATER* für Die Geschichte der Luftfahrt**

Charles Harvard Gibbs-Smith, Research Fellow des Science Museum in London und emeritierter Kustos des Victoria and Albert Museum in London, hat rund 20 Bücher geschrieben und herausgegeben, die sich mit der Geschichte der Luftfahrt befassen. 1978 wurde er zum ersten Lindbergh-Professor für Geschichte der Luft- und Raumfahrt am National Air and Space Museum in Washington ernannt.

Dr. Hidemasa Kimura, Ehrenprofessor der Nippon-Universität in Tokio, ist Verfasser zahlreicher Bücher über Luftfahrtgeschichte und hat einen weit über die Grenzen seines Landes hinausgehenden Ruf als Autorität auf dem Gebiet der Luftfahrttechnik und Flugzeugkonstruktion erlangt. Ein von ihm entworfenes Flugzeug erreichte 1938 den Weltrekord im Streckenflug.

VORSATZBLATT

Junkers Ju 87 einer Stukastaffel der deutschen Luftwaffe stürzen bei Kriegsausbruch 1939 fast senkrecht durch die Wolken, um polnische Truppen zu bombardieren. Die spektakulären Attacken der Stukas bahnten den deutschen Angriffsspitzen den Weg und verbreiteten Schrecken unter Millionen polnischer Flüchtlinge. Das Gemälde ist eine Auftragsarbeit des Malers Richard Schlecht aus Washington für den vorliegenden Band.

INHALT

Die stärkste Luftstreitmacht der Welt

Im März 1935, nur zwei Jahre nach der Machtergreifung, setzte Adolf Hitler sich unverhohlen über die Deutschland nach dem Ersten Weltkrieg im Vertrag von Versailles auferlegten Beschränkungen hinweg und kündigte ein massives Wiederaufrüstungsprogramm an. Er wollte eine Luftwaffe, deren Geschwader nationalsozialistischer Propaganda zufolge ein „stählernes Dach über Deutschland“ bilden und „die Sonne verfinstern“ würden.

Damals bestand die junge deutsche Luftwaffe lediglich aus drei Jagdstaffeln, fünf Kampfstaffeln, acht Aufklärungs- und Seefliegerstaffeln sowie 29 Flakbatterien – alle nach den Bestimmungen des Vertrags von Versailles verboten. Aber Hitler versäumte keine Gelegenheit, seine im Entstehen begriffene Luftwaffe mit einer Aura von Stolz und Macht zu umgeben. Im Rahmen sorgfältig arrangierter Feiern verlieh er Geschwadern Namen, die an vergangene Ruhmestaten erinnerten. Die erste dieser Zeremonien *(rechts)* fand am 14. März 1935 statt, als ein Jagdverband den Namen „Jagdgeschwader Richthofen“ – nach dem erfolgreichsten deutschen Jagdflieger des Ersten Weltkriegs – erhielt. Und er sorgte dafür, daß bei den in Nürnberg stattfindenden farbenfrohen Demonstrationen militärischer Stärke nun alljährlich mit schwarzen Balkenkreuzen gekennzeichnete Flugzeugstaffeln über die Aufmärsche hinwegdonnerten.

Solche Vorführungen hatten vor allem den Zweck, andere Staaten zu beeindrucken, aber die Luftwaffe wuchs tatsächlich zu einer schlagkräftigen Streitmacht heran. Hermann Göring, der dabei von seinem Staatssekretär der Luftfahrt, Erhard Milch, tatkräftig unterstützt wurde, leistete Erstaunliches, um die Luftflotten des Dritten Reiches wirklich kampfstark zu machen. Die deutsche Flugzeugproduktion schnellte von einigen hundert Maschinen im Jahr auf Tausende hoch. Zugleich wurden veraltete Maschinen durch neue Muster ersetzt, bis die Jäger und Bomber der Luftwaffe ausschließlich schnelle Ganzmetalleindecker waren. Als Hitler im Jahre 1939 zur Eroberung Europas ansetzte, verfügte seine Luftwaffe über mehr als 4000 Frontflugzeuge und war damit die gewaltigste Luftstreitmacht der Welt.

Adolf Hitler und Hermann Göring 1935 an der Spitze einer Gruppe von Offizieren, darunter auch Erhard Milch (vierter von links), der den technischen Aufbau der Luftwaffe leitete, bei der Besichtigung der Flugzeuge des neubenannten Jagdgeschwaders Richthofen. Die Heinkel- und Arado-Doppeldecker He 51 und Ar 65 wurden schon bald durch leistungsfähigere Eindecker ersetzt.

Flugschüler sind 1935 vor einem zur Anfangsausbildung dienenden Schulflugzeug angetreten. Vor dem Krieg erhielten zukünftige Piloten an den Flugzeugführerschulen der Luftwaffe eine zweijährige, gründliche Ausbildung mit 250 Flugstunden.

Jagdflieger rennen bei einer Einsatzübung im August 1935 – kurz nach der offiziellen Gründung der deutschen Luftwaffe – zu ihren Heinkel He 51.

Kurz vor Kriegsausbruch stehen im Bau befindliche Junkers-Sturzkampfbomber Ju 87B in einer Montagehalle; im Jahre 1939 wurden 557 Ju 87 produziert.

Endmontage zweier mittelschwerer Heinkel-Bomber He 111, die bereits militärische Kennzeichen tragen, im Jahre 1939. Die 1934 für eine Doppelrolle als Kampf- und Verkehrsflugzeug entworfene He 111 wurde im spanischen Bürgerkrieg 1936–39 erstmals militärisch eingesetzt.

Schlanke, schnelle zweimotorige Domier-Bomber Do 17 donnern, Rauchstreifen hinter sich herziehend, über das Gelände des Nürnberger Reichsparteitages 1938. Die Flak im Vordergrund beschießt die Flugzeuge mit Übungsgranaten, während Tausende diese Szene von der für die alljährliche Demonstration deutscher Militärstärke errichteten beflaggten Tribüne beobachten.

1

Deutsche Flugzeuge über Polen

Nur sehr mutige – oder tollkühne – Piloten hätten es gewagt, die Dunstschleier und Nebelschwaden zu durchfliegen, die das leicht gewellte Land zwischen dem Nordosten Deutschlands und Polen im Morgengrauen des 1. September 1939 bedeckten. Oberleutnant der Luftwaffe Bruno Dilley, ein ehemaliger Polizeibeamter, hatte mehr als genug Mut und entschied sich dafür, den ihm erteilten Auftrag trotz miserablen Flugwetters auszuführen. Er und die beiden anderen Piloten seiner Kette, Leutnant Horst Schiller und Feldwebel Gerhard Grenzel, waren gründlich ausgebildete Flugzeugführer, die Sturzkampfbomber des Typs Junkers Ju 87, abgekürzt Stukas, fliegen würden. Ihr Auftrag war für das deutsche Heer, das an diesem Morgen bereitstand, um in Polen einzufallen und damit den ersten Schlag im Zweiten Weltkrieg zu führen, taktisch äußerst wichtig.

Dilleys Angriffsziel waren die beiden riesigen stählernen Eisenbahnbrükken, die am Stadtrand von Dirschau die Weichsel überspannten. Das Oberkommando des Heeres wollte erreichen, daß die beiden Fachwerkbrücken unbeschädigt blieben, damit deutsche Truppen und Nachschubtransporte im Blitzkrieg gegen die polnische Armee rasch die Weichsel überqueren konnten. Dilley hatte den Auftrag, die Polen daran zu hindern, die Brücken als Verteidigungsmaßnahme zu sprengen. Polnische Heerespioniere hatten bereits Sprengladungen an beiden Brücken angebracht; die drei Stukapiloten sollten die von den Sprengladungen zum elektrischen Zündgerät auf dem Bahnhof Dirschau führenden Zündkabel zerstören.

Dünne Drähte von schnellfliegenden Flugzeugen aus mit Bomben unterbrechen zu wollen war ein überaus schwieriges Unterfangen. Dilley und seine Kettenflieger hatten das Ziel erkundet, indem sie in Zivil mit dem Schnellzug Berlin–Königsberg gefahren waren, der durch den schmalen polnischen Korridor zwischen dem Reichsgebiet und Ostpreußen über die wichtigen Weichselbrücken rollte. Vom Zug aus hatten die deutschen Flugzeugführer die am Flußufer entlangführenden Zündkabel selbst gesehen. Um ein so kleines Ziel treffen zu können, würden die normalerweise als Sturzkampfbomber eingesetzten Ju 87 horizontal in Baumhöhe anfliegen müssen. Das war schon unter idealen Wetterbedingungen eine riskante Sache, die am Morgen des 1. September durch Dunst und Nebel um ein Vielfaches gefährlicher wurde.

Um 4.26 Uhr morgens jagten Dilley, Schiller und Grenzel mit ihren Stukas über einen holperigen Flugplatz bei Elbing in Ostpreußen und

Unter der bedrohlich wirkenden Schnauze eines Stukas Ju 87 transportieren Angehörige des Bodenpersonals der Luftwaffe die erste Bombenladung für den am nächsten Tag beginnenden Blitzkrieg in Polen heran.

starteten. Dirschau lag 39 Kilometer entfernt. Wenn alles gutging, würden sie es in nur acht Minuten erreichen.

Sechs Minuten lang rasten die drei Flugzeugführer und die in der Zweimannkanzel der Stukas hinter ihnen sitzenden Bordschützen durch tiefhängende Wolkenfetzen, während die 1200 PS starken Motoren des Typs Jumo 211D mit Vollgas röhrten. Schon der kleinste Höhenfehler hätte den Aufprall auf einen der sanften Hügel des Grenzlandes bedeutet, und jeder Stuka trug eine 250-kg-Bombe unter dem Rumpf und vier 50-kg-Bomben unter der Tragfläche, so daß eine Bodenberührung sofort tödlich ausgegangen wäre. Zwei Minuten vor dem Ziel erkannte Dilley undeutlich das silbergraue Band der Weichsel unter seinen Tragflächen. Die beiden anderen Maschinen folgten ihm in Kettenreihe, als er einkurvte, um flußabwärts die Brücken anzufliegen. Alle drei blieben in weniger als 30 Meter Höhe über dem Wasser.

Sobald Dilley die durch den Dunst schimmernden Brücken erkannte, gab er über Funk durch: „Ziel voraus!" und jagte mit seinem Stuka parallel zum linken Weichselufer auf die Doppelbrücke zu. Als seine Maschine keine 100 Meter mehr von der doppelten Fachwerkbrücke entfernt war, betätigte er den Bombenauslöseknopf an seinem Steuerknüppel, bevor er diesen zurückriß und nach links zog. Der um das Gewicht seiner Bomben erleichterte Stuka übersprang die Brücken in einer steilen Kehrtkurve nach links. Schiller und Grenzel flogen genau den gleichen Angriff wie ihr Kettenführer. Als sie abdrehten, sahen sie, daß ihre Bomben dort detoniert waren, wo die Zündkabel verliefen. Es war 4.34 Uhr – elf Minuten vor dem auf 4.45 Uhr festgesetzten Angriff des deutschen Heeres. Die drei Piloten rasten nach Ostpreußen und zu ihrem Platz zurück.

Obwohl ihr Angriff nur teilweise erfolgreich war – die Polen setzten einige Zündkabel wieder instand und sprengten eine Hälfte der Doppelbrücke –, hatten Dilley und seine Kettenflieger überzeugend das fliegerische Können und den Mut demonstriert, die die Flugzeugführer der deutschen Luftwaffe im Zweiten Weltkrieg auszeichneten. Für die Piloten, deren Aufgabe es war, sich der deutschen Luftwaffe entgegenzustellen – zuerst die der polnischen Luftwaffe, dann französische Jagdflieger und Piloten der englischen Royal Air Force sowie später Flieger aus der Sowjetunion und den Vereinigten Staaten –, bedeutete das Wort „Luftwaffe" erbitterte Kämpfe gegen einen außergewöhnlich zähen und einfallsreichen Gegner. Für die Bodentruppen und die Bevölkerung Polens, Belgiens, der Niederlande, Frankreichs, Englands und der Sowjetunion bedeutete es vernichtende Angriffe, die den deutschen Truppen, die den größten Teil Europas überrannten, den Weg bahnten. In den ersten Kriegsjahren schien die deutsche Luftwaffe allgegenwärtig und nahezu unbesiegbar zu sein, während sie an so weit auseinanderliegenden Fronten wie Nordafrika und Nordrußland kämpfte. Tatsächlich war sie damals die beste Luftwaffe der Welt – mit Besatzungen, die einen hohen Ausbildungsstand mit überlegener Kampfmoral vereinten. Selbst später, als das Kriegsglück sich gewendet hatte, trotzte die deutsche Luftwaffe den gewaltigsten alliierten Anstrengungen, sie vom Himmel zu vertreiben.

Der von Bruno Dilley und seinen Staffelkameraden eingeleitete deutsche Einfall in Polen erfüllte einen langgehegten Wunsch des Reichskanzlers Adolf Hitler und einiger hoher Militärs des Dritten Reiches. Sie waren entschlossen, Gebiete zurückzugewinnen, die Deutschland im Vertrag von Versailles – dem Deutschland nach seiner Niederlage im Ersten Weltkrieg

Oberleutnant Bruno Dilley, der den ersten Luftangriff des Zweiten Weltkriegs geflogen hatte, im Führersitz seines Stukas. Dilleys Laufbahn verdeutlicht die Strapazen, die deutsche Flugzeugführer aushielten: Er flog im Zweiten Weltkrieg fast 650 Einsätze und wurde viermal abgeschossen, davon zweimal hinter feindlichen Linien.

Polnische Zwangsarbeiter aus Dirschau bei der Trümmerbeseitigung an einer von zurückgehenden polnischen Pionieren gesprengten Eisenbahnbrücke über die Weichsel. Präzisionsangriffe durch Oberleutnant Bruno Dilley und seine Kettenflieger hinderten die Polen daran, die im Hintergrund sichtbare Brücke ebenfalls zu sprengen.

aufgezwungenen Friedensvertrag mit Strafcharakter – ihrer Meinung nach ungerechterweise hatte abtreten müssen. Keine der territorialen Bestimmungen des Versailler Vertrages empörte die Deutschen mehr als die Gebietsabtretung eines 80 Kilometer breiten Korridors mit Zugang zur Ostsee an Polen. Diese Bestimmung trennte Ostpreußen, Deutschlands östlichste Provinz, vom Reich und unterstellte die alte deutsche Hafenstadt Danzig der Überwachung durch den Völkerbund und der wirtschaftlichen Kontrolle durch Polen. Hitler ging es jedoch nicht nur darum, verlorene Gebiete zurückzugewinnen, er war auch von dem Gedanken besessen, den 80 Millionen Deutschen im Osten zusätzlichen „Lebensraum" zu sichern. Falls Deutschlands Grenzen sich nicht friedlich ausdehnen ließen, war er zur Gewaltanwendung entschlossen.

Bis zum Jahre 1939 war es Hitler gelungen, den deutschen Machtbereich ohne einen Schuß zu erweitern. Im März 1936 waren seine Truppen ins Rheinland einmarschiert und hatten damit gegen den Versailler Vertrag verstoßen, dem zufolge ein breiter Landstreifen zwischen Frankreich und Deutschland entmilitarisiert bleiben sollte. Lediglich durch Drohungen hatte er im März 1938 den Anschluß Österreichs durchgesetzt. Im September 1938 schüchterte er dann – zum Teil durch prahlerische Hinweise auf die Stärke seiner Luftwaffe – Frankreich und Großbritannien so weit ein, daß sie im Münchner Abkommen einer teilweisen Besetzung der Tschechoslowakei zustimmten. Wenig später wurde dann das ganze Land von deutschen Truppen besetzt.

Nach dieser Kette erfolgreicher Unternehmen war es nur eine Frage der Zeit, bis Hitler die Polen ultimativ zur Rückgabe Danzigs aufforderte – und heimlich die Eroberung ganz Polens vorbereitete. Allerdings hatten sich Großbritannien und Frankreich verpflichtet, Deutschland den Krieg zu erklären, falls die Wehrmacht die polnische Grenze verletzte. Aber Hitler war davon überzeugt, daß die Westmächte, die ihm Österreich und die Tschechoslowakei untätig überlassen hatten, auch diesmal klein beigeben würden. Und selbst wenn sie Deutschland den Krieg erklärten, rechnete er damit, daß sie ihre Meinung ändern würden, sobald sie die wahre Stärke seiner Kriegsmaschinerie erkannten. Hitler war entschlossen, als nächstes Polen in sein großdeutsches Reich einzugliedern.

Um den Einfall in Polen vorzubereiten, erhoben Hitler und seine Propagandisten lautstark den Vorwurf, in Polen lebende Volksdeutsche seien Mißhandlungen durch „bestialische“ Polen ausgesetzt und die polnische Armee schicke systematisch Stoßtrupps über die Grenze nach Deutschland. „Der polnische Staat hat die von mir erstrebte friedliche Regelung nachbarlicher Beziehungen verweigert“, tobte Hitler am Morgen des ersten Kriegstages, „er hat statt dessen an die Waffen appelliert... Wiederholte, für eine Großmacht unerträgliche Grenzverletzungen beweisen, daß die Polen nicht mehr gewillt sind, die deutsche Reichsgrenze zu achten. Um diesem wahnwitzigen Treiben ein Ende zu bereiten, bleibt mir kein anderes Mittel, als von jetzt an Gewalt gegen Gewalt zu setzen.“ Außerhalb Deutschlands fielen nur wenige auf solche schamlosen Lügen herein. Aber er besaß die nötigen Waffen: 55 Heeresdivisionen – rund 1 500 000 Mann –, die an der langen, schwer zu verteidigenden polnischen Grenze bereitstanden, und zwei Luftflotten mit mehr als 1800 Maschinen, die Angriffsspitzen dieser imposanten Streitmacht.

Bruno Dilleys Einsatz ließ die entscheidende Rolle der Luftwaffe in diesem von ihr begonnenen Krieg vorausahnen. Ihre Flugzeuge waren für Angriffe auf militärische Ziele bestimmt, um den Panzern und Infanterieverbänden des Heeres den Weg zu bahnen. Die Junkers Ju 87, ein kompaktes, einmotoriges Flugzeug mit nur 450 Kilogramm Bombenzuladung und einer normalen Reichweite von 600 Kilometern, war ganz offensichtlich nicht für Einsätze tief im Feindesland geeignet, wo Fabriken und Kraftwerke angegriffen werden sollten. Aber wenn sie sich mit Sirenengeheul in die Tiefe stürzte – der Name „Stuka“ war eine Abkürzung der Bezeichnung „Sturzkampfflugzeug“ –, konnte sie feindliche Truppenansammlungen, eine Panzerkolonne, einen Stützpunkt oder jedes andere Hindernis, das die Bewegungsfreiheit der vorrückenden deutschen Bodentruppen einzuengen imstande war, zielgenau bombardieren.

Die beiden anderen Bomber der deutschen Luftwaffe im Jahre 1939 – die bleistiftdünne Dornier Do 17 und die Heinkel He 111 mit dem verglasten Bug – waren zweimotorige mittelschwere Horizontalbomber mit mittlerer Reichweite. Auch sie eigneten sich am besten für die Erdkampfunterstützung, indem sie beispielsweise die Straßen und Eisenbahnen im feindlichen Hinterland zerstörten und dadurch die Nachschubtransporte des Gegners lahmlegten. Die Jagdflugzeuge der Luftwaffe, die schnelle und wendige Messerschmitt Me 109 und der als Zerstörer bezeichnete zweimotorige Jäger Messerschmitt Me 110, hatten den Auftrag, die gegnerische Jagdwaffe auszuschalten, damit die deutschen Bomber Ziele im Frontgebiet und im feindlichen Hinterland angreifen konnten.

Daß die Luftwaffe sich zur Angriffsspitze der deutschen Panzerkolonnen entwickelt hatte, war vor allem auf Charakter und Werdegang zweier Männer zurückzuführen: auf Generalfeldmarschall Hermann Göring, der im Ersten Weltkrieg Jagdflieger gewesen war, und Generalmajor Dr.-Ing. Wolfram Freiherr von Richthofen, ein Vetter des legendären „Roten Barons“ Manfred Freiherr von Richthofen, des berühmtesten deutschen Jagdfliegers des Ersten Weltkrieges.

Der wegen Deutschlands Niederlage im Jahre 1918 verbitterte und durch die seinem Vaterland im Versailler Vertrag auferlegten drückenden Beschränkungen empörte Göring hatte sich in den frühen zwanziger

General der Flieger Alexander Löhr war Oberbefehlshaber einer der riesigen deutschen Luftflotten, die als erste nach Polen vorstießen. Der mit Hermann Göring befreundete Alexander Löhr gehörte zu den wenigen Österreichern, die nach dem Anschluß Österreichs 1938 im Dritten Reich hohe Führungspositionen erreichten.

Jahren der rechtsextremen Nationalsozialistischen Deutschen Arbeiterpartei Adolf Hitlers angeschlossen, in der er die größte Hoffnung Deutschlands auf eine Wiedergeburt – und auf Rache – sah. Als Hitler und die Nationalsozialisten im Jahre 1933 an die Macht kamen, wurde Göring mit dem Amt des Reichsluftfahrtministers belohnt, als der er zugleich den Oberbefehl über die im Aufbau befindliche deutsche Luftwaffe übernahm. Als ehemaliger Kommandeur eines Jagdgeschwaders hatte Göring erheblich mehr Verständnis für die Praxis des taktischen Luftkriegs als für die Theorie strategischer Luftkriegsführung – die eintönige, methodische Zerschlagung der feindlichen Rüstungsindustrie –, die in den zwanziger und dreißiger Jahren von Sir Hugh Trenchard, dem Oberbefehlshaber der englischen RAF, und General Billy Mitchell, dem amerikanischen Luftmacht-Apostel, gepredigt wurde.

Wie die meisten deutschen Militärstrategen stellte Göring sich das Deutsche Reich als Sieger in einer Reihe kurzer, mit aller Kraft geführter Kriege vor, anstatt es in einen langwierigen Mehrfrontenkrieg verwickelt zu sehen. Für solche begrenzten Kriege genügten Bomber, die Erdkampfunterstützung fliegen konnten. Strategische Langstreckenbomber waren unter diesen Voraussetzungen überflüssig.

Göring hatte einen weiteren Grund, leichte und mittlere Bomber vorzuziehen. Hitler wollte die größte Luftwaffe, die sich in kurzer Frist aufbauen ließ. Ein- und zweimotorige Flugzeuge waren viel schneller und billiger herzustellen als komplizierte viermotorige Bomber. Deshalb ließ Göring die Weiterentwicklung der beiden im Jahre 1936 erprobungsreifen großen Bomber einstellen und wies die rasch expandierende deutsche Luftfahrtindustrie an, sich auf den Großserienbau der Typen He 111 und Do 17 zu konzentrieren, von denen bereits Versuchsmuster oder Vorserienmaschinen existierten. „Der Führer wird nicht fragen, wie groß die Kampfflugzeuge sind", sagte Göring damals zu einem seiner engsten Mitarbeiter, „sondern wie viele es sind."

Wolfram Freiherr von Richthofen war nicht weniger vom taktischen Einsatz der Luftstreitkräfte begeistert, seitdem er im spanischen Bürgerkrieg ihre vernichtenden Wirkungen erlebt hatte. Der Ausbruch dieses Krieges im Jahre 1936 war von Hitler und seinen Generalen als ein Geschenk des Himmels für die junge deutsche Luftwaffe begrüßt worden, die in Spanien ihre Flugzeuge erproben, ihre Besatzungen ausbilden und neue Einsatzformen unter modernen Luftkampfbedingungen entwickeln konnte. Richthofen war eine Zeitlang Kommandeur der Legion Condor gewesen – des von Hitler zur Unterstützung von General Francos Truppen nach Spanien entsandten Freiwilligenkontingents.

In Spanien stellte Richthofen fest, daß die als Jäger veraltete Heinkel He 51, ein kleiner Doppeldecker, sich vor allem dann hervorragend als Schlachtflieger und Tiefflieger eignete, wenn sie mit Bündeln kleiner 10-kg-Brandbomben, „Flambos" genannt, ausgerüstet war. Diese Brandbomben wurden erstmals von einem der Piloten Richthofens eingesetzt: Leutnant Adolf Galland, der später General der Jagdflieger werden sollte. „Auch eine Art Vorläufer der heutigen Napalm-Bombe erfanden meine Mechaniker", berichtete Galland Jahre später. Sie bestand aus einem Kanister mit einer Mischung aus Flugbenzin und Motoröl, an dem je eine Splitter- und eine Brandbombe angebracht war. Nachdem die Republikaner mit dieser tödlichen Waffe aus ihren Schützengräben getrieben worden waren, griffen Galland und seine aus neun Flugzeugen bestehende Staffel

Auch General der Flieger Albert Kesselring war Oberbefehlshaber einer Luftflotte, die Luftunterstützung für die nach Warschau vorstoßenden deutschen Heeresverbände flog. Der spätere Generalfeldmarschall errang im weiteren Verlauf des Zweiten Weltkrieges den Ruf, einer der fähigsten Befehlshaber Hitlers zu sein.

die Infanteristen, die vor dem brennenden Benzin flüchteten, das durch ihre Stellungen floß, mit ihren MGs an.

In Spanien machte Richthofen auch die Erfahrung, daß der Schlüssel zu wirkungsvoller Luftunterstützung die enge Zusammenarbeit zwischen dem zuständigen Fliegerführer und den Frontkommandeuren des jeweiligen Abschnitts war. Mit der für ihn charakteristischen Gründlichkeit besuchte Richthofen persönlich vorgeschobene Posten, um die spanischen Offiziere zu fragen, welche feindlichen Stützpunkte mit Bomben und Bordwaffen angegriffen werden sollten. Dann ließ er seine Staffeln diese Ziele angreifen und beobachtete die Wirkung des Angriffs mit dem Fernglas.

Die von Richthofen in Spanien erprobten Methoden und Verfahren wurden zu Hause in Deutschland mit einiger Skepsis betrachtet. Trotzdem erhielt er die Erlaubnis, einen Fliegerverband z. b. V. aufzustellen, der seine Vorstellungen von taktischem Luftwaffeneinsatz verwirklichen sollte. Er bestand aus drei Stukageschwadern mit etwa 40 Ju 87, einem Schlachtfliegergeschwader mit 36 langsamen, aber schwerbewaffneten Doppeldekkern des Typs He 123, einem ebenso starken Zerstörergeschwader mit zweimotorigen Me 110 und einer Aufklärerstaffel mit etwa zehn Henschel Hs 126, einem abgestrebten Ganzmetallhochdecker.

Als Deutschland am Morgen des 1. September 1939 gegen Polen losschlug, befand sich Richthofen im Brennpunkt des Geschehens. Sein Nahkampfverband hatte den Auftrag, die polnischen Grenzbefestigungen im Südabschnitt der deutsch-polnischen Grenze für General Walther von Reichenaus 10. Armee – die Angriffsspitze der Heeresgruppe Süd – aufzureißen. Richthofen und Reichenau hatten Quartier in Schloß Schönwald bezogen, kurz vor der polnischen Grenze.

Richthofens Fliegerverband bildete nicht ganz die Hälfte der Luftflotte 4, die im Wartheland, in Schlesien und in der Slowakei an der Südwestgrenze Polens lag. Oberbefehlshaber der Luftflotte 4 war General der Flieger Alexander Löhr, ein österreichischer Berufsoffizier, der nach dem Anschluß seiner Heimat ans Deutsche Reich im Jahre 1938 zur Luftwaffe übergetreten war. Im Norden stand die Luftflotte 1 unter dem Oberbefehl von General der Flieger Albert Kesselring, einem stämmigen, tatkräftigen Fliegeroffizier des Ersten Weltkriegs, bereit, um aus Pommern und Ostpreußen die Operationen des Heeres zu unterstützen.

Der Angriffsplan der Wehrmacht für den Polenfeldzug war einfach genug. Die 630 000 Mann starke Heeresgruppe Nord unter dem Oberbefehl von Generaloberst Fedor von Bock sollte nach Südosten in Richtung Warschau vorstoßen. Gleichzeitig würde die Heeresgruppe Süd mit 886 000 Mann unter dem Oberbefehl von Generaloberst Gerd von Rundstedt aus dem schlesischen Raum zum Angriff nach Nordosten antreten. Die beiden Heeresgruppen, deren Speerspitzen von Panzerdivisionen und motorisierten Infanteriedivisionen gebildet wurden, sollten die Masse der polnischen Armee zwischen sich zermalmen.

Zu diesem Zweck hatte die deutsche Luftwaffe folgende Maschinen zusammengezogen: 648 Bomber der Typen He 111 und Do 17, 219 Stukas Ju 87, 210 Zerstörer Me 110 und einmotorige Jäger Me 109, 36 Schlachtflugzeuge Hs 123 sowie etwa 470 Aufklärer und Transportflugzeuge. Dieser Massierung hatte die polnische Luftwaffe nichts Gleichwertiges entgegenzusetzen. Als die Deutschen angriffen, verfügten die Polen lediglich über rund 400 Frontflugzeuge: etwa 160 Jäger, 118 leichte Bomber, 36 mittelschwere Bomber und 85 Aufklärer.

Ein mittelschwerer Bomber des Typs PZL 37 Lós, im Jahr 1939 das einzige moderne polnische Kampfflugzeug, steht auf einem Flugplatz bei Warschau neben PZL 11C-Jägern mit Knickflügeln. Die mit einer Vollsichtkanzel ausgerüstete zweimotorige PZL 37 erreichte 445 Stundenkilometer und konnte eine Bombenlast von 2,5 Tonnen tragen.

Abgesehen von den 36 mittelschweren Bombern des Typs Lós (Elch), die moderne zweimotorige Maschinen waren, mußten die polnischen Militärflugzeuge nach dem Stand von 1939 als technisch überholt oder veraltet bezeichnet werden. Bei den Jägern handelte es sich hauptsächlich um den in den Warschauer Panstwowe Zaklady Lotnicze, den Staatlichen Flugzeugwerken, gebauten Typ PZL 11C: Hochdecker, dessen Entwurf aus dem Jahre 1931 stammte. Selbst in der für sie günstigsten Einsatzhöhe von 5500 Meter waren die PZL 11C etwa 150 Stundenkilometer langsamer als die deutschen Me 109 und geringfügig langsamer als viele deutsche Bomber. Außerdem waren die PZL 11C unzulänglich bewaffnet: Viele von ihnen waren nur mit zwei leichten MGs ausgerüstet.

Aber die deutsche Luftwaffe ging auch im Kampf gegen diesen weit unterlegenen Gegner kein Risiko ein. Ihre beiden Luftflotten wollten als erstes die polnischen Flugplätze zerstören und sich so die Luftherrschaft über der Front sichern. Während Bruno Dilley und seine Kettenflieger zu ihrem ostpreußischen Fliegerhorst zurückflogen, wurden Stukas, He 111, Do 17 und Begleitjäger für diese Einsätze startklar gemacht.

Die meisten Maschinen, die zu Angriffen auf polnische Flugplätze starteten, gehörten zu Löhrs Luftflotte 4 im Süden. Im Norden behinderten Dunst und Nebel Kesselrings Luftflotte 1, bis der erste Kriegstag fast zur Hälfte vorüber war. Tatsächlich lagen weite Gebiete Polens an diesem Tag unter tiefhängenden Wolken verborgen. Aber Löhrs Flugzeuge konnten starten, und die Masse der Luftflotte fand im Raum Krakau eine aufgerissene Wolkendecke vor. Die Maschinen steuerten geradewegs den wichtigsten Flugplatz dieser alten Stadt an.

Den ersten Angriff flogen 60 Bomber He 111 des Kampfgeschwaders 4, das in dem 45 Flugminuten entfernten schlesischen Langenau stationiert war. Die beiden Gruppen flogen das Ziel in dichten Pulks in 3700 Meter Höhe an – hoch genug, um den sie begleitenden Me 110 Gelegenheit zu geben, etwa angreifende polnische Jäger abzuwehren. Aber die He 111 wurden nicht angegriffen, während sie ihre 48 Tonnen Bomben ins Ziel brachten. Der nächste Angriff wurde von etwa 30 Stukas geflogen, denen rund 100 Do 17 „Fliegende Bleistifte“ folgten. Als diese letzte Welle das Zielgebiet erreichte, brannten die Hallen des Flugplatzes Krakau, und aus den brennenden Treibstofflagern stiegen riesige schwarze Rauchsäulen auf, die den Angreifern die Sicht auf die Start- und Landebahnen und andere Platzeinrichtungen nahmen. Deshalb befahl Oberst Wolfgang von Stutterheim seinen Do-17-Piloten, im Tiefflug anzugreifen. Die Bomber röhrten mit 390 Stundenkilometern die Hauptlandebahn entlang und lösten ihre 50-kg-Bomben im Reihenwurf aus. Noch vor Abschluß dieses letzten deutschen Angriffs lag der Flugplatz Krakau in Trümmern.

Als das Wetter schließlich aufklarte, griffen weitere Ju 87, He 111 und Do 17 die Flugplätze in der Nähe eines halben Dutzends polnischer Städte an. Eine He-111-Gruppe stieß sogar 500 Kilometer weit nach Polen hinein vor und belegte auf dem Flugplatz Lemberg die Hallen und Landebahnen mit insgesamt 22 Tonnen Bomben.

Während die Flugplätze angegriffen wurden, setzten zusätzliche Bomber einen weiteren Teil des Angriffsplans der deutschen Luftwaffe in die Tat um. Sie flogen kreuz und quer über Polen und zerstörten die Lebensadern der polnischen Bodentruppen: die Straßen und Eisenbahnen, die für feindliche Truppenverschiebungen und Nachschubtransporte benötigt wurden. Diese Taktik der Abriegelung des Schlachtfeldes demonstrierte eine später häufig nachgeahmte Einsatzart für Luftstreitkräfte – eine höchst wirkungsvolle Methode, die Verteidiger daran zu hindern, die von schnellen Panzern und motorisierter Infanterie geführten Vorstöße abzuwehren. Deutsche Bomber zerschlugen Eisenbahnknotenpunkte in wichtigen Städten und Großstädten wie Kattowitz, Lemberg, Radom, Lublin, Wilna und Grodno, bevor sie damit begannen, kleinere Ziele anzugreifen – Straßenkreuzungen, Brücken und Bahnstrecken. Diese mehrere Tage lang fortgesetzten Angriffe brachten das System der polnischen Truppentransporte heillos durcheinander und machten auf diese Weise einen organisierten Widerstand nahezu unmöglich.

Major Erich Munske, der Kommandeur einer deutschen Bombergruppe, hat die Auswirkungen eines solchen Angriffs geschildert. Auf dem Flug nach Süden, heraus aus dem Nebel und den Wolken, die einen großen Teil der ursprünglich im Norden geplanten Einsätze der Luftflotte 1 verhindert hatten, beobachtete Munske, wie der Nebel sich in Schleier auflöste und schließlich aufhörte. Unter ihm lagen silberne Bahngleise und ein kleiner roter Bahnhof mit einer dampfenden Lokomotive und mit grünen Zweigen geschmückte Personenwagen. Die Männer in den Wagen – polnische Reservisten auf der Fahrt zur Front – schwenkten ihre Mützen und winkten aus den Zugfenstern, weil sie die Flugzeuge für Maschinen der

Eine Heinkel He 111, die Brandbomben ausstreut, fliegt bei einem Einsatz in Polen über einem Wolkenloch. Die Luftwaffe verwendete Brandbomben, um vorrückende feindliche Marschkolonnen zu zersprengen und später die Hauptstadt Warschau in Brand zu setzen.

polnischen Luftwaffe hielten. Die erste Bombe löste sich und schlug in einen der Eisenbahnwagen ein. Eine Rauch- und Trümmersäule stieg auf; Menschen flogen nach allen Seiten. Auch die nächsten Bomben saßen. Dann eröffnete ein einzelnes Flakgeschütz vom Boden aus das Feuer.

Aber die Opfer waren nicht nur Polen. Nach der Landung auf seinem Fliegerhorst sah Munske eine Menschenansammlung vor einer ebenfalls von einem Einsatz zurückgekehrten Maschine. Ein Mann wurde aus der Kanzel gehoben. Viele Hände wurden ausgestreckt, um den leblosen Körper zu stützen. Munske trat an das Flugzeug und stellte fest, daß das Instrumentenbrett völlig zertrümmert war – offenbar durch einen Volltreffer. Das Glas war rot von Blut, und die Kanzel war voller Uniform- und Fleischfetzen. Auf der Erde neben der Maschine lag ein Toter. Munske erkannte Leutnant Schott: Eine Flakgranate hatte ihn zerfetzt.

Während einige Stukastaffeln und ganze Gruppen von 30 oder mehr Henschel- und Dornier-Bombern Eisenbahnknotenpunkte, Straßenkreuzungen und Flugplätze im polnischen Hinterland vernichteten, griffen Richthofens Stukas und andere Maschinen Stützpunkte sowie Truppenansammlungen der polnischen Armee entlang der Grenze an. Am 1. September kurz vor Sonnenaufgang startete trotz des starken Dunstes eine wichtige Einheit von Richthofens Nahkampfverband, die 36 Doppeldecker Hs 123 unter dem Kommando von Major Werner Spielvogel. Die 1. Staffel unter Führung von Hauptmann Otto Weiß dröhnte über Richthofens Gefechtsstand hinweg auf ihr Einsatzziel zu: polnische Stellungen in der Nähe des Grenzdorfes Panki im Abschnitt der 10. Armee, die die Speerspitze der deutschen Heeresgruppe Süd bildete.

Weiß und seine Staffelkameraden belegten die überraschten Polen mit Flambos, den erstmals von Galland in Spanien verwendeten primitiven Brand- und Sprengbomben. Wo sie aufschlugen, war alles in Rauch und Flammen gehüllt. Umittelbar hinter Weiß folgten Galland mit der 2. Staffel Hs 123. Während Galland und seine Männer ihren Angriff beendeten, griffen weitere Maschinen die Polen, die sich jetzt mit leichter Flak und Gewehrfeuer zur Wehr setzten, mit MGs im Tiefflug an.

Von seinem kaum fünf Kilometer entfernten vorgeschobenen Gefechtsstand aus beobachtete Richthofen mit seinem Stab – alles alte Spanienkämpfer –, wie die Hs 123 hinunterstießen und hochzogen, wie Hornissen durcheinanderbrummten und ein noch heftigeres polnisches Abwehrfeuer hervorriefen. Dann verschwanden sie ganz plötzlich, weil sie zum Auftanken zu ihrem Feldflugplatz zurückfliegen mußten.

Nach Richthofens Auffassung forderten Reichenaus angreifende Einheiten nicht genügend Luftunterstützung an. Er war der Überzeugung, für seine Hs 123 und Stukas müsse es mehr Ziele geben, die sie bekämpfen konnten, um den deutschen Bodentruppen den Weg zu ebnen. Richthofen hatte in Spanien die Erfahrung gemacht, daß man als Fliegerführer die in Frage kommenden Angriffsziele oft selbst bestimmen mußte, weil Infanterie- und Panzeroffiziere in der Hitze des Gefechts häufig vergaßen, Luftunterstützung anzufordern. Deshalb kletterte Richthofen in sein Aufklärungsflugzeug Fi 156, das wegen seines hohen, dünnen Fahrgestells Fieseler Storch genannt wurde, und startete von einem Kartoffelacker neben dem Gefechtsstand.

Auf dem Flug über die Front sichtete Richthofen zahlreiche lohnende Ziele: polnische MG-Nester und Batterien, die den deutschen Vormarsch aufhielten. Seine Aufklärertätigkeit fesselte ihn so sehr, daß er mit seiner niedrig fliegenden Maschine unabsichtlich über die feindlichen Linien und in schweres, gutgezieltes Abwehrfeuer der polnischen Truppen geriet. Richthofen blieb wie durch ein Wunder unverwundet, aber der Storch bekam viele Treffer ab, und der Benzintank wurde durchsiebt, so daß der Motor aussetzte, als Richthofen in der Nähe seines Gefechtsstandes zur Landung anschwebte. Nachdem er „mit stehender Latte" gelandet war, befahl er rasch weitere Einsätze gegen erkannte polnische Stellungen.

An anderen Orten im Südabschnitt der polnischen Grenze flogen weitere Stukas Einsätze zur Erdkampfunterstützung. In der Nähe der polnischen Stadt Wielun, 20 Kilometer von der Grenze entfernt, griff eine Gruppe von 30 Stukas mit Major Oskar Dinort an der Spitze polnische Truppen an, die zur Verstärkung der Front nach vorn geworfen werden sollten. Im Anflug auf Wielun erkannte Dinort eine feindliche Kolonne auf der Hauptstraße – anscheinend polnische Kavallerie. Der Major gab seiner

Adolf Hitler verläßt die Kabine eines Junkers-Verkehrsflugzeugs Ju 52, um sich an Ort und Stelle über die Kämpfe in Polen zu informieren. Hitler überließ die Führung des Feldzugs hauptsächlich seinen Generalen, machte aber dennoch fast täglich Frontbesuche – häufig mit dem Flugzeug.

Gruppe den Angriffsbefehl, kippte über die linke Tragfläche ab und stürzte auf die polnische Kolonne zu.

Während seine Maschine der Erde entgegenraste, mischte sich ein schriller Ton in das Surren des Propellers, als die zwischen dem starren Fahrwerk der Ju 87 angebrachte Sirene aufzuheulen begann. Alle Stukas waren mit diesen Sirenen, den sogenannten Jerichotrompeten, ausgerüstet, die ihre Angriffe noch fürchterlicher machten. Dann fuhr Dinort die jalousieförmigen Sturzflugbremsen unter den Tragflächen aus, um seinen Sturz abzubremsen. In etwa 900 Meter Höhe löste er die unter dem Rumpf seiner Maschine hängende Bombe aus. Ein Bombenabwurf aus niedrigerer Höhe war gefährlich, weil ein Stuka sich bei etwa 600 Stundenkilometern Sturzgeschwindigkeit wegen der Belastung für Besatzung und Maschine nicht abrupt abfangen ließ und weitere 500 Meter Höhe verlor, bevor er in den Steigflug überging.

Theoretisch war die Sturzflugidee ganz einfach: Ein Flugzeug, das senkrecht auf sein Ziel zustürzte, bevor es seine Bomben auslöste, mußte lauter Volltreffer erzielen, weil seine Horizontalgeschwindigkeit im Verhältnis zum Ziel gleich Null war. In der Praxis erreichten Stukapiloten nur selten senkrechte Sturzflüge, aber sie heulten der Erde oft in einem Winkel von 80 Grad entgegen, der sich als zielsicher genug erwies. Als Stukaflieger brauchte man „Sturznerven", wie die Flugzeugführer sagten, um sich auf diese Weise der Erde entgegenzustürzen, deren Einzelheiten sich erschrekkend schnell vergrößerten. Ein Trost für die Piloten war das Bewußtsein, daß die Ju 87 eine sehr stabile Konstruktion war. Diese Festigkeit wurde allerdings teuer erkauft: Sie machte den Stuka schwer und deshalb verhältnismäßig langsam. Die Höchstgeschwindigkeit des Stuka im Horizontalflug lag wegen des geringen Luftwiderstands in 4500 Meter Höhe bei etwa 380 Stundenkilometern.

Für die angegriffenen Soldaten war das infernalische Heulen des herabstürzenden Stukas und das Bewußtsein, daß sich bald eine Bombe lösen und herunterpfeifen würde, eine noch größere Nervenprobe. Selbst wenn man die Stellung hielt und zurückschoß, um vielleicht den Piloten zu treffen, erschien es wahrscheinlich, daß der Stuka senkrecht abstürzen und einen auf diese Weise zermalmen würde.

Nachdem Major Dinort seine große Bombe ausgeklinkt hatte, zog er die Maschine in einer engen Kehrtkurve hoch, um dem Feuer der leichten Flak auszuweichen, und sah sich nach der Straße bei Wielun um. Eine Fontäne aus Erde und schwarzem Rauch stieg dicht neben der Hauptstraße auf. Dinort sah die polnischen Kavalleristen und ihre Pferde nach allen Seiten auseinanderstieben. Er beobachtete, wie die übrigen Stukas den Angriff wiederholten, die Straße zerstörten und die drei Kilometer lange polnische Kavalleriekolonne auf dem Marsch zur Front zersprengten. Nach diesem Angriff formierten sich Dinorts Maschinen zu einem weiteren Sturzangriff. Das neue Ziel war ein großes Gehöft, das offenbar als Gefechtsstand diente. Es verschwand in Rauch und Flammen, nachdem die Stukas die unter ihren Tragflächen hängenden 50-kg-Bomben ausgelöst hatten.

Am Nachmittag des 1. September wurde die gleiche polnische Truppenansammlung von weiteren deutschen Maschinen entdeckt. Insgesamt griffen 90 Sturzkampf- und Kampfflugzeuge die 3000 Mann starke Kavalleriebrigade an, die damit als kampfkräftige Einheit vernichtet war.

Am nächsten Tag befand Dinorts Gruppe sich wieder im Einsatz und flog gemeinsam mit einer weiteren Stukastaffel einen bemerkenswerten Präzisionsangriff auf den Bahnhof Piotrkow. Sie überraschten eine polnische Infanteriedivision beim Verlassen der Eisenbahnwagen, mit denen sie nach vorn transportiert worden war. Die Division wurde zerschlagen und kam nie mehr an die Front. Kein polnischer Jäger hatte sich gezeigt, um diese Angriffe abzuwehren. Kein einziger Stuka war abgeschossen worden.

Die einzigen deutschen Maschinen, die am ersten Kriegstag auf ernstlichen Widerstand der polnischen Luftwaffe stießen, waren 90 He 111, die am Nachmittag des 1. September – als Nebel und Wolken sich aufgelöst hatten – in Hannover starteten, um Warschau anzugreifen, das nicht nur die polnische Hauptstadt, sondern auch das Zentrum der dortigen Flugzeugindustrie und der bedeutendste Verkehrsknotenpunkt des Landes war. Ihre Ziele waren der Flugplatz Okecie südwestlich der Stadt und die benachbarten staatlichen PZL-Flugzeugwerke.

Als die deutschen Bomber den Flugplatz anflogen, stellte sich ihnen ein Verband von etwa 30 Jägern des Typs PZL 11C entgegen. Die bei ihren Angriffen bis auf Kernschußweite herandrängenden Polen machten die

Eine Stuka-Kette aus drei Maschinen stürzt sich auf ein Angriffsziel in Polen. Mit ihren kreischenden Sirenen – den Jerichotrompeten –, ihren akrobatischen Sturzflügen und ihrer erschreckenden Zielsicherheit wurden die Stukas von der deutschen Propaganda als Symbol für die durch nichts aufzuhaltende Militärmacht des Reichs hochgejubelt.

deutschen Besatzungen so nervös, daß die He-111-Piloten aus dem Verband ausscherten und ihre Bomben im Notwurf irgendwo im Gelände abluden. Die deutschen Begleitjäger des Typs Me 110 stürzten sich in den Kampf und versuchten, die Jäger von den kreisenden Bombern abzudrängen. Daraus entstand ein wildes Durcheinander in einem etwa 50 Quadratkilometer großen Kampfgebiet. Innerhalb weniger Minuten verloren die Polen fünf Jäger, die durch vernichtende Feuerstöße aus der schweren Bewaffnung der Me 110 – zwei nach vorn schießende 20-mm-MK und vier Maschinengewehre – abgeschossen wurden. Das waren die ersten Luftkämpfe des Zweiten Weltkrieges.

Zu einer weiteren Luftschlacht kam es zwei Tage später, am 3. September, als ein weiterer deutscher Angriff auf Warschau erneut in ein Wespennest mit PZL 11C stach, die wütend brummend ausschwärmten, um die deutschen Verbände zu sprengen. Diesmal gelang es den wendigen polnischen Jägern, drei der schnelleren, aber unbeweglicheren zweimotorigen Me 110 abzuschießen. Zwei PZL 11C wurden von Me 110 abgeschossen. Aber den Heinkel-Bombern gelang es nicht, einen polnischen Jäger abzuschießen – eine Tatsache, die den weiterblickenden deutschen Luftwaffenkommandeuren Sorgen machte, weil sie daraus schlossen, daß die Abwehrbewaffnung ihrer He 111 und Do 17 ungenügend war. Beide Maschinen verfügten lediglich über einen einzelnen Heckschützen, der mit einem leichten MG die Verteidigung nach hinten zu übernehmen hatte. Dieses Manko sollte sich als größeres Problem erweisen, als die deutsche Luftwaffe in späteren Jahren auf gefährlichere Gegner stieß.

Daß die polnischen Jäger sich den Angreifern nur über Warschau in größerer Zahl entgegenstellten, war keineswegs auf einen Mangel an Flugzeugen zurückzuführen: General der Flieger Kesselring, der Oberbefehlshaber der Luftflotte 1, schätzte die durch die ersten deutschen Angriffe am Boden zerstörten polnischen Maschinen auf lediglich 30. Die meisten polnischen Jäger und Bomber waren auf kleine, gutgetarnte Feldflugplätze verlegt worden. Aber diese Ausweichplätze besaßen nur unzulängliche Telephon- und Fernschreibverbindungen und hatten kein Frühwarnsystem. Deshalb konnten die polnischen Flugzeuge nicht als zusammenhängender Verteidigungsschirm mobilisiert werden.

„Wir lagen auf einem Flugplatz 30 Kilometer von Posen entfernt", erinnerte sich Major Mieczyslaw Mumler, ein polnischer Staffelchef. „Mir wurde sofort klar, daß es nicht so einfach ist, einfliegende Maschinen ohne Vorwarnung, ohne zu wissen, was herankommt, abzufangen, und da so viele Meldungen vom Oberkommando in Warschau einliefen, brachen die Nachrichtenverbindungen zusammen." Die auf diese Weise isolierten Staffeln, zu denen auch Mumlers gehörte, blieben am 1. September im allgemeinen auf dem Boden. Danach griffen sie vereinzelt deutsche Verbände an, ohne die Angreifer jedoch zurückschlagen zu können.

Die beherzte Verteidigung Warschaus war möglich, weil die Stadt erst vor kurzem ein Luftwarnsystem eingerichtet hatte. Der polnische Luftwaffenmajor F. Kalinowski hat darüber berichtet: „Im Sommer 1939 war um Warschau herum ein Netz von Beobachterposten aufgebaut worden, und diese Posten sollten ihre Wahrnehmungen über Funk und Telephon dem Lageraum der Jagdfliegerbrigade melden, von dem aus alle ‚Alarmstarts' befohlen wurden." Mit Hilfe dieses Frühwarnsystems konnten die Warschauer Jagdstaffeln rechtzeitig starten, um sich den anfliegenden He 111 und Me 110 entgegenzuwerfen.

Aber selbst im Raum Warschau kämpften die Polen einen verlorenen Kampf. Ein Pilot der Warschauer Jagdfliegerbrigade, Leutnant Aleksander Gabszewicz, sagte später: „Wir waren uns darüber im klaren, daß die Deutschen viele Flugzeuge hatten, die den unseren überlegen waren. Trotzdem versuchten wir, sie zum Kampf zu stellen, und das gelang uns auch. Die meisten Erfolge erzielten wir gegen Heinkels und Stukas, weil sie so langsam wie unsere Maschinen oder noch langsamer flogen. Aber was die Dorniers betraf, hatten wir bei ihnen nur dann ein paar Erfolge, wenn wir sie überraschend angriffen."

Ein weiterer Nachteil für die Polen war der Mangel an Ersatzteilen für die im Luftkampf beschädigten Flugzeuge. Die deutschen Angriffe hatten die meisten Reparaturwerften der polnischen Luftwaffe sowie weitere Bodeneinrichtungen unbenützbar gemacht. Selbst leicht beschädigte Jäger des

Typs PZL 11C mußten abgeschrieben werden: Sie waren nicht startklar und deswegen außer Gefecht.

Die Warschauer Staffeln setzten sich eine Woche lang trotz dieser Nachteile energisch zur Wehr und hatten am 6. September ihren erfolgreichsten Tag, als sie 15 deutsche Flugzeuge abschossen. „Am 7. September mußte die Brigade sich jedoch in das Gebiet südöstlich von Warschau zurückziehen", erinnerte Major Kalinowski sich später, „weil die Flugplätze nördlich der Hauptstadt ständig aus der Luft angegriffen wurden."

Außer im Raum Warschau war der von der polnischen Luftwaffe geleistete Widerstand bis zum Sonntag, dem 3. September, zur Bedeutungslosigkeit herabgesunken. Deshalb konnte die deutsche Luftwaffe zusätzliche Kräfte zur Zerschlagung der polnischen Armee und zur Unterbrechung der feindlichen Bahnverbindungen einsetzen. Selbst die einmotorigen Me 109 wurden statt als Jäger als Tiefflieger eingesetzt, wie Hauptmann Hannes Gentzen, der Chef einer in Oberschlesien stationierten Jagdstaffel, schilderte. „Angriffe auf Lokomotiven entwickelten sich zu unserer besonderen Spezialität. Dazu flogen wir in Ketten" – zu je drei Flugzeugen – „in nur zwei bis drei Meter Höhe über dem Erdboden an. Während einer von uns sich die Lokomotive vorknöpfte, bestrichen die beiden anderen mit ihren MGs den Zug, damit niemand abspringen und zurückschießen konnte."

Die Flugzeuge der Luftflotten 1 und 4 durchstreiften in den ersten zehn Tagen des Polenfeldzugs weiterhin den Luftraum vor den deutschen Panzern und zersprengten und zerschlugen die polnischen Truppen, die sich dem beispiellos schnellen Vormarsch in den Weg stellten. „In der Luft zogen ständig starke Verbände deutscher Flugzeuge, aber nicht ein einziger polnischer vorbei", erinnerte sich Generalleutnant Wladyslaw Anders, der Kavallerie- und Panzereinheiten befehligte, die den Vormarsch von Bocks 3. Armee aufzuhalten versuchten, die aus Ostpreußen nach Süden vorstieß. Da Anders den deutschen Panzern – einige davon 20 Tonnen schwere Panzer IV mit 7,5-cm-Kanone – nur Panzerspähwagen und Kavallerie entgegenstellen konnte, entschied er sich dafür, seine Truppen hinter die ein natürliches Hindernis bildende Weichsel zurückzunehmen und dort eine Abwehrfront aufzubauen.

Aber Anders mußte bald feststellen, daß ein geordneter Rückzug nahezu unmöglich war. Die Straßen waren mit zivilen Flüchtlingen und den Überresten eines demoralisierten Infanterieregiments verstopft, das vor Bocks Panzern und Kesselrings Flugzeugen flüchtete. „Hunderte von deutschen Flugzeugen", berichtete Anders später, „bombardierten die zurückgehenden Kolonnen und griffen selbst Soldaten an, die sich in kleinen Gruppen querfeldein bewegten."

Als Anders' Kampfgruppe sich nach längerem Rückzug schließlich südlich von Warschau mit anderen polnischen Einheiten vereinigte, wurde ihr gemeinsamer Versuch, eine zusammenhängende Front aufzubauen und zum Gegenangriff überzugehen, von der allgegenwärtigen deutschen Luftwaffe vereitelt. Deutsche Bomber griffen die polnischen Truppenansammlungen an, und Aufklärer stellten fest, daß die rechte Flanke der Polen ungeschützt war. Wenig später stießen deutsche Einheiten an der offenen Flanke vor und kesselten die polnischen Truppen ein. Anders und einigen seiner Soldaten gelang die Flucht aus dem Kessel, indem sie sich nachts in Richtung Ostpolen durch die Wälder schlugen, aber seine Truppe war als kampfkräftige Einheit erledigt.

Im Süden verliefen die Kämpfe ganz ähnlich. Richthofens Hs 123 und Ju 87 sowie die übrigen Maschinen der Luftflotte 4, die manchmal acht und mehr Einsätze pro Tag flogen, setzten die polnischen Verteidigungsstellungen im Bereich der Städte Dzialoszyn und Tschenstochau außer Gefecht, so daß die Panzer von Reichenaus 10. Armee sie mühelos durchstoßen konnten, während sie in Eilmärschen nach Warschau vorrückten. Während die Panzer weiter nach Polen hineinrasselten, wurde die gesamte polnische 7. Division durch eine rasche Umfassungsbewegung bei Tschenstochau eingekesselt. Nach einem einzigen Tag unaufhörlicher Bomber- und Tieffliegerangriffe durch die Luftflotte 4 ergab sich die gesamte Division. Zum erstenmal in der Kriegsgeschichte hatte eine Luftwaffe Bodentruppen in Divisionsstärke dazu gebracht, die Waffen zu strecken.

Fünf Tage später wiederholten die Flugzeuge der Luftflotte 4 diese Leistung, als durch rasche deutsche Panzervorstöße noch stärkere polnische Kräfte südlich der Stadt Radom eingekesselt worden waren. In dieser ersten sogenannten Kesselschlacht regneten aus den Maschinen der deutschen Luftwaffe Tod und Vernichtung auf die Polen herab. Ein Staffelchef erinnerte sich, daß die Stukas während der Schlacht die feindlichen Stellungen fanden, indem sie den durch aufgemalte große weiße Kreuze kenntlich gemachten eigenen Panzern beim Angriff folgten: „Wo sie auch angriffen, stießen wir auf Massen polnischer Soldaten, für die unsere 50-kg-Splitterbomben tödlich waren. Danach gingen wir bis fast zum Erdboden hinunter und griffen mit MGs an."

Die Erdkampfunterstützung durch die deutsche Luftwaffe erreichte ihren Höhepunkt, als sie dazu beitrug, den einzigen potentiell gefährlichen Gegenangriff abzuwehren, zu dem die Polen sich aufrafften. Eine ganze polnische Armeegruppe mit vier Infanteriedivisionen und zwei Kavalleriebrigaden, die ursprünglich nahe der deutsch-polnischen Grenze im Raum Posen gestanden hatte, war in den Raum zwischen Kutno und dem Fluß Bzura zurückgegangen und stand dort rund 100 Kilometer westlich vor Warschau. Diese 170 000 Mann starke Armee Posen unter dem Oberbefehl von General Tadeusz Kutrzeba war von nach Warschau vorstoßenden deutschen Truppen im Norden und Süden umgangen worden und intakt geblieben. Am Morgen des 9. September überschritten ihre Eliteeinheiten die Bzura, griffen die nur schwach geschützte Nordflanke der Heeresgruppe Süd unter Generaloberst von Rundstedt an und warfen die nächste deutsche Division, die 30. Infanteriedivision, zurück. Hätten die Polen ihre Offensive fortsetzen können, wäre es ihnen möglicherweise gelungen, Reichenaus rasch vordringende 10. Armee von ihrem Nachschub und von der ihre Flanke und ihren Rücken sichernden 8. Armee unter General Johannes Blaskowitz abzuschneiden, die hauptsächlich aus langsamer marschierender Infanterie bestand.

Die von Rundstedt wegen dieser bevorstehenden Katastrophe alarmierte deutsche Luftwaffe setzte sofort Richthofens Fliegerverband ein, um die polnische Gegenoffensive durch Luftangriffe zum Stehen zu bringen. Während die 8. Armee der 30. Infanteriedivision zur Hilfe marschierte, bombardierten Staffeln von Richthofens Stukas die polnischen Angriffsspitzen; seine verbliebenen 30 Schlachtflugzeuge Hs 123 griffen im Tiefflug mit Bomben und Bordwaffen an und überschütteten die Polen mit einem Hagel von Splitterbomben und Flambos.

Diesen Angriffen im Tiefflug folgten Bombardierungen aus größerer Höhe durch Staffeln von Horizontalbombern der Typen He 111 und

Unmittelbar nach einem tödlichen Besuch deutscher Bomber quillt dichter Rauch aus den Warschauer Gaswerken. Nachdem die Luftwaffe wichtige Versorgungseinrichtungen lahmgelegt hatte, warf sie Brandbomben auf die Häuser der Einwohner, die die polnische Hauptstadt in eine bewaffnete Festung verwandelt hatten.

Do 17. Danach kamen Wellen von Me 110, die über den polnischen Einheiten hin und her flogen und alle Fahrzeuge, Pferde und Soldaten, die die bisherigen Angriffe überlebt hatten, mit Bordwaffen angriffen. In der Nacht zum 13. September gingen die Überreste der polnischen Vorhut im Schutz der Dunkelheit über die Bzura zurück.

Die deutsche 8. Armee marschierte weiter, um die Armee Posen einzukesseln; hierbei wurde sie von der nach Südosten vorstoßenden 4. Armee unter General Hans Günter von Kluge und Teilen von Reichenaus 10. Armee unterstützt, die kurzzeitig kehrtmachten und in westlicher Richtung angriffen. Auch die Luftwaffe setzte ihre Angriffe aus allen Richtungen fort und ließ die Polen nicht mehr zur Ruhe kommen. Die Armee Posen leistete noch einige Tage lang Widerstand und versuchte, aus ihrem sich ständig verkleinernden Kessel auszubrechen. Am 17. September begannen ihre angeschlagenen Einheiten schließlich, sich nacheinander zu ergeben. Der letzte Widerstand wurde am 19. September eingestellt. Insgesamt gingen in diesem Kessel etwa 155 000 polnische Soldaten in die Kriegsgefangenschaft. General Kutrzeba faßte später die Wirkung der deutschen Luftangriffe auf seine Armee mit folgenden Worten zusammen: „Jede Bewegung, jede Truppenansammlung, jede Vormarschlinie wurde das Ziel vernichtender Luftangriffe. Es war einfach die Hölle auf Erden."

Zehn Tage vor der Kapitulation der Armee Posen hatten die Panzerspitzen der 10. Armee die Außenbezirke von Warschau erreicht. Dort stießen die Deutschen auf starken Widerstand. Die in der Stadt in Stellung gegangene polnische Artillerie nahm das Panzerregiment 35 und das Schützenregiment 12 beim Eindringen in die Vorstädte unter so starken Beschuß, daß die deutschen Einheiten zurückgehen mußten. Sie erlitten bei diesem Kampf hohe Verluste.

Die Ironie des Schicksals wollte es, daß dieser wirksame Einsatz polnischer Artillerie in Warschau den Fall der Hauptstadt beschleunigte. Bis zu diesem Zeitpunkt hatte die deutsche Luftwaffe sich an Artikel 25 der Haager Landkriegsordnung von 1907 gehalten, der Angriffe auf unverteidigte Städte verbietet. Die ersten Wellen deutscher Bomber warfen über der polnischen Hauptstadt lediglich Flugblätter ab, in denen zur Kapitulation aufgefordert wurde. Als die Verteidiger der Stadt – insgesamt etwa 100 000 Soldaten – den Angreifern jedoch weiterhin trotzten und sie aus Schützengräben, Stellungen hinter Barrikaden und befestigten Gebäuden unter Feuer nahmen, begann die deutsche Luftwaffe, die ihrer Auffassung nach zuvor angemessen gewarnt hatte, mit den lähmenden Angriffen.

Richthofen, der den Auftrag erhielt, die hartnäckigen Verteidiger Warschaus zur Kapitulation zu zwingen, zog rund 400 Flugzeuge zusammen. Zu seiner Erbitterung wurden die He 111, die er für den Abwurf der für dieses Unternehmen vorgesehenen Phosphorbrandbomben brauchte, ab 12. September abgezogen und von dem nervösen Göring nach Westdeutschland verlegt, um bei einem etwaigen alliierten Angriff die Reichsgrenze schützen zu können. Richthofen fand jedoch eine Lösung: Er requirierte 30 Maschinen des Typs Ju 52, schwerfällige dreimotorige Transportflugzeuge, die seiner Einheit zeitweilig unterstellt waren. Nachdem die Maschinen mit 1-kg-Brandbomben beladen worden waren, stellte er jeweils zwei Soldaten in die Laderäume, damit sie die Bomben aus den seitlichen Frachtluken schaufelten. Die Ju 52 schlossen sich den Bomberverbänden an, die in überschlagendem Einsatz Warschau angriffen, als am 25. September um 8 Uhr der deutsche Hauptangriff begann.

Vor zuschauenden deutschen Soldaten greift eine He 111 im Tiefflug an, um die bereits in ganz Warschau lodernden Brände noch weiter anzufachen. Da die polnische Luftwaffe bereits vernichtet war, schlug den Angreifern nur vereinzelt Flakfeuer entgegen, während sie die Hauptstadt durch ständige Luftangriffe allmählich zermürbten.

Mittags stand Warschau in Flammen. Eine gigantische Rauchsäule stieg bis zu 3500 Meter Höhe auf und breitete sich über die Stadt aus, so daß die Flugzeugführer nachmittags meldeten, es sei wegen der starken Rauchentwicklung schwierig, die befohlenen Ziele auszumachen. Nach Einbruch der Dunkelheit färbte sich diese Wolkendecke im Widerschein der glühenden Trümmer rötlich. Die einst elegante Metropole war durch 560 Tonnen Sprengbomben und durch 72 Tonnen Brandbomben in Schutt und Asche gelegt worden. Nachdem die Stadt innerhalb von zwei Tagen mit 1776 Bombereinsätzen angegriffen worden war, bot der Stadtkommandant von Warschau am 26. September schließlich die Kapitulation an. Sie erfolgte am 27. September. Am 30. September verließ die Garnison die zerstörte Stadt und lieferte ihre Waffen ab. Mit dem Fall Warschaus war praktisch jeder polnische Widerstand beendet.

Die Schnelligkeit des deutschen Sieges über Polen verblüffte die ganze Welt. Sie hatte hier eine neue Art der Kriegführung erlebt, bei der das

Flugzeug eine wichtige, sogar die entscheidende Rolle spielte. Das deutsche Heer war der polnischen Armee zahlenmäßig beträchtlich überlegen gewesen: Den 1,5 Millionen deutschen Soldaten hatten die Polen gerade eine Million Mann gegenüberstellen können. Aber der Schlüssel zu den deutschen Erfolgen lag in „der Schnelligkeit von Flugzeugen und Panzerverbänden, die in engem Verbund kämpften", wie es der englische Militärhistoriker J. F. C. Fuller ausdrückte.

Die militärischen Erfolge Deutschlands verblüfften die Sowjetunion ebensosehr wie andere Staaten. Aber Stalin wunderte sich weder über Ziel noch Zeitpunkt des deutschen Angriffs. Am 23. August 1939 hatten Hitler und er von ihren Außenministern einen Nichtangriffspakt unterzeichnen lassen und in einem geheimen Zusatzabkommen Polen unter sich aufgeteilt. Am 17. September ließ Stalin seine Truppen die unverteidigte russisch-polnische Grenze überschreiten, und bis Ende September hatten sie den Ostteil des Landes besetzt.

Im Verhältnis zu den Anforderungen, die an Flugzeuge und Besatzungen gestellt wurden, waren die Verluste der deutschen Luftwaffe im Polenfeldzug gering. Sie verlor insgesamt 285 Maschinen: die meisten durch Flugabwehrfeuer sowie einige durch die unvermeidbaren Unfälle – zum Beispiel Bruchlandungen übermüdeter Flugzeugführer. Von allen im Blitzkrieg eingesetzten Flugzeugtypen waren die Stukas am erfolgreichsten gewesen. Hitlers Propaganda gab sich größte Mühe, die vernichtende Wirkung von Stuka-Angriffen entsprechend herauszustellen, weil sie hoffte, Deutschlands strategischen Interessen dadurch dienen zu können, daß sie den Kampfeswillen aller potentiellen Gegner lähmten.

Was die polnische Luftwaffe betraf, überlebten eine Anzahl ihrer Piloten die Katastrophe, um später an anderen Fronten weiterzukämpfen. Am 17. September 1939, als der deutsche Sieg abzusehen war, erhielten sie von ihrem Kommandeur, Fliegergeneral Wladyslaw Jan Kalkus, den Befehl, nach Südosten ins neutrale Rumänien auszuweichen. Sie organisierten sich alle noch flugfähigen Maschinen, fuhren per Anhalter mit Autos nach Süden oder marschierten zu Fuß zur rumänischen Grenze. Von dort aus wandten sie sich im allgemeinen nach Griechenland oder Italien, die beide noch neutral waren, und gelangten über Frankreich nach England, wo sie von der bedrängten RAF mit offenen Armen aufgenommen wurden. In der Luftschlacht um England zeigten sie in ihrer Wut auf die Deutschen einen Mut, der an Tollkühnheit grenzte.

Major Mumler gehörte zu den letzten, die das Land verließen. Bevor er sich absetzte, flog er mit seiner PZL 11C kreuz und quer über Polen, um den rasch vorrückenden Deutschen und dann den einmarschierenden Russen zu entgehen. Bei seiner letzten Landung in Polen setzte er auf unebenem Gelände auf und beschädigte das Spornrad der Maschine. Er war sich darüber im klaren, daß er nur noch einmal starten konnte, weil das ganze Heck bei der nächsten Landung irreparabel beschädigt werden würde. „‚Das ist dein letzter Start', sage ich mir", schrieb Mumler später. „Ich spreche mit meinem Flugzeug – es hatte eine menschliche Seele – und sage: ‚Du darfst mich nicht im Stich lassen, mein Freund.' Ich bekreuzige mich und starte nach Rumänien, das ich recht gut kenne, weil wir dort vor dem Krieg Urlaub gemacht hatten. Es ist schon fast dunkel, aber ich muß weiterfliegen; ich überquere den Dnjestr, den Grenzfluß zwischen Polen und Rumänien, dann den Pruth und fliege flußabwärts zum Flugplatz Tschernowitz weiter. Endlich erkenne ich unter mir einen Flughafen voller

Flugzeuge. Mir fällt plötzlich ein, daß ich vergessen hatte, vor dem Start die Treibstoffanzeige zu kontrollieren. Ich werfe einen Blick darauf – sie steht auf null! Ich lande, und unmittelbar vor dem Aufsetzen bleibt mein Propeller stehen."

Von Rumänien aus fuhr Mumler mit dem Zug nach Belgrad und kam über Athen mit dem Schiff nach Marseille. Nach der Kapitulation Frankreichs flog er eine französische Maschine nach Algerien und fuhr mit einem Zug, der mit polnischen Flüchtlingen überfüllt war, nach Casablanca weiter. Schließlich traf ein englischer Geleitzug ein und brachte die Polen nach Liverpool. „Am 17. September, genau ein Jahr nach meiner Flucht aus Polen, griff ich in der großartigen polnischen 302. Staffel in die Luftschlacht um England ein."

Was die deutschen Flieger und ihre Kommandeure betraf, glaubten viele von ihnen Hitlers Beteuerungen, nach dem Polenfeldzug habe er nicht die Absicht, weitere Eroberungen zu machen. Aber unmittelbar nach der Kapitulation Warschaus beauftragte er sein Oberkommando mit der Aufmarschplanung für einen Angriff im Westen. Bald sollten die Fähigkeiten seiner Luftwaffe gefragter sein als je zuvor.

Generalfeldmarschall Hermann Göring beglückwünscht deutsche Flugzeugbesatzungen zu ihrem Sieg in Polen. Die verblüffende Schnelligkeit, mit der dieser Triumph der Luftwaffe erkämpft wurde, ließ Görings prahlerischen Ausspruch, seine Luftwaffe stehe bereit, „jeden Befehl des Führers mit blitzartiger Geschwindigkeit und ungeahnter Schlagkraft auszuführen", glaubhaft erscheinen.

Kleine Bomber für Überraschungsangriffe

Durch Eroberungsträume beflügelt, konzentrierten sich die deutschen Luftwaffenerbauer auf die Entwicklung von Kurz- und Mittelstreckenbombern, die Erdkampfunterstützung für das Heer fliegen oder Schiffe auf See angreifen konnten.

Der Sturzkampfbomber Ju 87 flog selten weiter als 650 Kilometer, konnte aber seine Bomben regelmäßig mit kaum 40 Metern Abweichung ins Ziel bringen. Auch die He 111 und Ju 88 hatten eine beschränkte Reichweite von 1900 Kilometer, doch waren sie besonders wirkungsvoll, wenn sie zur Unterbrechung feindlicher Nachschubtransporte durch Zerstörung von Straßen und Eisenbahnen eingesetzt wurden. Selbst die schwere Do 217 und das für Aufklärungsflüge in großen Höhen konstruierte Düsenflugzeug Ar 234 waren sturzflugfähig, um Punktziele angreifen zu können. Nur die He 115 versagte in ihrer vorgesehenen Funktion als Torpedoflugzeug, weil ihre geringe Geschwindigkeit im Einsatz ein zusätzliches Risiko bedeutete.

Bei den hier und auf den nächsten Seiten gezeigten Bombern handelt es sich um verbesserte spätere Ausführungen. Das Jahr ihrer Indienststellung erscheint in Klammern. Die abgebildeten Flugzeuge sind jeweils maßstabsgetreu dargestellt.

HEINKEL HE 111 P-1 (1939)

Die aus einem veralteten einmotorigen Vorgängertyp entwickelte He 111 hatte einen verglasten Bug, dessen oberes Feld sich öffnen ließ, damit der Flugzeugführer bei Schlechtwetterlandungen ungehinderte Sicht nach vorn hatte.

JUNKERS JU 87 G-1 (1943)
Die besser unter der Bezeichnung Stuka bekannte Ju 87 errang im Anfangsstadium des Zweiten Weltkriegs den Ruf, das beste Sturzkampfflugzeug der Welt zu sein. Einige spätere Ausführungen – wie diese Maschine des bekannten Schlachtfliegers Hans-Ulrich Rudel – waren mit zwei 3,7-cm-Kanonen bestückt und wurden zur Panzerbekämpfung eingesetzt.

HEINKEL HE 115 B-Z (1940)
Dieses als Torpedoflugzeug konstruierte schlanke, 320 Stundenkilometer schnelle Schwimmerflugzeug von Heinkel wurde während des Krieges hauptsächlich als Minenleger und zur Geleitzugsicherung eingesetzt. Die Schwimmer dieser Maschine sind zusätzlich mit Stahlkufen verstärkt, die zur Landung auf Schneeflächen während der Norwegenbesetzung dienten.

JUNKERS JU 88 A-4 (1943)
Die Ju 88 war das Mädchen für alles der deutschen Luftwaffe. Dieser kampfkräftige Bomber mit 470 Stundenkilometern Höchstgeschwindigkeit diente auch als Nachtjäger, Torpedoflugzeug, Raketenträger und Panzerjäger. Nahezu 15 000 Ju 88 wurden gebaut – weit mehr als von jedem anderen deutschen Kampfflugzeug.

DORNIER DO 217 E-5 (1943)
Die Do 217 war bei ihrer Indienststellung der schwerste Bomber der deutschen Luftwaffe und sollte 4000 Kilogramm Bomben 2100 Kilometer weit schleppen. Diese Maschine ist mit zwei ferngelenkten Raketen bewaffnet, die nicht selten bei Angriffen auf Geleitzüge der Alliierten Verwendung fanden. Die Raketen wurden vom Bombenschützen ins Ziel gesteuert.

ARADO AR 234 B-2 (1944)
Dieses einsitzige Düsenflugzeug mit dem Beinamen „Blitz", der erste serienmäßige Bomber seiner Art in der Welt, war mit 740 Stundenkilometern schneller als jeder Jäger der Alliierten. Es konnte drei Bomben von jeweils 500 Kilogramm Gewicht tragen. Bis Kriegsende wurden lediglich 210 Maschinen des Typs gebaut.

2

Zwei siegreiche Luftlandeunternehmen

Am Morgen des 9. April 1940 um 6.15 Uhr überflogen neun Transportmaschinen mit deutschen Balkenkreuzen auf den Tragflächen ein dänisches Küstenfort auf der Insel Masnedö. Kleine Gestalten lösten sich von den Flugzeugen. In Sekundenschnelle entfalteten sich über 100 Fallschirme am perlmuttgrauen Morgenhimmel. Sechsundneunzig deutsche Fallschirmjäger in einteiligen graugrünen Sprunganzügen und Fallschirmjägerhelmen schwebten neben metallenen Abwurfbehältern mit zusätzlichen Waffen und Munition zur Erde. Der erste Kriegseinsatz von Fallschirmtruppen hatte begonnen.

Einige dieser vom Himmel gefallenen Invasoren lösten rasch ihre Fallschirmgurte und überfielen die verblüfften Wachposten des Forts, die in deutsche Maschinenpistolen starrten, bevor ihnen richtig klar wurde, daß sie sich jetzt im Krieg befanden. Auch die durch den Überfall aus dem Schlaf geschreckte restliche Besatzung ergab sich kampflos.

Eine andere Gruppe Fallschirmjäger, die ebenso rasch und entschlossen vorging, brachte MGs in Stellung, um die lange wichtige Straßen- und Eisenbahnbrücke überwachen zu können, die Masnedö mit Seeland verbindet, der Insel, auf der sich die dänische Hauptstadt Kopenhagen befindet. Nördlich der Brücke führte die Eisenbahn nach Kopenhagen, im Süden endete sie an einem Fährhafen, von dem aus bis Deutschland lediglich ein schmaler Meeresarm zu überwinden war. Die nach Zahl und Bewaffnung unterlegenen dänischen Brückenwachen ergaben sich. Durch einen unblutigen Handstreich hatten die Deutschen eine der wichtigsten Brücken des meerumschlungenen Königreichs erobert.

Das Unternehmen war ein Triumph, und dieser Triumph gebührte der Luftwaffe. Im Gegensatz zu den Luftlandetruppen, die in anderen Staaten aufgestellt wurden, gehörten die Fallschirmjäger in Deutschland nicht zum Heer, sondern zur Luftwaffe. Das hatte Hermann Göring als Oberbefehlshaber der Luftwaffe durchgesetzt – getreu seinem Motto „Was fliegt, gehört mir!". (Er dehnte seinen Machtbereich allerdings noch weiter aus: Auch die deutschen Flakbedienungen trugen Luftwaffenuniform.)

Bei einem zweiten Luftlandeunternehmen am selben Morgen besetzte ein Zug deutscher Fallschirmjäger zwei strategisch wichtige Flugplätze bei Aalborg auf der dänischen Halbinsel Jütland. Auch hier stießen die Angreifer praktisch auf keinen Widerstand. In der Hauptstadt Kopenhagen wurde an diesem Morgen ebenfalls kaum Widerstand geleistet. Kurz nach Tagesanbruch ging ein 1000 Mann starkes deutsches Infanteriebataillon, das nachts an Bord des Truppentransporters *Hansestadt Danzig* in den Kopenhagener Hafen geschmuggelt worden war, in der Nähe der Statue von Hans Christian Andersens Kleiner Seejungfrau an Land und marschierte zackig durch die Stadt zum Schloß Amalienborg, der Residenz des 70jährigen dänischen Königs Christian X.

Heinkel-Bomber He 111, die unter der Wolkendecke bleiben, um nicht von hoch fliegenden alliierten Jägern entdeckt zu werden, bilden im Mai 1940 die deutsche Angriffsspitze in Frankreich. In den ersten 12 Stunden des Westfeldzugs bombardierten deutsche Flugzeuge nicht weniger als 72 alliierte Flugplätze in den Niederlanden, Belgien und Frankreich.

Im Spätfrühjahr 1940 landet ein deutscher Fallschirmjäger – einer von fast 1000 Mann, die im Rahmen dieses Unternehmens abgesetzt wurden – bei Narvik zur Unterstützung der Bodentruppen, die den strategisch wichtigen Hafen zurückzuerobern versuchten. Die Alliierten räumten Narvik am 8. Juni 1940, als die Deutschen gerade einen Großangriff vorbereiteten.

Als das deutsche Bataillon auf das Schloß zumarschierte, lud eine Abteilung der Königlichen Garde in prächtigen blauen Uniformen und mit Bärenfellmützen ihre Gewehre durch und eröffnete das Feuer. Die Deutschen gingen in Deckung und schossen zurück, wobei sechs Gardisten getötet und ein weiteres Dutzend verwundet wurde. Doch schon nach wenigen Minuten dieses ungleichen Kampfes donnerten mehrere Bomberstaffeln mit He 111 und Do 17 über die Stadt hinweg. Sie warfen zwar keine Bomben, aber schon die Demonstration der Tatsache, daß die Luftwaffe das schöne Kopenhagen ohne große Anstrengung in ein zweites Warschau verwandeln könnte, überzeugte den König davon, daß jeglicher weitere Widerstand zwecklos sei. Er befahl die sofortige Feuereinstellung. Um 8.34 Uhr, keine zweieinhalb Stunden nachdem die ersten Fallschirmjäger aus ihren Ju 52 gesprungen waren, hatte Hitler seinen rasch wachsenden Herrschaftsbereich um 43 000 Quadratkilometer vergrößert.

Die rasche Besetzung Dänemarks war lediglich ein Teil des verblüffend erfolgreichen Feldzugs, mit dem Hitler im April 1940 seine Nordflanke sicherte, bevor er seinen größeren Angriffsplan verwirklichte: die Eroberung Hollands, Belgiens und Frankreichs. Diese beiden Feldzüge – die deutsche Besetzung Dänemarks und Norwegens sowie der Westfeldzug einen Monat danach – gehören zu den brillantesten Militäroperationen der Neuzeit. Wie der vierwöchige Blitzkrieg in Polen wurden sie vor allem durch die Kampfkraft deutscher Kriegsflugzeuge und das Können deutscher Flugzeugbesatzungen ermöglicht. Die Erfolge basierten auch auf dem wirkungsvollen Einsatz neu aufgestellter Luftwaffeneinheiten: von Flugzeugen abgesetzte Stoßtrupps, die über feindlichem Gebiet absprangen, um wie in Dänemark wichtige Brücken und Flugplätze einzunehmen.

Mit diesen Feldzügen erweiterte die deutsche Luftwaffe ihr Repertoire: Sie eilte – ähnlich wie die Kavallerie früherer Zeiten – zu Hilfe, wenn irgendein Teil der komplizierten Planungen deutscher Generale fehlzuschlagen drohte oder ein unerwarteter feindlicher Angriff den Erfolg eines ganzen Unternehmens gefährdete. Die Besatzungen der deutschen Luftwaffe führten der ganzen Welt die außergewöhnliche Beweglichkeit und die vernichtende Kampfkraft moderner Luftstreitkräfte vor.

Mit Beginn des Jahres 1940 hatte Hitler Grund zu der Befürchtung, Deutschlands nördliches Vorfeld sei gefährdet. Ihm war zu Ohren gekommen, daß die Engländer irgendein Unternehmen in Skandinavien vorbereiteten – wahrscheinlich eine Invasion in Norwegen mit anschließendem Einmarsch in Nordschweden. Hitler wußte nur allzugut, daß eine Besetzung Norwegens durch die Engländer vernichtende Folgen für Deutschland haben konnte. Dadurch hätten nicht nur die Royal Navy und die Royal Air Force Stützpunkte in gefährlicher Nähe Norddeutschlands erhalten, sondern dieses Unternehmen hätte auch die industrielle Hauptschlagader Deutschlands durchtrennt: Der überwiegende Teil des Eisenerzes, auf das Hitlers Kriegsmaschinerie angewiesen war – im ersten Kriegsjahr elf Millionen Tonnen von insgesamt 15 Millionen Tonnen –, kam aus dem Bergwerksgebiet bei Kiruna hoch im Norden Schwedens. Falls englische Truppen den nur 214 Kilometer von Kiruna entfernten norwegischen Hafen Narvik besetzten, konnten sie diese kriegswichtigen Lieferungen mühelos unterbrechen.

Um den Engländern zuvorzukommen, die tatsächlich ein Landungsunternehmen in Skandinavien planten, entschied Hitler sich dafür, Norwegen selbst zu besetzen. Verlockend war auch die lange norwegische Küste mit ihren tief ins Land hineinreichenden Fjorden, in denen U-Boote und Überwassereinheiten der deutschen Kriegsmarine bequeme Schlupfwinkel finden würden, von denen aus sie der englischen Handelsschiffahrt zusetzen konnten. Den gleichen Zweck würden die norwegischen Flugplätze für die deutsche Luftwaffe erfüllen. Hitler wollte auch das vergleichsweise winzige Dänemark besetzen lassen, weil es eine praktische Landbrücke zwischen Deutschland und Norwegen bildete und deutschen Bomberstaffeln weitere Stützpunkte an der Nordsee bot. Schweden, das durch englische Landungsunternehmen weniger gefährdet und bereit war, Deutschland mit Rohstoffen zu beliefern, sollte neutral bleiben dürfen.

Als Kommandeur der deutschen Luftlandetruppen im Westfeldzug wurde General Kurt Student für seine Tapferkeit und Tatkraft mit dem Ritterkreuz des Eisernen Kreuzes ausgezeichnet. Am 14. Mai 1940 in Rotterdam wurde er durch den Kopfschuß eines Heckenschützen schwer verwundet, erholte sich jedoch völlig und war bereits vier Monate später wieder dienstfähig.

Die geographischen Gegebenheiten zwangen die Planer dieses Feldzuges, eine neue, modifizierte Form des Blitzkrieges zu entwickeln. Das flache Dänemark mit seinen vielen Inseln war kein ideales Gelände für Panzerdivisionen mit ihren schweren Fahrzeugen. Auch Norwegen bot keineswegs ideale Voraussetzungen: Das von Deutschland durch Kattegat und Skagerrak getrennte Königreich war ein Land steiler, oft schneebedeckter Berge. Das bedeutete, daß die Landungstruppen mit Schiffen und Flugzeugen herangebracht werden mußten. Und Schnelligkeit war entscheidend, um die norwegischen und dänischen Verteidiger zu überrumpeln und die größeren Häfen und Flugplätze fest in deutsche Hand zu bekommen, bevor englische Schiffe und Flugzeuge eingreifen konnten. Das war eine Aufgabe für die Fallschirmjäger.

Die Fallschirmtruppe der deutschen Luftwaffe war von Generalleutnant Kurt Student, einem tatkräftigen Berufssoldaten, der im Ersten Weltkrieg Pilot gewesen war, aufgestellt worden und wurde noch immer von ihm geführt. Student hatte einige der schneidigsten jungen Infanteristen Deutschlands zusammengeholt und aus ihnen ein Elitekorps geformt, dessen Männer nicht nur sehr gute Fallschirmspringer waren, sondern darüber hinaus auch hervorragend mit Schnellfeuerwaffen und Sprengladungen umgehen konnten.

Im Jahre 1939 war die 7. Fliegerdivision unter Student einsatzbereit. Seine Männer waren dazu ausgebildet, über dem Kampfgebiet aus Transportmaschinen des Typs Ju 52 abzuspringen oder als Luftlandetruppen mit lautlos anfliegenden Lastenseglern zu landen, die von „Tante Ju" – das war der Spitzname der robusten, mit Wellblech beplankten, dreimotorigen Junkersflugzeuge – ins Zielgebiet geschleppt wurden.

Ungefähr acht Züge – rund 325 Fallschirmjäger – von der 7. Fliegerdivision unter Student wurden für die Besetzung Norwegens eingeteilt, die am 9. April 1940 kurz nach Tagesanbruch gleichzeitig mit der Besetzung Dänemarks begann. Diese Einheiten hatten den Auftrag, zwei entscheidend wichtige Flugplätze bei Stavanger an der Südwestküste Norwegens und in der Nähe der norwegischen Hauptstadt Oslo zu besetzen. Nachdem diese aus der Luft kommenden Sturmabteilungen mit Fallschirmen abgesprungen waren, sollten sie die norwegischen MG-Nester niederkämpfen, die die beiden Flugplätze verteidigten. Danach konnten weitere Ju 52 landen, um Infanteristen als Verstärkung heranzubringen. Sobald die Flugplätze fest in deutscher Hand waren, würden Jäger und Bomber der Luftwaffe nach Norwegen verlegt werden, um etwaige Angriffe englischer Flugzeuge abzuwehren und Schiffe der Royal Navy anzugreifen, die sich zu nahe an die norwegische Küste heranwagten.

Das Luftlandeunternehmen auf dem Flugplatz bei Stavanger wurde zu einem weiteren Triumph der Überraschung und Koordination – und eine Demonstration der Kühnheit der beteiligten Luftwaffeneinheiten. Hauptmann Günter Capito, der den Verband der zwölf nach Stavanger fliegenden Ju 52 führte, traf über dem Skagerrak schauderhaftes Wetter an – Wolken und darunter regelrechten Milchsuppennebel. „Die Wolkenwand hat die Staffel schon verschlungen", berichtete Capito später. „Trotz engster Formation kann ich von der Führungsmaschine gerade noch den Nebenmann schemenhaft erkennen." Ein Zusammenstoß zweier Ju 52 im Nebel hätte für die Besatzungen und etwa zwei Dutzend Fallschirmjäger den Tod bedeutet. Und Capito wußte, daß der vorgesehene Kurs nach Stavanger über steil aufragende norwegische Berge führte.

Capito entschloß sich trotzdem zum Weiterflug. Sein Mut wurde 100 Kilometer vor der norwegischen Küste belohnt, wo die Wolken aufrissen und elf seiner Ju 52 bei Sonnenschein weiterflogen (eine Maschine hatte sich verirrt und landete in Dänemark). Die Flugzeuge gingen von 1000 auf zehn Meter herunter, um nicht vorzeitig entdeckt zu werden, überflogen die norwegische Küste, brummten ein Tal hinauf und sprangen über eine zerklüftete Hügelkette. Plötzlich lag der Flugplatz vor ihnen. Die Fallschirmjäger wurden aus nur 120 Meter Höhe abgesetzt – einer gefährlich niedrigen Absprunghöhe, was jedoch bedeutete, daß die Männer nur etwa 20 Sekunden lang wehrlos an ihren Seidenschirmen hingen. Capitos Ju 52 drehten dann ab und gingen schleunigst auf Heimatkurs.

Als die Fallschirmjäger unter Führung von Oberleutnant Freiherr von Brandis auf dem Flugplatz landeten, schlug ihnen wütendes norwegisches MG-Feuer entgegen. Wenig später donnerten zwei Me 110 im Tiefflug über den Platz, um die Verteidiger mit ihren 20-mm-Maschinenkanonen anzugreifen. Den Fallschirmjägern gelang es in kurzer Zeit, die norwegischen MG-Nester zu stürmen. Schon nach einer halben Stunde, lange bevor die in Stavanger liegenden norwegischen Truppen reagieren konnten, befand sich der Flugplatz in deutscher Hand. Die restliche Besetzung Norwegens durch die Deutschen verlief größtenteils ähnlich rasch. Marinekampfgruppen mit Besatzungstruppen an Bord erschienen am Morgen des 9. April 1940 fast gleichzeitig vor den sechs wichtigsten Häfen Norwegens. In einigen Fällen leisteten die norwegischen Truppen Widerstand, aber schon mittags sahen die verwirrten Einwohner der Hafenstädte deutsche Soldaten auf ihren Straßen marschieren.

Die Einnahme der Hauptstadt Oslo – der wichtigste Teil des Norwegenunternehmens – war jedoch ungleich schwieriger: Dieser Teil des deutschen Plans ließ sich nur durch unglaubliche Bravourleistungen einer Handvoll deutscher Flugzeugführer verwirklichen.

Die Schwierigkeiten begannen kurz vor Tagesanbruch, als die auf Oslo angesetzte deutsche Kampfgruppe mit dem soeben in Dienst gestellten Kreuzer *Blücher* (12 000 t) an der Spitze eine Engstelle des zur norwegischen Hauptstadt führenden Oslo-Fjords passierte. Dort stand 29 Kilometer südlich von Oslo die alte Festung Oskarsborg mit ihren drei 28-cm-Geschützen (die ironischerweise 1905 in Deutschland hergestellt worden waren). Die Garnison eröffnete das Feuer auf die aus dem Morgendunst auftauchenden Eindringlinge, und die *Blücher* wurde von zwei 350 Kilogramm schweren Granaten getroffen. Während die Munition des Kreuzers in Brand geriet und das Schiff durch Detonationen erschütterte, wurde es unter der Wasserlinie von zwei von der Küste aus abgeschossenen Torpedos getroffen. Die *Blücher* kenterte innerhalb weniger Minuten und sank mit über 1000 Besatzungsmitgliedern und Soldaten, die für die Besetzung Oslos vorgesehen waren. Die übrigen Schiffe des Verbandes drehten ab, statt sich in ein Feuergefecht mit den Geschützen von Oskarsborg einzulassen. Die restlichen Infanteristen wurden 50 Kilometer südlich ihres Bestimmungsortes an Land gebracht.

Jetzt hing die Einnahme von Oslo ausschließlich von den Luftlandetruppen ab, die in zwei Ju-52-Wellen aus Deutschland herantransportiert wurden, um den Flugplatz von Oslo, Fornebu, zu nehmen. Die erste Gruppe von 29 Ju 52, die über 200 Fallschirmjäger beförderten, geriet über dem Skagerrak in den gleichen Nebel, der Hauptmann Capito auf dem Flug nach Stavanger zu schaffen gemacht hatte. Oberstleutnant Martin Drewes, der Führer der nach Oslo fliegenden Transportergruppe, machte sich Sorgen, als ein Staffelchef ihm über Funk meldete, daß zwei seiner Ju 52 anscheinend verschwunden waren. Tatsächlich waren sie, was Drewes wahrscheinlich vermutete, im Nebel zusammengestoßen und abgestürzt, Überlebende hatte es nicht gegeben. Das war zuviel für Drewes. Er meldete dem Kommandierenden General des für den Luftwaffeneinsatz bei der Norwegenbesetzung verantwortlichen X. Fliegerkorps in Hamburg über Funk, daß er umkehre und die vor kurzem besetzten dänischen Flugplätze bei Aalborg anfliege.

Generalleutnant Hans Ferdinand Geisler, der Kommandierende General des X. Fliegerkorps, befand sich nun in einem schweren Dilemma. Die zweite Gruppe Ju 52 war längst gestartet und folgte Drewes' erster Welle mit 20 Minuten Abstand. Die von diesen Maschinen beförderten Luftlandetruppen waren keine Fallschirmjäger: Die Ju 52 würden auf dem Flugplatz Fornebu bei Oslo landen müssen, um die Soldaten auszuladen – ein selbstmörderisches Vorhaben, wenn nicht zuerst Fallschirmjäger den norwegischen Widerstand gebrochen hatten, weil die feindlichen MGs die Transportmaschinen durchsieben würden. Geisler erteilte den einzig vernünftigen Befehl: Auch die gesamte zweite Welle sollte augenblicklich umkehren. Oslo würde anscheinend erst besetzt werden, wenn die von den deutschen Kriegsschiffen an Land gebrachte Infanterie sich nach Norden bis zur norwegischen Hauptstadt durchgekämpft hatte.

Dann nahmen die Ereignisse einen unerwartet anderen Verlauf. Die zweite Ju-52-Gruppe stand unter dem Befehl des Fallschirmjägeroffiziers Hauptmann Wagner, der sich weigerte, den über Funk eingehenden Umkehrbefehl Geislers zu befolgen. Nach Wagners Ansicht handelte es sich dabei eher um einen feindlichen Täuschungsversuch als um einen echten Befehl. Außerdem besserten sich die Sichtverhältnisse, als die Maschinen Südnorwegen erreichten. Wagner beschloß, nach Oslo weiterzufliegen. Unterdessen waren acht Me 110 durch den Nebel geflogen und hatten südlich von Oslo das Schönwettergebiet erreicht. Sie hatten den Auftrag, den Flugplatz im Tiefflug anzugreifen, um das Absetzen der Fallschirmjäger vorzubereiten. Aber die deutschen Piloten hatten eben erst die Wolken verlassen und sahen in der Ferne Oslo liegen, als sich sieben Jagdflugzeuge des englischen Typs Gloster Gladiator, mit denen die winzige norwegische Luftwaffe ausgerüstet war, auf sie stürzten. Der Luftkampf war kurz und erbittert. Zwei Me 110 wurden abgeschossen, während Leutnant Helmut Lent, der später einer der erfolgreichsten deutschen Nachtjäger werden sollte, eine Gladiator abschoß.

Die übrigen norwegischen Jäger zogen sich bald zurück, und die Me 110 griffen den Flugplatz von Oslo mit Bordwaffen an, zerstörten zwei Gladia-

Während der deutschen Norwegenbesetzung im April 1940 springen feldgrau uniformierte deutsche Stoßtruppen, denen ein Bordschütze Feuerschutz gibt, auf dem Flugplatz Oslo-Fornebu aus ihrer Junkers-Transportmaschine Ju 52. Insgesamt wurden 30 000 deutsche Soldaten auf dem Luftweg nach Norwegen transportiert.

tors am Boden und versuchten wie vorgesehen die feindlichen MG-Nester auszuschalten, bevor die eigenen Fallschirmjäger abgesetzt würden. Aber die erwarteten Transportmaschinen blieben aus. Statt dessen dauerte es nicht mehr lange, bis rote Blinkleuchten den Messerschmittpiloten anzeigten, daß ihr Treibstoffvorrat zu Ende ging.

Schließlich brummten über ihnen einige Ju 52 heran. Aber sie setzten keine Fallschirmjäger ab: Es waren die Transportmaschinen mit Infanteristen, die trotz des Umkehrbefehls weitergeflogen waren. Oberleutnant Hansen, der Führer der Zerstörergruppe, beobachtete entsetzt, wie eine Ju 52 zur Landung anflog. Norwegisches Abwehrfeuer schlug der Maschine entgegen, in der Hauptmann Wagner den Tod fand. Der Pilot der getroffenen Transportmaschine schob die Leistungshebel nach vorn und stieg wieder außer Schußweite.

Hansen war sich darüber im klaren, daß rasch etwas geschehen mußte, bevor weitere Transportmaschinen zu landen versuchten – und bevor seine eigenen Me 110 wegen Treibstoffmangels irgendwo notlanden mußten. In dieser Situation gab es nur eine Lösung: Die Zerstörerbesatzungen mußten den Flugplatz selbst nehmen. Hansen befahl Lent, eine Landung zu versuchen, während er und die vier restlichen Piloten weiterhin die norwegischen MG-Nester mit Bordwaffen angriffen.

Lent hatte seinen rechten Motor abgestellt, um Treibstoff zu sparen, und hatte die Me 110 deshalb nicht so in der Gewalt, wie es für eine glatte Landung erforderlich gewesen wäre. Zuerst sah es so aus, als würde er vor der Platzgrenze Bruch machen. Dann gab er Vollgas und schaffte es auf diese Weise mit dem linken Motor bis zur Landebahn – aber nun war er zu schnell, um mit der kurzen Ausrollstrecke auszukommen. Während seine Me 110 im Kreuzfeuer norwegischer MGs weiterrollte, landete eine Ju 52 auf einer kreuzenden Landebahn. Lents Zerstörer raste Sekundenbruchteile vor der Tante Ju über die Kreuzung. Die Me 110 schoß über das Landebahnende hinaus und rollte eine Böschung hinunter. Lent und sein Bordschütze blieben unverletzt. Sie kletterten aus dem Wrack der Maschine und nahmen das Heck-MG aus der Kanzel mit, um damit die norwegischen MG-Nester bekämpfen zu können.

Hansen landete als nächster. Er setzte weich auf und brachte die Maschine zum Stehen. Bis die übrigen vier Me 110 gelandet waren, hatten die Norweger ihre MGs im Stich gelassen, nachdem sie mit den meisten so erbittert geschossen hatten, daß sie Ladehemmung wegen Überhitzung hatten. Nun begannen die kreisenden Ju 52 zu landen, und die Infanteristen schwärmten aus, um die letzten norwegischen Verteidiger gefangenzunehmen. Schließlich trafen auch die aus Dänemark herübergeflogenen Fallschirmjäger ein. Ihre Transportmaschinen landeten, und die Fallschirmjäger stiegen wie Touristen aus. Der von einem halben Dutzend deutscher Flugzeugführer und ihren Maschinengewehrschützen eroberte Flugplatz befand sich fest in deutscher Hand.

Der nächste Akt dieses Dramas stand unter der Regie von Hauptmann Eberhard Spiller, dem deutschen Luftattaché in Oslo, der vor Tagesanbruch zum Flugplatz hinausgefahren war, um die eintreffenden deutschen Truppen zu begrüßen. Spiller übernahm jetzt das Kommando. Bevor die norwegische Garnison der Hauptstadt mobilisiert werden konnte, hatte Spiller mit seiner Truppe – insgesamt etwa sieben Kompanien – von der Stadt Besitz ergriffen: der ersten Metropole, die jemals von Luftlandetruppen eingenommen worden war.

Die Einnahme der Hauptstadt hatte jedoch Zeit gekostet, und diese Verzögerung hatte dem norwegischen König Haakon VII., seiner Familie und einigen Regierungsmitgliedern Gelegenheit zur Flucht gegeben. Der König reiste von einer norwegischen Stadt zur anderen, blieb stets außer Reichweite der nachdrängenden deutschen Truppen, weigerte sich, auf die wiederholten deutschen Forderungen nach einer Kapitulation Norwegens einzugehen, und befahl dem kleinen norwegischen Heer, den Invasoren Widerstand zu leisten. Die Masse des norwegischen Heeres mußte sich den Deutschen rasch ergeben. Verschiedene Einheiten kämpften jedoch weiter, wobei sie von einer alliierten Expeditionsstreitmacht unterstützt wurden, die zu spät eintraf, um der deutschen Invasion entgegenzutreten. Hitler, der gehofft hatte, Norwegen ebenso rasch und friedlich wie Dänemark besetzen zu können, wobei ein gefangengenommener, gefügiger Monarch den deutschen Truppen den Weg ebnete, mußte erkennen, daß die Wehrmacht dort in mühsame Kämpfe verstrickt war. Zwei Monate sollten vergehen, bevor die Deutschen in Norwegen endgültig den Sieg erringen konnten. Der Kampf hätte vielleicht noch länger gedauert – oder wäre unter Umständen niemals von Deutschland gewonnen worden –, wenn die Luftwaffe nicht bewiesen hätte, daß sie notfalls zu phantasievoll kühner Improvisation imstande war.

Diese Fähigkeit wurde auf eine entscheidene Probe gestellt, als rund 25 000 alliierte Soldaten anscheinend im Begriff standen, den von schwachen deutschen Kräften gehaltenen norwegischen Hafen Narvik zu erobern, wodurch Deutschlands Versorgung mit schwedischem Eisenerz aufs höchste gefährdet gewesen wäre. Generalmajor Eduard Dietl und seine 2000 Mann der 3. Gebirgsdivision waren erst vor einem Tag in Narvik an Land gegangen, als eine englische Zerstörerflottille am 10. April 1940 in den Hafen vorstieß und alle dort liegenden deutschen Schiffe, darunter auch die, auf denen die Invasionstruppe aus Deutschland herantransportiert worden war, versenkte oder beschädigte. Auf dem Rückmarsch durch den Ofot-Fjord jagten die Engländer auch den Frachter mit Dietls Munitionsreserve in die Luft. Drei Tage später griff die Royal Navy erneut an – diesmal sogar mit der schweren Artillerie des Schlachtschiffs *Warspite* – und versenkte buchstäblich alle noch schwimmenden deutschen Schiffe im Hafen von Narvik und den benachbarten Fjorden.

Am 16. April ging eine aus Engländern, Franzosen und Polen bestehende starke alliierte Kampfgruppe bei Harstad, 50 Kilometer nördlich von Narvik, an Land und rückte gemeinsam mit norwegischen Truppen nach Süden vor. Dietl und seine Gebirgsjäger befanden sich in verzweifelter Lage: Sie waren auf ihrem Vorposten nördlich des Polarkreises abgeschnitten, konnten nicht auf Unterstützung durch die Kriegsmarine hoffen und waren viele Hunderte von Kilometern von den nächsten deutschen Einheiten entfernt. Nur die Luftwaffe konnte Dietl davor bewahren, kapitulieren zu müssen.

Die Luftwaffe schickte sofort ein Dutzend Ju 52 mit Gebirgsgeschützen, Munition und Artilleristen. Da kein Flugplatz zur Verfügung stand, landeten die Maschinen 15 Kilometer von Narvik entfernt auf einem zugefrorenen See – ein nervenaufreibendes Erlebnis für den ersten Flugzeugführer, der nicht wußte, ob das Eis dick genug war, um das Aufsetzen der voll beladen immerhin zwölf Tonnen wiegenden Tante Ju auszuhalten. Die Eisdecke hielt. Nun besaß Dietl wenigstens etwas Artillerie, mit der seine Truppe die ersten Erkundungsvorstöße der Alliierten abweisen konnte.

Ein englischer Fischdampfer (oben) und Handelsschiffe werden die Beute eines deutschen Bombers, der 1940 über der Nordsee Jagd macht. Ein Photograph, der im verglasten Bug einer Heinkel He 111K hockte, nahm die Schiffe auf, die während eines einzigen Einsatzes versenkt wurden.

Unter Führung des tüchtigen und erfindungsreichen Generals der Flieger Hans-Jürgen Stumpff, der am 1. Mai 1940 den Oberbefehl über die neuaufgestellte, für Skandinavien zuständige Luftflotte 5 übernahm, baute die Luftwaffe ihre Luftbrücke bald weiter aus. Stumpff schickte Ju-52-Stafetten nach Narvik, die der Gruppe Dietl tonnenweise Verpflegung und Munition brachten. Kleine Abteilungen Fallschirmjäger sprangen im schneebedeckten Bergland ab, um die deutschen Truppen zu verstärken. Stumpff gelang es auch, das Oberkommando der Luftwaffe in Berlin dazu zu bringen, ihm eine Staffel Junkers Ju 88 zu schicken – die damals modernsten deutschen Bomber, deren Serienbau erst wenige Monate zuvor angelaufen war. Mit ihren beiden Sternmotoren erreichten diese schnittigen Flugzeuge etwa 480 Stundenkilometer Höchstgeschwindigkeit und besaßen, was für Stumpff im Augenblick wichtiger war, als Fernbomber einen Aktionsradius von 1200 Kilometern. Weiterhin erhielt die Luftflotte 5 eine Anzahl Ju 87R: neue Stukas mit Zusatztanks.

Mit diesen Verstärkungen machte Stumpff sich daran, sämtliche englischen Kriegsschiffe zu bombardieren, die sich in die Nähe von Narvik wagten. Außerdem zerstörte er systematisch die Hafenanlagen von Harstad, wo der Nachschub für die gegen Narvik vorrückenden alliierten Truppen ausgeladen und gelagert wurde. Der englische Kreuzer *Curlew* sowie ein Zerstörer und ein Truppentransporter wurden versenkt, während das Schlachtschiff *Resolution* und zwei weitere Kreuzer so schwer beschädigt wurden, daß sie mit verminderter Fahrt zur Instandsetzung nach England zurücklaufen mußten. Bei diesen Einsätzen demonstrierte die deutsche Luftwaffe, daß der Bomber selbst schwergepanzerten Kriegsschiffen überlegen war – vor allem wenn dem Schiff kein Jagdschutz durch land- oder bordgestützte Jäger zur Verfügung stand.

Der Einsatz der deutschen Luftwaffe sowie schlechtes Wetter und unzulängliche Winterausrüstung ließen den alliierten Vormarsch ins Stokken kommen und retteten General Dietls weit unterlegene Truppe. Die Alliierten brauchten für die 50 Kilometer von Harstad nach Narvik über sechs Wochen. Als sie den Hafen am 28. Mai 1940 endlich einnahmen, hatten Dietl und seine Gebirgsjäger sich in die nahen Berge abgesetzt.

Obwohl die Alliierten damit ihr Ziel erreicht hatten, wußten sie, daß die deutschen Bomber es ihnen schwermachen würden, die Stadt zu halten und zu versorgen. Einige wenige RAF-Jagdflugzeuge wurden hastig nach Narvik verlegt, wo behelfsmäßige Start- und Landebahnen von Schnee geräumt worden waren. Sie konnten die deutsche Luftherrschaft jedoch nicht ernstlich gefährden, und England, das damals in den Niederlanden und Frankreich im Kampf gegen Deutschland stand, konnte keine weiteren Maschinen für Norwegen entbehren. Unter diesen Voraussetzungen war klar, daß die alliierten Truppen Narvik nicht halten konnten.

Premierminister Winston Churchill erteilte den Räumungsbefehl kurz nach der Einnahme von Narvik. Zum Glück für die Alliierten blieb die Wiedereinschiffung ihrer Truppen der deutschen Luftaufklärung wegen Nebels und tiefhängender Wolken verborgen; bei klarem, für Luftangriffe geeignetem Wetter hätte das riskante Unternehmen in einer Katastrophe enden können. Ein englischer Kreuzer nahm schließlich auch König Haakon VII. und sein Gefolge auf, die auf Schiene und Straße über 1500 Kilometer durch Norwegen zu der kleinen Hafenstadt Tromsö nördlich von Narvik zurückgelegt hatten. Der König und seine Regierung gingen damit für fünf Jahre nach London ins Exil.

Nach der Abreise Haakons VII. kapitulierten die letzten organisierten Einheiten des norwegischen Heeres, deren Lage ohne Unterstützung durch die Alliierten unhaltbar geworden war. Deutschlands Versorgung mit schwedischem Eisenerz war gesichert; seine Luftwaffe und Kriegsmarine hatten wertvollste Stützpunkte für Angriffe auf die für England lebenswichtige Schiffahrt dazugewonnen. Tatsächlich war der Erfolg des gesamten Norwegenunternehmens in der Hauptsache von den deutschen Flugzeugbesatzungen abhängig gewesen. Die deutsche Luftwaffe hatte wieder einmal bewiesen, daß im modernen Krieg die Luftherrschaft dem Angreifer einen entscheidenden Vorteil verschaffen konnte.

Hitler hätte sich vielleicht niemals auf Skandinavien konzentriert oder dort keinen so eindrucksvollen Sieg errungen, wenn er nicht durch eine merkwürdige Fehlleistung gezwungen worden wäre, den Kampf um sein Hauptziel – die Eroberung Frankreichs – vorerst hinauszuschieben. Dieser Fehler, der zunächst katastrophal erschien, trug in Wirklichkeit dazu bei, daß Hitler seine beiden größten Triumphe erringen konnte.

Im Siegestaumel nach dem grandiosen Sieg über Polen im September 1939 hatte Hitler im November Frankreich angreifen wollen. Schlechtes Wetter und die Notwendigkeit, das Heer für den Aufmarsch im Westen umzugruppieren, hatten jedoch eine mehrmalige Verschiebung des geplanten Angriffs bewirkt. Ein paar klare, sonnige Tage im Januar 1940 hatten Hitlers Ehrgeiz jedoch erneut entfacht. Als neues Angriffsdatum wurde der 17. Januar festgesetzt. Die deutschen Oberbefehlshaber trafen ihre Vorbereitungen – aber nur widerstrebend, denn sie wußten, daß die Wehrmacht erst bedingt angriffsbereit war.

Am 10. Januar wurde der gesamte Plan jedoch durch einen bizarren Vorfall zu Makulatur. Als Werkzeug des Schicksals diente ein junger ehrgeiziger Luftwaffenoffizier: Major Helmut Reinberger. Als Reinberger auf der Reise zu einer in Köln angesetzten Stabsbesprechung in Münster aufgehalten wurde, entschloß er sich, das Angebot anzunehmen, in einer Kuriermaschine der Luftwaffe mitzufliegen, um sich die lange Fahrt mit dem Nachtschnellzug zu sparen. Damit verstieß er gegen einen eindeutigen Befehl. Hermann Göring, der Oberbefehlshaber der Luftwaffe, hatte Kurieren untersagt, Geheimsachen auf dem Luftweg zu überbringen – und Reinbergers gelbe Aktentasche enthielt den streng geheimen Plan für einen wichtigen Teil des deutschen Einfalls in Frankreich und die Niederlande.

Bald nach dem Start der Messerschmitt Me 108 vom Flugplatz Münster-Loddenheide verdichteten sich dünne Nebelschleier zu einer geschlossenen Wolkendecke, und starker Ostwind bewirkte eine Windversetzung von etwa 30 Grad von dem auf dem Flug nach Köln einzuhaltenden Südwestkurs. Der Rhein, eine wichtige Orientierungslinie, wurde bei schlechter Sicht unbemerkt überflogen. Der Flugzeugführer, Major Erich Hönmanns, sichtete schließlich einen Flußlauf, erkannte aber, daß es nicht der Rhein sein konnte. Sie hatten sich verflogen.

Unterdessen vereisten in der feuchten, kalten Luft Tragflächen und Vergaser ihrer Maschine. Der Motor stotterte und setzte dann aus. Hönmanns fand gerade noch rechtzeitig ein kleines Feld. Die Me 108 verfehlte beim Landeanflug nur knapp einige Bäume, setzte auf und holperte bis zu einer Hecke, in der sie zum Stehen kam. Als die beiden Deutschen mitgenommen, aber unverletzt aus der zu Bruch gegangenen Maschine kletterten, tauchte ein alter Mann auf. Reinberger wurde blaß, als er ihnen auf französisch erklärte, sie seien bei Mechlin in Belgien gelandet. Der überflogene Fluß war die Maas gewesen – 80 Kilometer westlich von Köln.

„Ich muß sofort meine Papiere verbrennen!" rief Reinberger verzweifelt aus. Aber da Hönmanns und er Nichtraucher waren, hatten sie keine Zündhölzer bei sich. Schließlich gab ihnen der Alte widerstrebend sein Feuerzeug. Als es Reinberger eben gelungen war, die Papiere trotz des starken Windes in Brand zu setzen, trafen belgische Gendarmen auf Fahrrädern ein und löschten rasch die Flammen.

Als Reinberger kurz danach auf dem zuständigen Polizeirevier vernommen wurde, unternahm er einen weiteren verzweifelten Versuch, die kostbaren Papiere zu vernichten: Er wischte sie plötzlich vom Tisch und stopfte sie in den Ofen. Der Polizeichef zog sie jedoch ebenso schnell wieder heraus, obwohl er dabei Verbrennungen erlitt. Reinberger versuchte nun, sich der Dienstwaffe des Polizeichefs zu bemächtigen, aber der Belgier stieß ihn auf einen Stuhl zurück und befahl ihm, sitzenzubleiben und sich nicht mehr zu rühren. Reinberger schlug die Hände vors Gesicht und sagte beinahe schluchzend, er wolle die Pistole, um sich zu erschießen; in Deutschland gebe es für ihn „kein Pardon".

Am gleichen Abend lagen die noch völlig lesbaren Dokumente dem belgischen Generalstab vor, der sofort die Mobilmachung der belgischen Streitkräfte anordnete. Die Belgier übermittelten auch den französischen und englischen Armeen in Nordfrankreich eine Zusammenfassung des Inhalts der bei Reinberger gefundenen Unterlagen. Aus diesem Operationsplan ging hervor, daß das deutsche Heer in einer Umfassungsbewegung durch Belgien nach Frankreich hinein vorstoßen sollte – ähnlich wie die Armeen Kaiser Wilhelms II. zu Beginn des Ersten Weltkriegs.

Die Hiobsbotschaft von Reinbergers Pech zog in Berlin rasche und lautstarke Reaktionen nach sich. Hitler machte Göring wegen der Dummheit seiner Untergebenen Reinberger und Hönmanns heftige Vorwürfe und befahl ihm, den Kurier bei seiner Rückkehr an die Wand stellen zu lassen. (Reinberger hatte jedoch Glück und verbrachte den Rest des Krieges in einem sicheren kanadischen Kriegsgefangenenlager.) Die allgemeine Verwirrung führte freilich auch zu einer wichtigen Entscheidung: Der deutsche Angriffsplan mußte völlig neu ausgearbeitet werden. Er sollte auf Befehl Hitlers auf neuer Grundlage überarbeitet und vor allem auf Geheimhaltung und Überraschung abgestellt werden.

Aufgrund dieser Weisung Hitlers arbeitete der brillante General Erich von Manstein einen Angriffsplan aus, den ein bekannter Historiker „einen der genialsten Siegespläne, der je von Strategen ersonnen worden ist", genannt hat. Manstein verwarf den alten, vorausberechenbaren Plan eines durch Belgien führenden Hauptstoßes. Wie er Hitler am 17. Februar 1940 bei einem Abendessen auseinandersetzte, sollte der deutsche Angriffsschwerpunkt statt dessen in den Ardennen liegen – dem bewaldeten Bergland im Grenzgebiet zwischen Belgien, Frankreich und Luxemburg. Nach herkömmlicher militärischer Auffassung stellte dieses Gebiet ein für Panzer unüberwindbares Hindernis dar, Manstein war jedoch anderer Überzeugung. Durch die unerwartete Angriffsrichtung hatten die Deutschen nicht nur den Vorteil des Überraschungsmoments auf ihrer Seite, sie standen dann auch vor dem verteidigungsschwächsten Abschnitt der französischen Grenze. Die deutschen Panzer würden die französischen Stellungen bei Sedan durchstoßen, einen Keil bis zum Ärmelkanal vortreiben und die anglo-französischen Armeen aufspalten.

Im Rahmen dieses bemerkenswerten Angriffsplans hatte die deutsche Luftwaffe eine Doppelaufgabe zu übernehmen: Sie sollte die Panzer- und Fahrzeugkolonnen auf dem Marsch über die engen Ardennenstraßen schützen und dann einen Bombenteppich vor die Panzer legen, wenn sie nach Frankreich vorstießen. Solange die fliegende Artillerie in den feindlichen Reihen Verwirrung stiftete, ohne den Gegner zur Ruhe kommen zu lassen, mußte dieser Vorstoß erfolgreich sein.

Der Angriff nach Nordbelgien und Holland hinein sollte nach Mansteins Vorstellungen wie geplant durchgeführt werden, aber vor allem als Ablenkungsmanöver dienen, um die Truppen der Alliierten von den Ardennen abzuziehen. Generaloberst von Bocks im Norden eingesetzte Heeresgruppe B würde ihre Panzerdivisionen bis auf eine an Rundstedts Heeresgruppe A abgeben, die den Panzervorstoß bei Sedan führen sollte.

Das war ein kühner, beinahe tollkühner Plan von der Art, für die Hitler sich so begeisterte. Mansteins Vorschlag wurde am 24. Februar 1940 offiziell als Grundlage der deutschen Angriffsplanung akzeptiert und erhielt den Decknamen „Sichelschnitt". Während der durch die Umgruppierung der beiden Heeresgruppen entstehenden Zwangspause wandte sich Hitler nach Norden, um Dänemark und Norwegen zu besetzen.

Luftunterstützung sollten die Heeresgruppen A und B von den Luftflotten 2 und 3 erhalten, die gemeinsam über nahezu 4000 Frontflugzeuge (mit den Transportmaschinen) verfügten – mehr als das Doppelte der gegen Polen eingesetzten deutschen Flugzeuge. Oberbefehlshaber der Luftflotte 2 war General der Flieger Kesselring, der den nördlichen Frontabschnitt übernahm. Die Luftflotte 3 stand unter dem Oberbefehl von General der Flieger Hugo Sperrle. Zu Sperrles Luftflotte 3, die den Auftrag hatte, als fliegende Artillerie den Durchbruch bei Sedan zu unterstützen, gehörte das II. Fliegerkorps unter Generalleutnant Bruno Loerzer. Loerzer hatte bemerkenswertes Talent für die enge Luftunterstützung bewiesen, die dazu beigetragen hatte, die polnische Armee zu zersprengen. Zu Kesselrings Luftflotte 2 gehörten das berühmte VIII. Fliegerkorps unter Generalmajor von Richthofen und die 7. Fliegerdivision unter Generalleutnant Student, deren Fallschirmjäger wieder vom Himmel schweben sollten, um eine wichtige Rolle bei der Eroberung zweier weiterer kleiner Staaten – Belgien und Holland – zu spielen.

Die belgische Schlüsselposition war Fort Eben-Emael, ein gewaltiges Untergrundlabyrinth, das von Geschütztürmen und Schießscharten starrte und das strategisch wichtige Gebiet an der Abzweigung des Albert-Kanals aus der Maas beherrschte. Die Erbauer dieses Forts hatten eine Festungsanlage geschaffen, die ihrer Meinung nach sämtlichen Angriffen widerstehen konnte. Sie hatten jedoch nicht mit einem Angriff aus der Luft gerechnet – und gerade der sollte das deutsche Oberkommando in die Lage versetzen, nicht nur Eben-Emael, sondern auch drei Brücken über die Maas und den Albert-Kanal zu nehmen, die Bocks Truppen brauchten, um nach Westen durch Belgien hindurch vorstoßen zu können.

In der Dunkelheit vor Tagesanbruch am 10. Mai 1940 starteten um Punkt 4.30 Uhr auf zwei Flugplätzen bei Köln die ersten Dreierketten Ju 52, wobei jede Transportmaschine einen Lastensegler des Typs DFS 230 *(S. 56–57)* schleppte, in dem mindestens acht von Students Fallschirmjägern mit ihren Waffen und Sprengladungen hockten. Fünf Minuten später befanden sich alle 41 Schleppmaschinen und ihre Lastensegler in der Luft und flogen nach Westen auf die deutsche Grenzstadt Aachen zu, wobei ihr

Kurs durch verschiedene scheinbar harmlose Leuchtfeuer markiert wurde – hier ein Holzfeuer, dort ein Suchscheinwerfer.

Zwei Lastensegler lösten sich versehentlich vorzeitig von ihren Schleppflugzeugen und landeten in Deutschland. Die übrigen Maschinen dieser seltsamen Armada erreichten jedoch nach etwa 30 Minuten Flugzeit die deutsch-holländische Grenze. Die Lastensegler lösten in etwa 2300 Meter Höhe die Schleppverbindungen und begannen ihren lautlosen, geisterhaften Gleitflug nach Belgien, wo drei Gruppen die Brücken ansteuerten, während die vierte, aus neun Lastenseglern bestehende Gruppe Fort Eben-Emael anflog. Man hatte sich dazu entschlossen, für diese Luftlandeunternehmen Lastensegler zu verwenden, statt Fallschirmjäger abzusetzen, weil die DFS 230 lautlos anschwebten, während die dröhnend lauten Schleppmaschinen schon an der deutsch-holländischen Grenze umgekehrt waren. Außerdem gelangten mit Lastenseglern ins Ziel gebrachte Luftlandetruppen kampfbereit in geschlossenen Gruppen an – im Gegensatz zu den oft weit abgetriebenen Fallschirmjägern.

Die gutausgebildeten Lastenseglerpiloten der auf Eben-Emael angesetzten Gruppe landeten buchstäblich auf der riesigen unterirdischen Festung, einer mit Geschützstellungen durchsetzten weiten Rasenfläche. Die Fallschirmjäger stürzten aus Schnellfeuerwaffen schießend aus den Lastenseglern. Neun Sprengtrupps rannten zu den Geschütztürmen. Durch die Schießscharten geworfene Handgranaten setzten die belgischen Bedienungen zweier 12-cm-Geschütze außer Gefecht. Neun 7,5-cm-Geschütze wurden dadurch gesprengt, daß die Deutschen vorbereitete 1-kg-Ladungen in ihre Rohre warfen. Innerhalb von Minuten hatten die Fallschirmjäger die oberen Festungsgeschütze zum Schweigen gebracht.

Aber die 700 Mann starke Besatzung des Forts dachte nicht daran, sich zu ergeben. Ihr Kommandant wies die in der Nähe liegende belgische Artillerie an, das Feuer auf die Angreifer zu eröffnen, die daraufhin sofort zur Verteidigung übergingen und in den von ihnen ausgeschalteten Geschützstellungen Deckung fanden. Sie wurden 24 Stunden lang beschossen, bis das von der deutschen Grenze vorstoßende verstärkte Infanterieregiment 151 den belgischen Einschließungsring sprengte. Am

Eine Junkers-Transportmaschine Ju 52 steht in Abstellposition neben der holländischen Schnellstraße, auf der sie während des deutschen Einmarsches in die Niederlande im Mai 1940 landete. Anderen Transportflugzeugen erging es wesentlich schlechter: Da sie nicht auf den blockierten Flugplätzen landen konnten, gingen 167 Maschinen verloren – hauptsächlich durch Flakbeschuß.

11. Mai 1940 um 13.15 Uhr zeigten die Belgier eine weiße Flagge. Eben-Emael, die vermeintlich uneinnehmbare Bastion, war von 70 deutschen Fallschirmjägern erobert worden, die sechs Gefallene und 20 Verwundete zu beklagen hatten. Nun klaffte eine gewaltige Bresche im Mittelteil der belgischen Hauptverteidigungslinie.

Auch zwei der drei anderen von ihren Schleppmaschinen bis zur holländischen Grenze gebrachten Lastenseglergruppen hatten ihren Auftrag ausgeführt und die Brücken bei Veldwezelt und Vroenhoven genommen. Im Laufe des Nachmittags strömten Bocks Truppen über diese Brücken und nutzten so die durch die Einnahme von Fort Eben-Emael entstandene Lücke. Lediglich die Brücke bei Kanne war von ihren belgischen Verteidigern wenige Sekunden vor der Landung der Lastensegler gesprengt worden. Aber die Heeresgruppe B konnte zumindest die beiden unbeschädigt gebliebenen Brücken benutzen.

Bomber und Jäger der Luftflotte 2 überflogen die belgische Grenze schon kurz nach der Landung der Lastensegler. Einige wenige belgische und englische Jagdstaffeln, die das frühe Muster Mark I der britischen Hurricane flogen, stiegen den Wellen deutscher Flugzeuge entgegen. Mit seinem hölzernen Zweiblattpropeller war das Muster Mark I 27 Stundenkilometer langsamer als spätere Hurricanes, die mit dreiblättrigen Metallluftschrauben ausgerüstet waren. Adolf Galland schrieb später: „Die Belgier flogen in der Hauptsache veraltete Hurricanes, mit denen auch erfahrenere Flieger als sie nicht viel gegen unsere neuen Me 109 E hätten ausrichten können. Wir waren ihnen an Geschwindigkeit, Steigfähigkeit, Bewaffnung und an fliegerischer Erfahrung und Ausbildung weit überlegen."

Galland, der es geschafft hatte, sich von den Schlachtflugzeugen, die er in Polen geflogen hatte, zur Jagdfliegerei versetzen zu lassen, berichtete von seinem ersten Luftkampf mit Hurricanes, zu dem es am 12. Mai kam. „Es war daher . . . keine Heldentat, als mein Rottenflieger und ich uns etwa 10 km westlich von Lüttich aus einer Höhe von rund 3600 m auf eine Staffel von acht belgischen Hurricanes stürzten, die 1000 m unter uns vorbeizogen." Galland verspürte weder Aufregung noch Jagdfieber. „‚Wehr dich doch!' dachte ich, als ich einen von den acht im Visier hatte, ohne daß er etwas ahnte. ‚Eigentlich müßte man ihm ein Zeichen geben!'" Der erste Feuerstoß aus den zwei MGs und der 20-mm-MK der Me 109 E lag im Ziel. „Der arme Teufel hatte endlich gemerkt, worum es ging." Nach einem weiteren Angriff „trudelte mein Gegner steuerlos in Spiralen ab. Flächenteile flogen davon".

Galland nahm sich „sofort eine andere der versprengten Hurricanes vor. Sie versuchte im Sturz zu entkommen, doch ich saß bald in einer Entfernung von etwa 100 Metern hinter ihr. Über die Fläche ging der Belgier durch ein Wolkenloch. Aber ich verlor ihn nicht und griff nochmals aus nächster Entfernung an. Er bäumte sich kurz auf und stürzte dann aus einer Höhe von nur 500 Metern fast senkrecht zu Boden."

Das waren die beiden ersten der insgesamt 103 Abschüsse, die Galland im Zweiten Weltkrieg erzielte.

Die niederländische Luftwaffe leistete am 10. Mai 1940 so viel Widerstand, wie es ihr winziges Kontingent von 52 modernen Jagdflugzeugen zuließ. Eine Gruppe einmotoriger Eindecker des Typs Fokker D.XXI, deren Konstrukteur Anthony Fokker im Ersten Weltkrieg viele deutsche Jagdflugzeuge gebaut hatte, fing bei Tagesanbruch eine Kette He 111 ab und schoß die Maschine des deutschen Kommandeurs ab. Nur wenige

Auf lautlosen Schwingen zum Angriff

Die Einnahme des belgischen Forts Eben-Emael durch deutsche Luftlandetruppen im Mai 1940 war nicht nur die erste Verwendung von Lastenseglern als Truppentransporter im Kriege, sondern auch die Verwirklichung einer seit Jahren im Planungsstadium befindlichen Idee.

Luftwaffengeneral Ernst Udet gehörte zu den ersten, die sich Lastensegler als modernes Gegenstück zum Trojanischen Pferd vorstellten, um damit heimlich Truppen hinter den feindlichen Linien abzusetzen. 1930 förderte er die Entwicklung der DFS 230 *(rechts oben)*. Dieser aus Holz, Stahl und Segeltuch gebaute Lastensegler war leicht, aber robust und konnte bis zu zehn Soldaten mit voller Ausrüstung transportieren.

Kurz nach Kriegsausbruch stellte General Kurt Student, der Kommandierende General des Luftlandekorps der Luftwaffe, einen mit DFS 230 ausgerüsteten Verband auf, um sie im Kampf einsetzen zu können. Entschieden gegen diese Idee sprachen sich Offiziere im Oberkommando des Heeres aus, die in Lastenseglern lediglich Transportmittel sahen. Ende 1939 erhielt Student jedoch Gelegenheit, seine Argumente Hitler vorzutragen, der den Plan eines Nachtangriffs auf Eben-Emael entwickelte, bei dem Lastensegler auf dem als fast uneinnehmbar geltenden Fort landen sollten.

Student akzeptierte diesen Vorschlag augenblicklich – allerdings unter der Bedingung, daß der Angriff bei Tagesanbruch stattfand, damit seine Männer ihre Ziele erkennen konnten. Hitler legte den Angriffsbeginn in Belgien entsprechend fest und bestand auf einem Luftlandeunternehmen gegen Eben-Emael.

Am 10. Mai 1940, kurz vor Tagesanbruch, landeten Soldaten unter Führung von Oberleutnant Rudolf Witzig *(rechts unten)* auf dem Fort und sprengten die großen Panzerkuppeln. Innerhalb von 24 Stunden fiel Eben-Emael, das die Belgier für fast uneinnehmbar gehalten hatten, in deutsche Hand.

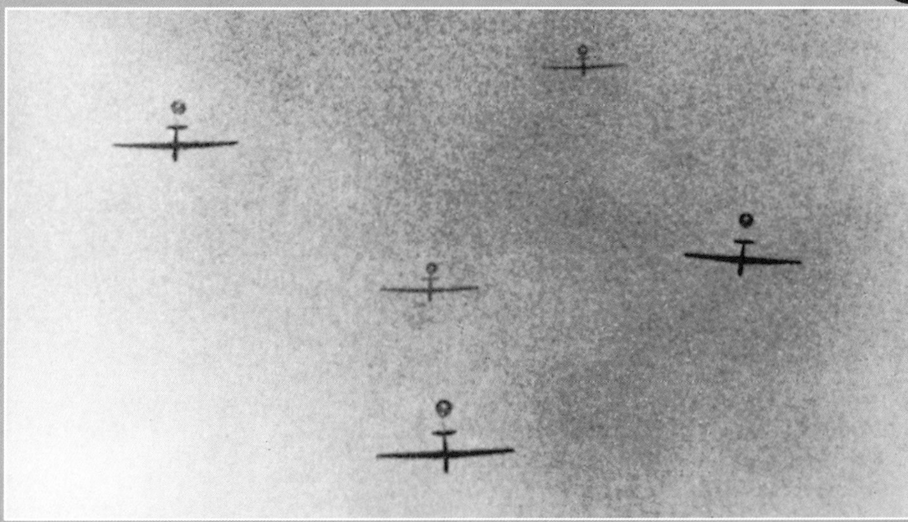

Die DFS 230 hatte 22 Meter Spannweite und wog vollbeladen über zwei Tonnen. Um den Luftwiderstand zu verringern, warf sie ihr Fahrgestell nach dem Start ab und landete auf einer hölzernen Gleitkufe unter dem Bug der Maschine.

Ein Schwarm DFS 230 entfaltet vor der Landung Bremsfallschirme, um die Landegeschwindigkeit zu verringern. Einige Modelle waren für diesen Zweck sogar mit Bremsraketen ausgerüstet.

Minuten später stießen weitere Fokker D.XXI auf einen Verband aus 55 Ju 52, die mit Fallschirmjägern zu den Flugplätzen um die niederländische Hauptstadt Den Haag unterwegs waren. Mit Unterstützung durch eigene Flak schossen die holländischen Jäger 37 der Transportmaschinen ab oder beschädigten sie zumindest. Diese Abwehrerfolge ließen sich jedoch nicht wiederholen, weil Kesselring seine He 111 in Wellen zur Bombardierung der feindlichen Flugplätze einsetzte. Am 11. Mai waren nur noch etwa ein Dutzend Fokker D.XXI flugfähig.

Trotz erbitterter holländischer Gegenwehr hatten die meisten der 4000 Mann Luftlandetruppen, die den Auftrag hatten, die Verteidigungskraft des Gegners zu lähmen, am Mittag des 10. Mai ihre Einsatzräume erreicht. Den auf Den Haag angesetzten Einheiten, die von den Fokker D.XXI angegriffen worden waren, gelang es nicht, die benachbarten Flugplätze zu halten und die niederländische Königin Wilhelmina gefangenzunehmen. Aber die Fallschirmjäger, die in der Nähe der wichtigsten über Hollands zahlreiche Wasserstraßen führenden Brücken abgesetzt wurden, eroberten diese, bevor die überraschten Wachen sie sprengen konnten.

Die Fallschirmjäger verteidigten die entscheidend wichtigen Brücken trotz erbitterter Gegenangriffe holländischer Truppen. Am Nachmittag des 12. Mai stand die 9. Panzerdivision in den Vororten von Rotterdam, dem größten Hafen der Niederlande und einem wichtigen Handelszentrum. Die Verteidiger der Stadt gaben jedoch nicht auf. Sie leisteten weiterhin hartnäckigen Widerstand, als Generalleutnant Rudolf Schmidt am 14. Mai den niederländischen Stadtkommandanten Oberst Philip Scharroo warnte, wenn der Widerstand nicht eingestellt werde, würden die Deutschen ihn mit allen Mitteln brechen. „Dies kann die völlige Vernichtung der Stadt zur Folge haben", hieß es in Schmidts Kapitulationsaufforderung.

Das war keine leere Drohung. Hitler hatte befohlen, Rotterdam nötigenfalls wie Warschau durch Luftangriffe zur Kapitulation zu zwingen. Die 100 He 111 des zur Luftflotte 2 unter Kesselring gehörenden Kampfgeschwaders 54 hatten bereits den Angriffsbefehl erhalten und sollten gegen 14 Uhr starten, falls Rotterdam bis dahin nicht kapitulierte. Die erste Angriffskolonne mit 57 Maschinen würde von Oberst Walter Lackner geführt werden. An der Spitze der zweiten würde Oberstleutnant Otto Höhne fliegen. Ihr Ziel war die holländische Kräftekonzentration in einem Dreieck unmittelbar nördlich der Maas, die sich durch Rotterdam windet.

Bei der Einsatzbesprechung waren die Bomberbesatzungen aufgefordert worden, auf unter ihnen aufsteigende rote Leuchtkugeln zu achten. Falls sie welche sahen, sollten sie den Angriff abbrechen. Leuchtkugeln bedeuteten, daß Rotterdam im Begriff war, sich zu ergeben.

Oberst Scharroo überbrachte Generalleutnant Schmidts Kapitulationsaufforderung seinem Vorgesetzten, dem holländischen Oberbefehlshaber General Henri Winkelman. Die beiden niederländischen Offiziere entschieden sich für eine Hinhaltetaktik und forderten Verhandlungen mit dem deutschen Parlamentär, Oberstleutnant Dietrich von Choltitz. Um 13.50 Uhr, als Choltitz und Scharroos Parlamentär, sein Adjutant Hauptmann Bakker, zusammentrafen, liefen in 300 Kilometern Entfernung – weniger als eine Stunde Flugzeit von Rotterdam – bereits die Motoren von Lackners Kampfgeschwader 54 warm.

Die nun folgende Tragödie wurde durch unzulängliche Nachrichtenverbindungen ausgelöst. Schmidts Anhaltebefehl an die Luftflotte 2 – „Angriff wegen Verhandlungen verschoben" – wurde wegen Funkstörungen erst um 14.15 Uhr übermittelt, als Lackners und Höhnes Maschinen längst gestartet waren. Die Funker der Luftflotte 2 konnten die Frequenz, auf der die Rotterdam anfliegenden He 111 zu erreichen waren, nicht finden, und als Kesselrings Oberkommando den Befehl an die Leitstelle des Geschwaders bei Bremen, die eine Funkverbindung hätte herstellen können, weitergeleitet hatte, war es bereits zu spät.

Um zu versuchen, das Kampfgeschwader 54 abzufangen, sprang der Ia der Luftflotte 2, Oberstleutnant Hans-Jürgen Rieckhoff, in Münster in eine Me 109 und jagte nach Rotterdam. Als er dort eintraf, hatte das Geschwader sich jedoch bereits zu zwei Angriffskolonnen formiert und befand sich mit geöffneten Bombenklappen im Anflug auf die Hafenstadt.

Am Boden schossen Choltitz und seine Männer inzwischen mit verzweifelter Hast ganze Serien roter Leuchtkugeln ab. Aber obwohl die Leuchtsignale hoch in die Luft stiegen, waren sie nicht hell genug, um im Dunst und Qualm über der belagerten Stadt sichtbar zu sein. Nur einer der 100 deutschen Flugzeugführer erkannte „zwei kümmerliche Leuchtpatronen". Das war Höhne selbst, der dann seinem Funker das Stichwort „Abdrehen!" zurief, obwohl sein Bombenschütze und die dicht hinter ihm folgenden „Kettenhunde" ihre Bomben bereits geworfen hatten.

Die restlichen Maschinen von Höhnes Angriffskolonne drehten ab, aber Lackners Bomber hielten unbeirrbar aufs Zielgebiet zu und belegten es mit 97 Tonnen Sprengbomben. Die entstehenden Brände wurden durch leichten Wind angefacht und fanden in den alten Fachwerkhäusern reichlich Nahrung. Auch die Fettvorräte einer bombardierten Margarine-

Nach einem verheerenden deutschen Bombenangriff am 14. Mai 1940 wüten Brände in der holländischen Stadt Rotterdam. Durch die Feuersbrunst wurden fast 80 000 Einwohner obdachlos.

fabrik gerieten in Brand und nährten die gewaltige Feuersbrunst. Es sollte drei Monate dauern, bis die letzte Glut erloschen war. Nach ersten Meldungen waren bei diesem Luftangriff 25 000 Menschen umgekommen. Tatsächlich hatte er weit weniger Todesopfer – 814 Menschen – gefordert, aber der deutschen Luftwaffe wurde ein Terrorangriff zur Last gelegt. Ihr Ruf, rücksichtslos brutal und überwältigend schlagkräftig zu sein, verbreitete sich und steigerte die Angst der Zivilbevölkerung anderer Staaten vor den deutschen Fliegern.

Am Abend des 14. Mai 1940 befahl der holländische General Winkelman seinen Streitkräften, die Waffen niederzulegen. Königin Wilhelmina flüchtete an Bord eines britischen Zerstörers nach England. Die Festung Holland, von der die alliierten Generalstäbler gehofft hatten, sie werde sich wochenlang halten können, war innerhalb von fünf Tagen gefallen, nachdem deutsche Luftlandetruppen ihre natürlichen Verteidigungsbarrieren, die Flüsse und Kanäle, überwunden hatten.

Während die Lastensegler- und Fallschirmjäger-Einsätze in Belgien und den Niederlanden bewirkten, daß sich die Aufmerksamkeit der Alliierten auf die Verteidigung dieser beiden Staaten konzentrierte, begann der Angriff auf Frankreich mit der unterdessen klassischen Einleitung durch die deutsche Luftwaffe: der Vernichtung der feindlichen Luftstreitkräfte am Boden. Zu den ersten Einsätzen am Morgen des 11. Mai gehörte ein Angriff, den neun Do 17 gegen einen Flugplatz bei Vaux flogen. Auf diesem Platz lag ein Teil der Advanced Air Striking Force der RAF, die aus England nach Frankreich verlegt worden war, um die wenig kampfkräftige französische Armée de l'Air zu verstärken.

Um überraschend angreifen zu können, führte Oberleutnant Otto Reimers seine Staffel schneller Bomber im Tiefflug über die französische Grenze. Als sie auf Vaux zudonnerten, wollte Reimers seinen Augen kaum trauen. Auf dem Flugplatz stand Tragfläche an Tragfläche, wie zu einer friedensmäßigen Parade aufgestellt, eine ganze Reihe stumpfnasiger, zweimotoriger Bristol-Bomber des Typs Blenheim – die besten Bomber der RAF in Frankreich. Dieses Ziel konnten die angreifenden Do 17 kaum verfehlen. Detonationsblitze, Flammen und Rauch hüllten die aufgereihten Blenheims ein und zeigten, wo die deutschen Bomben dicht nebeneinander eingeschlagen waren. Damit waren die 30 Maschinen der englischen 114. Staffel vernichtet.

Nicht alle deutschen Einsätze gegen englische und französische Flugplätze fanden so lohnende Ziele. Zahlreiche alliierte Maschinen waren in der Luft, um die durch Belgien vorstoßenden deutschen Truppen anzugreifen. Aber bis zum Abend des 12. Mai hatte die Advanced Air Striking Force 63 ihrer 135 Bomber verloren. Und das Schlimmste stand noch bevor.

Während die Bomber der Luftflotte 3 unter Sperrle Flugplätze und weitere hinter der Front liegende Ziele in Frankreich angriffen, bahnten die sieben Panzerdivisionen der Heeresgruppe A sich einen Weg durch die Waldgebiete der Eifel in Deutschland und der Ardennen im Norden Luxemburgs und im Süden Belgiens. Französische Aufklärer entdeckten diesen Aufmarsch am 11. und 12. Mai. Einige wenige dieser langsamen, unzulänglich bewaffneten Potez 63 schafften es sogar, den über den Panzerkolonnen Jagdschutz fliegenden Me 109 zu entkommen und zu ihren Einsatzhäfen zurückzukehren. Sie meldeten, in den Ardennen wimmle es von Panzer- und Fahrzeugkolonnen, die sich auf Frankreich zu bewegten. Unverständlicherweise waren die Nachrichtenoffiziere der französischen 9. Armee – eine bunt zusammengewürfelte Ansammlung zweitklassiger Reservedivisionen, die diesen vermeintlich sicheren Frontabschnitt zu halten hatten – nicht bereit, den Aufklärungsergebnissen zu glauben. So verspielten die Franzosen ihre einzige Chance, die deutschen Panzer zu bombardieren, solange sie verwundbar auf den schmalen Ardennenstraßen zusammengedrängt waren.

Der Ernst der Lage wurde dem französischen und dem englischen Oberkommando schlagartig klar, als am Morgen des 13. Mai 1940 plötzlich die Vorausabteilungen zweier deutscher Armeekorps am Ufer der Maas bei Sedan und 65 Kilometer weiter nördlich bei Dinant erschienen. Um 7 Uhr donnerten Bomber der Luftwaffe, hauptsächlich Do 17, über die Maas, um die französischen Stellungen am jenseitigen Ufer mit Sprengbomben anzugreifen. Im Verlauf des Vormittags folgten weitere Angriffswellen.

Sie waren jedoch nur ein Vorspiel. Kurz nach Mittag setzten die Flugzeugführer von Oberstleutnant Walter Sigels Stukageschwader 3 im Raum Sedan aus reichlich 3500 Meter Höhe mit heulenden Sirenen zum Sturzflug an. Ihre 250-kg-Bomben rissen Betonbunker aus der Erde, warfen Geschütze um und zerfetzten die Geschützbedienungen. Oberst

Deutsche Soldaten kennzeichnen in Frankreich ein Feld mit der Hakenkreuzfahne, um eigenen Flugzeugen zu signalisieren, daß dieses Gebiet von der Wehrmacht besetzt ist. Das rasche Vormarschtempo des Heeres machte eine enge Zusammenarbeit mit der Luftwaffe erforderlich, um Angriffe auf eigene Truppen zu verhüten.

Günther Schwartzkopffs Stukageschwader 77 bombardierte die französischen Stellungen fünf Kilometer weiter flußabwärts. Die Detonationen waren derartig laut, daß die deutschen Soldaten, die das Inferno vom anderen Flußufer aus beobachteten, vorübergehend taub wurden.

Weitere Stukas folgten und wurden dann von Do 17 abgelöst, als die Generale Loerzer und von Richthofen die fast 1500 Maschinen, über die sie gemeinsam verfügten, in den Kampf warfen. Wenig später kamen die Stukas zurück: Sie hatten Sprit und Bomben an Bord genommen, kreisten wie Habichte am Himmel und stürzten dann abwechselnd in die Tiefe, um die feindlichen Stellungen mit weiteren Sprengbomben anzugreifen. Französische Jäger versuchten, an die Do 17 und Ju 87 heranzukommen, aber vergeblich, denn sie waren zahlenmäßig hoffnungslos unterlegen. Ein typischer Eintrag im Kriegstagebuch einer französischen Staffel lautete am 13. Mai 1940: „Zwischen 10 und 11 Uhr stößt eine Dreierkette auf einem Aufklärungsflug im Raum Carignan-Sedan auf 50 feindliche Bomber mit 80 Messerschmitts als Begleitschutz."

Die Gewalt der Stuka-Angriffe wurde von einem Feldwebel der 1. Panzerdivision geschildert, der sie jenseits der Maas beobachtete. „Staffel auf Staffel steigt zu großer Höhe auf, formiert sich in Ketten, und dann stürzt

Französische Panzer, die 1940 den deutschen Vormarsch aufhalten wollen, fahren durch den Bombenhagel angreifender Stukas. Ihre starke Panzerung schützte sie vor allen Bomben außer Volltreffern. Trotzdem konnten die Stukas sie durch eigens entwickelte Splitterbomben, die ihre Gleisketten beschädigten, lahmlegen.

dort die erste Maschine senkrecht ins Ziel, die zweite und dritte folgen – insgesamt zehn, zwölf Flugzeuge."

„Wir können die Bomben ganz deutlich sehen", hieß es in seinem Bericht weiter. „Sie werden zu einem regelrechten Bombenregen, der pfeifend auf Sedan und die Bunkerstellungen niedergeht. Jedesmal ist die Detonation überwältigend, der Krach ohrenbetäubend. Alles verschmilzt miteinander. Während die Sirenen der ins Ziel stürzenden Stukas heulen, pfeifen und detonieren die Bomben. Ein gewaltiger Vernichtungsschlag trifft den Feind, und noch immer treffen weitere Staffeln ein, steigen zu großer Höhe auf und stürzen sich aufs gleiche Ziel. Wir stehen da und beobachten das Geschehen wie hypnotisiert; dort unten ist die Hölle los!"

Diese alptraumhaften Luftangriffe zerschlugen die Kampfmoral der unzulänglich ausgebildeten französischen Reservisten. „Die Infanterie kauerte ängstlich in ihren Schützengräben", berichtete ein französischer General von der Front, „und war vom Krachen der Bomben und Heulen der Sturzkampfflugzeuge benommen." Kurz nach 15 Uhr kletterte das Schützenregiment 1 von General Heinz Guderians Panzerkorps in Schlauchboote und paddelte bei Sedan über die Maas, wobei es von in direktem Beschuß eingesetzter 8,8-cm-Flak – sie zählte zu den gefürchtetsten Artilleriewaffen des Zweiten Weltkrieges – Feuerschutz erhielt. Flußabwärts bei Donchery bauten deutsche Sturmpioniere Pontonbrücken über den Fluß, damit Guderians Panzer die Maas überschreiten konnten. Weitere Pioniereinheiten bauten bei Montharmé und Dinant Brücken für die von General Georg-Hans Reinhardt und General Hermann Hoth geführten Panzerkorps. Am Abend des 13. Mai hatte eine Panzerarmee von bisher einmaliger Größe, Beweglichkeit und Schlagkraft begonnen, die Maas zu überschreiten und durch die Bresche in den französischen Linien vorzustoßen, die durch die größte jemals aufgebotene Massierung fliegender Artillerie geschlagen worden war.

Die Meldung über den deutschen Einbruch veranlaßte General Pierre Billotte, den Oberbefehlshaber der für die Verteidigung des Raums Sedan zuständigen französischen Heeresgruppe I, zu energischen Maßnahmen. Billotte telefonierte sofort mit der Royal Air Force und der Armée de l'Air und forderte sie dringend auf, die deutschen Brückenköpfe sowie vor allem die Pontonbrücken über die Maas zu bombardieren, sobald es hell genug war. „Sieg oder Niederlage hängt von der Zerstörung dieser Brücken ab", erklärte Billotte dem Luftmarschall Arthur Barratt von der Advanced Air Striking Force. Aber anstatt den Vormarsch der deutschen Panzer aufhalten zu können, erlebten die englischen und französischen Maschinen ein Fiasko, das als das „Massaker des 14. Mai" (und auf deutscher Seite als „Tag der Jagdflieger") in die Kriegsgeschichte einging.

Die Piloten des ersten RAF-Einsatzes an diesem Tag flogen zehn veraltete Fairey Battles, leichte einmotorige Bomber. Es gelang ihnen irgendwie, dem tödlichen Feuer der Flakbataillone der Luftwaffe und der zum Schutz der deutschen Panzer patrouillierenden Messerschmitts zu entgehen, aber ihre sämtlichen Bomben verfehlten die schmalen, schwer zu treffenden Pontonbrücken.

Den nächsten Versuch unternahmen mehrere Staffeln französischer Bomber. Sie wurden von den beiden ranghöchsten Armeeoberbefehlshabern, den Generalen Maurice Gamelin und Alphonse Georges, die sich größte Sorgen wegen des deutschen Durchbruchs machten, zum Angriff gedrängt. Die Armée de l'Air warf nahezu ihre sämtlichen noch verbliebenen Bomber in den Kampf – vom neuesten LeO 45 bis zum ältesten Amiot 143, einem hoffnungslos veralteten, schwerfälligen Bomber, den seine Besatzungen spöttisch „l'Autobus" nannten. Die französischen Bomberstaffeln stießen auf zahlreiche deutsche Jäger – hauptsächlich aus den Jagdgeschwadern 2 und 53, deren Maschinen ständig im Kampfgebiet waren, wobei die Staffeln sich gegenseitig ablösten. Die Messerschmitts stürzten sich auf die Amiots und schossen aus einem Verband alle Maschinen ab. Auch 47 LeO 45 wurden von Jägern oder der deutschen Flak abgeschossen. Die Gesamtverluste der Armée de l'Air betrugen fast 50 Prozent der eingesetzten Bomber, so daß die ursprünglich vorgesehenen weiteren Angriffe aufgegeben werden mußten.

Nachmittags war erneut die RAF an der Reihe. Luftmarschall Barratt schickte 63 Battles und acht Blenheims los, deren Begleitschutz aus einigen englischen Hurricanes und über 200 französischen Jägern bestand. Den Bombern, die tief anfliegen mußten, um die Pontonbrücken treffen zu können, schlug rasendes Abwehrfeuer aus Dutzenden von deutschen 3,7- und 8,8-cm-Flakgeschützen entgegen. Als die französischen und englischen Begleitjäger versuchten, die Me 109 zu vertreiben, griffen ganze Staffeln Me 110 mit ihren Maschinenkanonen die tieffliegenden Battles und Blenheims an. Bomber stürzten brennend ab, explodierten und bedeckten das üppig-grüne Maastal mit Flugzeugtrümmern. Eine englische Staffel verlor zehn ihrer elf Maschinen. Die 12. Staffel, die bereits über Belgien schwere Verluste erlitten hatte, verlor vier ihrer letzten fünf Blenheims. Insgesamt wurden 40 der eingesetzten 71 Bomber abgeschossen. Einige ihrer Bomben trafen Sedan und zerstörten deutsche LKWs. Die deutschen Nachschubtransporte wurden jedoch nur eine Stunde lang aufgehalten. In der Abenddämmerung forderte Barratt das RAF Bomber Command, das eigene Expeditionsstreitkräfte in Frankreich unterhielt, zu einem verzweifelten letzten Angriff mit den verbliebenen 28 Blenheims auf, die versuchen sollten, die Pontonbrücken zu zerstören. Sieben englische Bomber wurden abgeschossen, die Brücken blieben unbeschädigt. Das Massaker war zu Ende – die Engländer besaßen keinen kampfkräftigen Bomberverband in Frankreich mehr.

Der beängstigend erfolgreiche Einsatz der deutschen Luftwaffe an der Maas hatte entscheidende Auswirkungen auf die Schlacht um Frankreich. Er gab den Panzergeneralen – darunter dem noch verhältnismäßig unbekannten Erwin Rommel, der sich als fast so wagemutig wie Guderian erwies – die Möglichkeit, von Sedan aus einen Panzerkeil bis zur Kanalküste vorzutreiben, ohne dabei von alliierten Flugzeugen sonderlich behindert zu werden. Dieser wuchtige deutsche Panzervorstoß führte in den Rücken der besten französischen Divisionen und der britischen Expeditionsstreitkräfte, schnitt sie in Belgien und Nordfrankreich ab und unterbrach ihre Verbindung zum Rest der französischen Armee im Süden.

Dem Vorstoß der Panzer durch Frankreich bahnte eine ununterbrochene Folge von Stuka-Angriffen den Weg. Dabei flogen die Ju 87 bis zu neun Einsätze am Tag und zerschlugen sämtliche Versuche der Alliierten, den deutschen Vormarsch zum Stehen zu bringen. „Wir griffen die Fahrzeugkolonnen mit Bomben und MGs an", berichtete Oberleutnant Dietrich Peltz. „Der Feind hatte durch die Stuka-Einsätze schwerste Verluste. Die feindlichen Jäger erschienen immer seltener, so daß die Stukas ohne Jagdschutz fliegen und selbst frei jagen konnten. Manchmal war es das reinste Scheibenschießen."

Ein Opfer der Stukas wurde Oberst Charles de Gaulle. Der zukünftige französische Staatspräsident war 1940 Kommandeur eines französischen Panzerregiments. Während de Gaulle versuchte, sein Regiment bei Laon für einen Angriff gegen Guderians Panzerkorps bereitzustellen, „griffen die Stukas, die vom Himmel herabstießen und unaufhörlich zurückkamen, den ganzen Nachmittag lang unsere Panzer und Lastwagen an". Zwei Tage später, am 19. Mai 1940, fuhr de Gaulle mit seinem angeschlagenen Regiment einen Angriff gegen die deutsche Flanke, bei dem es erneut von Schwärmen von Ju 87 überfallen wurde. „Sie sollten uns bis zum Einbruch der Dunkelheit bombardieren", schrieb er später, „wobei sie unseren Fahrzeugen, die die Straßen nicht verlassen konnten, und unserer dekkungslosen Artillerie fürchterlich zusetzten." Nach diesem Angriff und einem weiteren verzweifelten Versuch am 20. Mai mußte de Gaulles Regiment sich absetzen. Es kam nie mehr in die Lage, die vorstoßenden deutschen Panzer zu gefährden.

Am 23. Mai bereitete Guderian, der den Ärmelkanal erreicht hatte und nach Norden eingedreht war, sich darauf vor, die in Flandern eingekesselten englischen und französischen Armeen, die mit dem Rücken zum Meer standen, zu vernichten oder gefangenzunehmen. Aber der schnelle Vormarsch der deutschen Panzer wurde am 24. Mai plötzlich durch einen von Hitler gutgeheißenen Heeresgruppenbefehl angehalten. Rundstedt wie Hitler befürchteten offenbar, im wasserreichen Gebiet um Dünkirchen könnten sich die Panzer festfahren, die später die im Süden stehenden französischen Armeen zerschlagen sollten, welche zum gegenwärtigen Zeitpunkt für den Versuch, Paris zu retten, umgruppiert wurden. Außerdem hatte Göring, der entschlossen war, mit seiner Luftwaffe nicht weniger Siegeslorbeer zu erringen als das Heer, Hitler gebeten, ihm und seiner Luftwaffe die Zerschlagung des bei Dünkirchen eingekesselten Feindes zu überlassen. Hitler wollte seinem Paladin diesen Wunsch erfüllen.

Als Göring den Angriffsbefehl erteilte, rief der besorgte Luftflottenchef Kesselring ihn sofort an. Kesselring wies nachdrücklich darauf hin, daß bei einigen Luftwaffeneinheiten nach dreiwöchigen Kämpfen die Hälfte der Maschinen nicht mehr einsatzfähig seien und daß die meisten noch kampffähigen Bomber 500 Kilometer und mehr von Dünkirchen entfernt stationiert waren. Aber Göring, dessen Willensstärke ihm den Beinamen „der Eiserne" eingebracht hatte, blieb hart. „Das funktioniert nicht!" rief Kesselring aufgebracht und knallte den Hörer auf die Gabel.

Dieser Befehl verblüffte auch Richthofen, der den Generalstabschef der Luftwaffe, Generalleutnant Hans Jeschonnek, anrief und ihm erklärte, wenn die Panzer nicht bald wieder anträten, hätten die Engländer Zeit, ihre Truppen über See zu evakuieren. „Niemand kann im Ernst glauben, daß wir sie allein aus der Luft anhalten können!"

„Doch", widersprach Jeschonnek, „der Eiserne glaubt es. Außerdem will der Führer den Briten eine blamable Niederlage ersparen."

„Aber dazwischenhauen sollen wir trotzdem?" fragte daraufhin Richthofen ungläubig.

„Ja, natürlich. Mit allen zur Verfügung stehenden Kräften."

Göring setzte rund 500 Jäger und 300 Bomber für die Vernichtung der britischen Expeditionsstreitkräfte und der mit ihnen eingekesselten französischen Truppen ein. Auf dem Papier war das eine gewaltige Luftflotte. Aber nach zwei Wochen heftiger Kämpfe waren die Abnutzungserscheinungen an Männern und Maschinen unübersehbar. Außerdem hatte die deutsche Luftwaffe es jetzt erstmals mit einem gleichwertigen Gegner zu tun. Im Raum Dünkirchen konnte die RAF von ihren eigenen Stützpunkten in Südengland aus operieren, anstatt Behelfsplätze in Frankreich benützen zu müssen. Außerdem setzte die RAF bei diesen Kämpfen ihren neuesten und besten Jäger, die Spitfire, ein, den sie bisher in Reserve gehalten hatte.

Als die Einschiffung der eingekesselten Truppen der Alliierten am 27. Mai 1940 begann, griffen deutsche Flugzeuge, die nahezu schutzlos an den Stränden von Dünkirchen zusammengedrängten Truppen wütend an – und wurden ihrerseits von Schwärmen wendiger „Spits" dezimiert. Vizeluftmarschall Sir Keith Park, der die RAF-Jäger in Südengland befehligte, setzte seine Maschinen zu einer Dauerpatrouille ein. Zweiunddreißig Staffeln wechselten sich im 40-Minuten-Turnus über der Küste im Raum Dünkirchen ab und versuchten, die eigenen Truppen an den Stränden unter ihnen vor Luftangriffen zu schützen. Starken deutschen Verbänden gelang es trotzdem, nach Dünkirchen durchzustoßen, aber sie mußten diese Erfolge teuer bezahlen.

„Mit wahrhaft verbissener Wut stürzten sich die feindlichen Jäger auf unseren geschlossen fliegenden Kampfverband", erinnerte sich Major Werner Kreipe, ein deutscher Bomberpilot. Allein am ersten Tag der Luftkämpfe über Dünkirchen erlitt das II. Fliegerkorps der deutschen Luftwaffe höhere Verluste als in den vorangegangenen zehn Kampftagen.

Vier Schlechtwettertage, an denen die Deutschen nicht fliegen konnten, waren ein Geschenk des Himmels für die Alliierten, die diese Atempause zu nutzen wußten. Als am 1. Juni 1940 wieder die Sonne schien, setzte das II. Fliegerkorps seine Angriffe fort – und stieß erneut auf englische Spitfires. Der RAF gelang es niemals, die Luftherrschaft über Dünkirchen zu erkämpfen, doch schwächte sie die deutschen Luftangriffe so wirkungsvoll ab, daß bis zum 4. Juni, dem letzten Tag der Evakuierung, 338 226 englische und französische Soldaten über den Kanal nach England gebracht werden konnten.

Hitler schien diese Rettung der feindlichen Armeen nicht zu stören. Seiner Überzeugung nach würde England bald zur Vernunft kommen, die Aussichtslosigkeit seiner Lage erkennen und Deutschland um Frieden bitten. Er behandelte den Fall Dünkirchen als großen Sieg und ließ in ganz Deutschland drei Tage lang die Kirchenglocken läuten.

Tatsächlich bedeutete Dünkirchen jedoch den ersten Rückschlag für die deutsche Luftwaffe, die einen Verlust von etwa 300 Mann fliegendem Personal erlitt. Es bewies Kesselring und den übrigen Luftwaffengeneralen, daß Generalfeldmarschall Hermann Göring, ihr eigensinniger Oberbefehlshaber, durchaus imstande war, die Luftwaffe für tollkühne Unternehmen einzusetzen. Das sollte er schon sehr bald wieder tun.

Deutsche Me 110 überfliegen nach der Kapitulation Frankreichs am 22. Juni 1940 Paris. Durch schonungslose taktische Luftangriffe und schnelle Panzervorstöße gelang es Deutschland, Frankreich in nur sechs Wochen zu besiegen.

Alltagsleben auf Feldflugplätzen

Nach der Kapitulation Frankreichs im Juni 1940 wurden Verbände der deutschen Luftwaffe auf vorgeschobene Flugplätze am Ärmelkanal verlegt, um die Angriffsentfernung nach England zu verringern. Diese über das Land verteilten Feldflugplätze waren meistens ziemlich primitiv; die Franzosen hatten sich auf Flugplätze im Osten konzentriert, um ihre Grenze gegenüber Deutschland zu schützen. Während Arbeiter sich daran machten, die Plätze auszubauen, genossen die Männer des fliegenden und fliegertechnischen Personals einen Badeurlaub an sonnigen Stränden oder schlenderten über Boulevards, auf denen Ladenbesitzer die Schilder *„English Spoken Here"* hastig durch neue mit der Aufschrift „Man spricht Deutsch" ersetzt hatten.

Diese Idylle dauerte nicht lange. Am 16. Juli erteilte Hitler seine streng geheime Weisung für die Invasion in Großbritannien. Rund 2600 Flugzeuge, darunter 1480 Bomber und 980 Jäger, waren jetzt in Frankreich stationiert. Wenig später entbrannte die Luftschlacht. Die Flugzeugführer gewöhnten sich so an die Einsätze jenseits des Ärmelkanals, daß es für viele nicht anders war, „als gingen wir morgens ins Büro und kämen abends nach Hause". Trotzdem war allen bewußt, daß sie jeden Tag sterben konnten. „Diejenigen von uns, die vom Einsatz zurückkehrten", erinnerte sich ein Me-109-Pilot, „konnten das Leben ein paar Stunden länger genießen, und wir ließen uns gehen, um die Freuden des Lebens ganz auszukosten. Wir benutzten jeden Anlaß, um zu spielen, zu trinken, zu lachen, zu fachsimpeln oder Dummheiten zu machen."

Zur Entspannung und Aufheiterung wurden die Besatzungen mit Bussen an die Strände gefahren. Von einem Stützpunkt aus flog eine als „Vitaminbomber" bezeichnete Ju 52 nach Guernsey, einer von den Deutschen besetzten englischen Kanalinsel, um Tomaten, Frischgemüse, Weintrauben, Zigaretten und Whisky zu holen. Gemüse und Obst waren eine willkommene Abwechslung für die Männer, die ihre Konservenkost satt hatten. Regelmäßig wurden deutsche Filme gezeigt, aus den Lautsprechern auf den Flugplätzen kam Musik (dieselben Lautsprecher gaben bekannt, wann der nächste Englandeinsatz vorgesehen war). Rundfunkempfänger brachten Nachrichten aus Deutschland. Und es gab Frauen auf den Flugplätzen. Sie bedienten Telephon und Fernschreiber und übernahmen Schreibstubenarbeit; ihre Anwesenheit auf den Stützpunkten – und ihre manchmal recht entgegenkommende Art – trug ebensoviel wie alles andere dazu bei, die Stimmung der Truppe zu heben.

Ein französisches Bauernpaar bringt im Sommer 1940 unbekümmert um eine am Rande ihres Weizenfeldes abgestellte Do 17 die Ernte ein. Der Bomber gehörte zu einem in Arras, 170 Kilometer nördlich von Paris stationierten Kampfgeschwader der deutschen Luftflotte 2.

Auf einem Feldflugplatz in Frankreich rasiert sich ein Flugzeugmechaniker vor seinem Zelt. Flugzeugführer waren meist in zerlegbaren Baracken untergebracht.

Am Rande eines Flugplatzes in Westfrankreich stehen Heinkel Bomber He 111 unter Bäumen versteckt. Die Besatzungen der Flugzeuge erhielten verschiedentlich – zum Ärger des durchgehend arbeitenden Bodenpersonals – zwischen den Einsätzen jeweils einen freien Tag.

Auf einem schlammigen Feldflugplatz, der noch nicht über die notwendigen Wartungseinrichtungen für seine Flugzeuge verfügt, tragen kräftige Waffenwarte Bomben auf den Schultern zu einem bereitstehenden Kampfflugzeug.

„Sonderarbeiter" – der beschönigende Ausdruck für Zwangsarbeiter – beim Bau eines Bomberflugplatzes im Nordwesten Frankreichs. Von hier aus sollten Luftangriffe auf England geflogen werden.

Bodenpersonal der Luftwaffe belädt eine unter einem Tarnnetz abgestellte He 111 mit Bomben. Das mittelschwere Kampfflugzeug konnte eine maximale Bombenlast von 2000 Kilogramm tragen.

Ein Offizier bei einer Einsatzbesprechung mit Bomberbesatzungen vor einem Luftangriff auf England im August 1940. „Eigentlich nur eine Routinesache", äußerte sich ein Flugzeugführer dazu. „Meistens kennen wir unser Ziel schon, bevor der Chef den Mund aufmacht."

Eine deutsche Besatzung rennt zu ihrer He 111, um zu einem Angriff über den Ärmelkanal zu starten. Im Spätsommer 1940 wurden so viele Englandeinsätze geflogen, daß die Besatzungen scherzhaft von der Notwendigkeit einer Luftpolizei zur Regelung des Verkehrs sprachen.

Vor einem Angriff auf englische Küstenradarstationen und Jagdfliegerplätze lassen Dornier-Bomber Do 17 auf einem französischen Flugplatz ihre Motoren warmlaufen.

A L

Während des Feldzuges der deutschen Luftwaffe mit dem Ziel, die Invasion in England im Jahr 1940 vorzubereiten, patrouilliert eine Me 110 über den Klippen von Dover. Die Großangriffe begannen am 13. August mit 485 deutschen Bomber- und 1000 Jägereinsätzen jenseits des Ärmelkanals.

3

Der „Adlertag" – ein Mißerfolg

Als die französische Regierungsdelegation sich an dem warmen Nachmittag des 21. Juni 1940 im Wald von Compiègne in dem dort abgestellten Salonwagen einfand, um die deutschen Kapitulationsbedingungen entgegenzunehmen, hörte Adolf Hitler sich nur die kurze Präambel an. Auf eine das besiegte Frankreich bewußt kränkende Art verließen Hitler und sein Gefolge dann den Eisenbahnwagen – in dem das kaiserliche Deutschland im Jahre 1918 die Waffenstillstandsbedingungen der Alliierten unterzeichnet hatte – und stolzierten triumphierend zu ihren wartenden Automobilen. Beim Abschreiten einer mit einem Spielmannszug angetretenen deutschen Ehrenkompanie ging Hermann Göring, der eine prächtige himmelblaue Uniform trug, an Hitlers Seite. Wie Hitler weidete Göring sich an der vollständigen Niederlage der Franzosen und sonnte sich im Ruhmesglanz seiner Luftwaffe, die jetzt vom Polarkreis bis zur Biskaya unbesiegbar war.

Nur England leistete noch offen Widerstand gegen die deutschen Pläne für eine Neuordnung Europas. Hitler klammerte sich jedoch an die Überzeugung, daß die Engländer – die er für gute Arier wie die Deutschen hielt – die Aussichtslosigkeit ihrer Lage erkennen und um Frieden bitten würden. Churchill dachte jedoch anders und schwor, daß England weiterkämpfen werde. „Wir ergeben uns niemals", sagte er, und als die abgekämpften britischen Expeditionsstreitkräfte aus Dünkirchen heimgekehrt waren, bereitete England sich auf die deutsche Invasion vor. Die Kirchenglocken verstummten; sie sollten nur noch geläutet werden, wenn feindliche Landungsfahrzeuge oder Fallschirmjäger gesichtet wurden. An den Stränden wurden kilometerlange Drahthindernisse errichtet. Wegweiser mit Ortsnamen und Entfernungsangaben wurden ausgegraben, um den Deutschen die Orientierung zu erschweren. Auf freien Flächen wurden alte Autos als Hindernisse für Lastensegler mit Luftlandetruppen aufgestellt. Die Alten und Kranken traten in die Heimwehr ein, die zum Teil mit Lee-Enfield Rifles aus dem Jahre 1914, aber auch mit Schrotflinten und sogar Heugabeln bewaffnet war.

Angesichts dieses englischen Widerstandswillens zog Hitler sich in den Schwarzwald zurück, um mit seinen Admiralen und Generalen über die nächsten Schritte zu beraten. Der Führer entschied schließlich, daß mit der Vorbereitung für eine Invasion begonnen werden solle – eine Aussicht, die alle Anwesenden mit Unbehagen erfüllte. Deutschland besaß keine Erfahrung auf dem Gebiet der amphibischen Kriegführung, verfügte weder über spezielle Landungsfahrzeuge noch über Flugzeugträger und hatte im Norwegenfeldzug die Hälfte seiner Zerstörerflotte verloren. Außerdem war der früheste realistische Zeitpunkt für das Unternehmen „Seelöwe“, wie der Deckname für die Invasion lautete, Mitte September, also etwa zu Beginn der Herbststürme im Ärmelkanal.

Eines stand für Hitlers Offiziere fest: Das Unternehmen „Seelöwe“ war aussichtslos, wenn es der Luftwaffe nicht gelang, über dem Kanal und Südengland die absolute Luftherrschaft zu erringen. Göring, der noch unter der Blamage litt, daß es seiner Luftwaffe nicht gelungen war, die britischen Expeditionsstreitkräfte bei Dünkirchen zu vernichten, versicherte Hitler, die Royal Air Force werde innerhalb von sechs Wochen auf die Knie gezwungen sein, so daß das Unternehmen „Seelöwe“ anlaufen könne. Da die Inselbriten fast ausschließlich auf eine Versorgung durch ihre Schiffahrt angewiesen seien, so argumentierte Göring, werde die RAF alles tun, um die englischen Geleitzüge im Ärmelkanal zu schützen. Deutsche Bomber würden das RAF Fighter Command zu Luftkämpfen über den Geleitzügen provozieren – und deutsche Jäger würden die RAF dort stellen und vernichtend schlagen.

Mit Hitlers Zustimmung teilte Göring seine Kräfte für die Luftoffensive ein. Der Abschnitt von Holland bis zur Seinemündung in Frankreich gehörte Albert Kesselring, der jetzt zum Generalfeldmarschall befördert worden war, und seiner Luftflotte 2. Generalfeldmarschall Hugo Sperrle war Oberbefehlshaber der Luftflotte 3 im Abschnitt südlich und westlich der Seine. Hoch im Norden, im norwegischen Stavanger, war Generaloberst Hans-Jürgen Stumpffs Luftflotte 5 stationiert.

Stumpffs Luftflotte war verhältnismäßig klein, und die Entfernung zwischen Norwegen und England bedeutete, daß seine Bomber an der Grenze ihres Aktionsradius operieren würden. Deshalb würden die Luftflotten 2 und 3 die Hauptlast des Kampfes tragen müssen. Gemeinsam konnten sie 828 mittelschwere zweimotorige Bomber, 280 Sturzkampfflugzeuge, 760 einmotorige Jäger des Typs Me 109, 220 zweimotorige Zerstörer Me 110 und 140 Aufklärer in den Kampf schicken. Dieser Streitmacht konnten die Engländer nach der Schlacht um Frankreich nur noch 603 Hurricanes und Spitfires entgegenstellen.

Zum deutschen „Kanalkampfführer“ bestimmte Göring Oberst Johannes Fink, einen 50jährigen erfahrenen Flieger, der als Kommodore des Kampfgeschwaders 2 noch immer Einsätze mit der Führungsmaschine seines aus etwa 100 Flugzeugen bestehenden Bombergeschwaders flog. Fink stellte einen weiteren im Dienst ergrauten Luftkämpfer, den 48jährigen Oberst Theo Osterkamp, an die Spitze der am Ärmelkanal eingesetzten Jagdflieger. Der unter dem liebevollen Spitznamen „Onkel Theo“ bekannte Osterkamp hatte im Ersten Weltkrieg 31 alliierte Jagdflugzeuge abgeschossen und die höchste deutsche Tapferkeitsauszeichnung – den begehrten Orden Pour le Mérite – erhalten.

Die für die Luftschlacht am Ärmelkanal vorgesehenen Jäger und Bomber waren nach dem Westfeldzug überholt worden und kamen aus den Instandsetzungsdepots auf ihre Einsatzhäfen. Ein Teil der deutschen Jäger wurde im Raum Calais stationiert – nur 35 Kilometer von Dover jenseits des Ärmelkanals entfernt. Die restlichen Jäger lagen auf verschiedenen Flugplätzen in der Normandie, von denen aus die Flugzeugführer etwa 130 Kilometer weit übers Meer fliegen mußten, bevor sie wieder

Land unter sich hatten. Die Bomber mit ihrem größeren Aktionsradius hatten ihre Flugplätze weiter im Landesinneren.

Görings Auftrag an Fink und die Oberbefehlshaber der Luftflotten war klar: Sie sollten den Ärmelkanal für die englische Schiffahrt sperren, die in der Hauptsache aus Küstenfrachtern und Kohlendampfern bestand, die von Norden kamen – Kohle wurde als Brennstoff für Haushalte und Industrie dringend benötigt. Dabei sollte die Luftwaffe die zur Abwehr eingesetzte britische Jagdwaffe vom Himmel fegen und damit den Invasionstruppen den Weg bahnen.

Fink und die anderen arbeiteten eine Taktik aus, mit der sie die RAF in den Kampf locken wollten. Deutsche Funkmeßgeräte würden die Geleitzüge orten, sobald sie in den Ärmelkanal einfuhren. Darauf sollten die Bomber starten und sich in Höhen zwischen 3000 und 5000 Meter – je nach Wolkenuntergrenze und Bedeckungsgrad – mit ihren Begleitjägern treffen. Dann sollten die deutschen Maschinen gemeinsam über den Kanal fliegen, die Schiffe bombardieren und schließlich die sich ihnen entgegenwerfenden RAF-Jäger angreifen.

Die Schlacht am Ärmelkanal begann am 10. Juli 1940, einem verregneten Mittwochmorgen. Kurz nach Tagesanbruch flog eine von Kesselring als Aufklärer eingesetzte schlanke Do 17 in Sichtweite von Yarmouth durch aufgelockerte Bewölkung, als eine patrouillierende Spitfire herabstieß und aus geringer Entfernung das Feuer eröffnete. Der deutsche Flugzeugführer schob seine Leistungshebel mit einem Ruck nach vorn und brachte sich im tarnenden Grau der nächsten Wolke in Sicherheit.

Diesem einzelnen Aufklärer folgten wenig später über 40 Do 17 und Me 109 von Kesselrings Luftflotte 2. Die Angreifer kamen über dem Ärmelkanal aus den Wolken und nahmen Kurs auf einen Yarmouth ansteuernden Geleitzug. Acht Spitfires, die von ihrem vorgeschobenen Stützpunkt bei Manston an der Themsemündung ihren morgendlichen Patrouillenflug machten, fielen über die Angreifer her. In der daraus entstehenden wilden „Kurbelei" schoß eine Spitfire mit einem drei Sekunden langen Feuerstoß eine Do 17 ab, die ins Meer stürzte. Dann rammten sich zwei Me 109 und folgten der Do 17 in die Tiefe. Die Deutschen brachen den Kampf ab, und der Geleitzug dampfte unbeschädigt weiter.

Deutsche Bomber griffen an diesem Vormittag weitere englische Geleitzüge an, versenkten einen kleinen Frachter und verloren dabei eine sie begleitende Me 109, die von einer wendigen Spitfire abgeschossen wurde. Um 13 Uhr forderte Fink, der sich weiterhin an die vereinbarte Taktik hielt, Flugzeuge der Luftflotte 2 zum Angriff auf einen weiteren durch die Straße von Dover dampfenden Geleitzug an. Eine Armada aus 20 Do 17, 20 Me 109 und 30 Me 110 wurde zum Ärmelkanal gestartet.

Während diese 70 Maschinen den Geleitzug anflogen, beobachtete der deutsche Jägerführer Hauptmann Hannes Trautloft – der als Jagdflieger in Spanien und Frankreich Erfahrungen gesammelt hatte – sechs rasch steigende Hawker Hurricanes. Da Trautloft überzeugt war, daß die Hurricanes bald Gesellschaft haben würden, hielt er seinen Verband zusammen. Wenige Minuten später stießen etwa 30 weitere Hurricanes und Spitfires zu der ersten englischen Jägergruppe. Die Me-110-Piloten verfolgten besorgt, wie eine Gruppe Spitfires sie überstieg. Die deutschen Flugzeugführer hatten diese Taktik bereits bei den Kämpfen um Dünkirchen erlebt und wußten, daß es Selbstmord war, sich in den schweren Me 110 auf Luftkämpfe mit den wendigen Spitfires mit ihren acht MGs

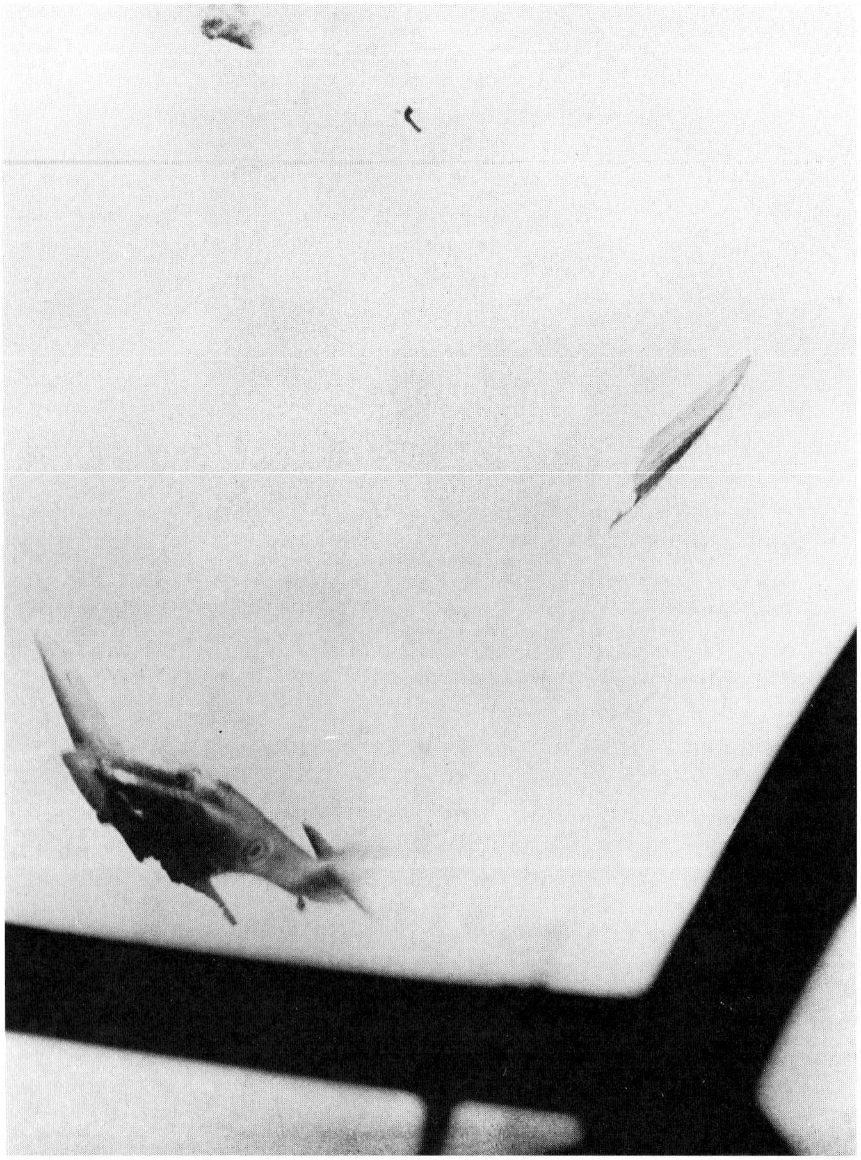

Auf dieser Aufnahme aus dem Führersitz eines deutschen Jagdflugzeugs über den Klippen von Dover trudelt eine englische Hurricane ab, nachdem ihr eine Tragfläche (rechts oben) abgeschossen worden ist. Der Pilot (oben) ist bereits ausgestiegen, sein Fallschirm beginnt sich zu entfalten.

einzulassen. Deshalb bildeten die Me 110 einen Abwehrkreis, in dem jeder Zerstörer dem Vordermann den Rücken deckte.

Die Spitfires ließen die Me 110 nutzlos kreisen, während sie sich gemeinsam mit den Hurricanes auf die Bomber stürzten und drei Me 109 abschossen. Dann schoß Oberleutnant Walter Oesau, ein weiterer Veteran der Legion Condor, in zwei Minuten zwei Spitfires ab. Oesau hing schießend hinter einer dritten Spitfire, als der englische Jäger mit voller Geschwindigkeit eine Me 110 rammte und eine spektakuläre Explosion auslöste. Der Luftkampf wurde erst abgebrochen, als die deutschen Jäger zum Auftanken zu ihren Einsatzhäfen zurückfliegen mußten.

Am nächsten Tag, dem 11. Juli 1940, waren die Flugzeugführer von Sperrles Luftflotte 3 an der Reihe. Die Besatzungen des VIII. Fliegerkorps sollten erstmals Gelegenheit erhalten, mit ihren Ju 87, den gefürchteten Stukas, feindliche Schiffsziele anzugreifen. Wolfram Freiherr von Richthofen, ihr schneidiger Kommandierender General, hatte erlebt, wie seine Stukas immer wieder Angst und Verwirrung in die Reihen des Feindes getragen hatten, seitdem sie in Spanien erstmals in den modernen Luftkrieg eingegriffen hatten, und war davon überzeugt, daß sie sich im Kampf gegen England gleichermaßen bewähren würden.

Kurz nach 8 Uhr – und kurz nachdem der Heckschütze einer Aufklärung fliegenden Do 17 eine angreifende englische Hurricane abgeschossen hatte – machten sich zehn von Richthofens Stukas, die von 20 Me 109 begleitet wurden, zum Angriff auf einen kleinen Geleitzug dicht unter der englischen Küste bereit. Aber der Angriff wurde durch eine Dreierkette Hurricanes gestört, die sich trotz ihrer Unterlegenheit in den Kampf mit den Deutschen stürzten. Nachdem eine Me 109 einen englischen Jäger in den Kanal geschickt hatte, rasten die Stukas heulend den stampfenden Schiffen entgegen – um nun von sechs inzwischen herangekommenen Spitfires angegriffen zu werden. Die englischen Jäger wurden ihrerseits von den Me 109 überfallen, die aus der Sonne heraus im Sturzflug angriffen. Es gelang den Deutschen, zwei Spitfires abzuschießen, aber erst nachdem die Engländer den Stukaverband gesprengt hatten, so daß der Angriff auf den Geleitzug unterblieb.

Vormittags zogen über dem Ärmelkanal dicke Wolken auf, so daß Richthofens Besatzungen erst am frühen Nachmittag wieder in der Luft waren – diesmal mit 15 Ju 87, die von 40 Me 110 begleitet wurden. Ihr Ziel war Portland, einer der größten englischen Häfen und der westlichste Punkt, den die Luftwaffe bisher anzugreifen versucht hatte. Die deutschen Flieger rechneten damit, daß die Engländer größte Anstrengungen unternehmen würden, um die im Hafen liegenden Schiffe zu verteidigen, und wunderten sich, als nur sechs Hurricanes auf dem nahe gelegenen Jägerflugplatz Tangmere starteten, um die Herausforderung anzunehmen. Die Verteidiger stürzten sich aus größerer Höhe herab, manövrierten die schwerfälligen Me 110 aus und griffen die Stukas an, von denen zwei abgeschossen wurden. Auch diesmal wurde der Stukaverband gesprengt, ohne richtig zum Angriff gekommen zu sein.

Gegen 18 Uhr kämpften sich ein Dutzend He 111, die von einem Dutzend Me 110 begleitet wurden, nach Portland durch und schafften es, Schiffe und Hafenanlagen zu bombardieren. Aber auf dem Rückflug wurden mehrere von ihnen von entschlossen angreifenden Hurricane-Piloten über dem Ärmelkanal abgeschossen.

Aber Fink und Osterkamp ließen sich nicht entmutigen. An den ersten Kampftagen begnügten sie sich damit, das englische Verteidigungssystem abzutasten. Die RAF startete, wie erwartet, bei Angriffen auf Geleitzüge – aber mit weit weniger Maschinen, als die beiden Kommandeure angenommen hatten. Tatsächlich nahmen so wenige englische Jäger die Herausforderung durch die Luftwaffe an, daß manche Deutsche glaubten, der RAF gingen bereits die Spitfires und Hurricanes aus.

In Wirklichkeit war der Einsatz so weniger Jäger zum Schutz der englischen Schiffahrt ein bewußtes Manöver von Lufthauptmarschall Sir Hugh Dowding, dem Oberbefehlshaber des Jägerkommandos der Royal Air Force. Dowding war entschlossen, seine Jäger zu schonen, und hatte befohlen, Küstengeleitzügen nur minimalen oder überhaupt keinen Jägerbegleitschutz zu gewähren. Da Dowding der Überzeugung war, daß die deutsche Luftwaffe bald Ziele in Großbritannien angreifen würde, hatte er nicht die Absicht, seine kostbaren Jäger zum Schutz von Kohletransporten zu vergeuden, die ebensogut mit der Eisenbahn durchgeführt werden konnten (was später dann auch geschah).

Trotz ihrer geringen Zahl brachten die Engländer den Deutschen weiterhin schwere Verluste bei. Darüber war Trautloft sich nur allzugut im klaren, denn seine Gruppe hatte den Kampf mit 40 Me 109 begonnen und besaß nach einer Woche nur mehr 15 einsatzfähige Maschinen. Trautloft kannte freilich so gut wie keine Kampfpause. Nachdem seine Gruppe durch neue Flugzeugführer und Flugzeuge aufgefüllt worden war, startete er am 19. Juli mit 25 Me 109 und suchte den Luftkampf, nachdem sie Bomber begleitet hatten, ohne angegriffen worden zu sein.

In den Kopfhörern von Trautlofts Fliegerhaube knackte es, dann hörte er die vertraute Stimme seines Kettenfliegers: „Mehrere Tommies tief unter uns, rechts voraus genau über der Küste.“ Trautloft sah hinunter und erkannte südlich der Hafenstadt Folkestone neun englische einmotorige Maschinen, die „fast parademäßig in geschlossenem Verband flogen“.

Bei den Maschinen handelte es sich um Boulton-Paul Defiants der 141. RAF-Staffel, die zehn Tage zuvor aus Schottland nach Süden verlegt worden war. Die Defiant war ein eigentümlicher Jäger, dessen Bewaffnung aus vier 7,7-mm-MGs in einem bemannten Turm hinter der Führerkanzel bestand. Die Maschine besaß jedoch keine nach vorn schießenden Waffen, so daß Spötter in der RAF behaupteten, die Defiant müsse ein deutsches Flugzeug erst überholen, bevor sie es angreifen könne.

Trautloft suchte den Himmel ab, um sich zu vergewissern, daß die Defiants nicht als Köder für hochfliegende Spitfires dienten. Dann gab er um 13.43 Uhr über Funk den Angriffsbefehl. Er suchte sich eine Defiant am Ende des Schwarms aus, verringerte die Entfernung auf weniger als 150 Meter und eröffnete das Feuer mit seinen zwei 20-mm-Maschinenkanonen und den beiden Maschinengewehren. Die Waffentürme der Defiants schwenkten herum und die englischen Bordschützen erwiderten das Feuer. Aber Trautloft ging im Hagel der Leuchtspurgeschosse noch näher an die Defiant ran. Später schilderte er diese Augenblicke höchst anschaulich: „Ein phantastisches Feuerwerk. Rechts und links schlägt es ein. Ich spüre einen schweren Schlag irgendwo in meiner Messerschmitt und höre ein dumpfes Poltern, aber der Gegner muß fallen! Ich sehe eine dünne Rauchfahne unter seinem Rumpf, dann wird das feindliche Flugzeug plötzlich zu einer abstürzenden roten Feuerkugel.“ Trautloft drehte ab und hielt nach einem weiteren Opfer Ausschau. Er sah jedoch überall nur Defiants, die abstürzten und steuerlos trudelten.

Sein Hochgefühl hielt nicht lange vor, denn in der Maschine stank es plötzlich nach heißem Öl, und der Zeiger des Kühlwasserthermometers wanderte nach rechts und stand fast im roten Feld. Mit beschädigtem Motor machte Trautloft sich gemeinsam mit einer zweiten Me 109, die ähnliche Probleme hatte, auf den Rückflug nach Frankreich. Über der französischen Küste war Trautloft nur noch etwa 200 Meter hoch. Er strich dicht über die Klippen hinweg und schaffte gerade noch eine harte Landung auf seinem Flugplatz bei dem Dorf St.-Inglevert.

Trautloft und seine Männer hatten an diesem Tag ganze Arbeit geleistet. Sechs der neun Defiants wurden abgeschossen; eine siebte Maschine landete so schwer beschädigt in Hawkinge, daß sie verschrottet werden mußte. Die 141. Staffel hatte als Kampfverband zu existieren aufgehört, die Defiants wurden aus der vordersten RAF-Abwehrfront zurückgezogen.

Die Luftschlacht über dem Kanal wurde um so erbitterter, je länger sie andauerte. Am 25. Juli trat Fink kurz vor Mittag aus seinem Gefechtsstand auf Kap Gris-Nez bei Calais und sah im Fernglas einen aus 21 Schiffen bestehenden englischen Geleitzug im Ärmelkanal. Über ihm sammelten sich 40 Me 109 von Kesselrings Luftflotte 2, gingen bis fast aufs Wasser herunter und jagten über den Kanal, um einen Stuka-Angriff auf den weit auseinandergezogenen Geleitzug zu unterstützen.

Die tieffliegenden Me 109 lockten die Spitfires zu Luftkämpfen zu sich herunter. Aber ein Messerschmittpilot verschätzte sich beim Angriff, drückte seine Maschine zu steil nach unten und zog zu spät hoch; das Jagdflugzeug überschlug sich und versank im Meer. Die deutschen und englischen Jäger hatten ihren Treibstoff rasch verbraucht und flogen zurück, um ihre Maschinen aufzutanken und mit Munition zu versorgen. Das war der Augenblick, auf den die Stukas gewartet hatten: 60 von ihnen fielen über den ungeschützten Geleitzug her und versenkten fünf Schiffe. Trotzdem waren noch viele Schiffe übrig, und die Luftschlacht tobte den ganzen Nachmittag weiter. Wellen von Spitfires, Hurricanes, Stukas, Do 17, Ju 88 und Me 109 trafen nacheinander über dem Geleitzug zusammen. Am Ende dieser Kämpfe trieben sechs weitere Schiffe mit schweren Schäden im Ärmelkanal. Drei von ihnen wurden dann von deutschen Schnellbooten versenkt. Sechzehn deutsche Maschinen waren abgeschossen worden. Aber auch Dowding hatte sieben Jäger verloren.

Drei Tage später griff Major Werner Mölders, der neue Kommodore des aus etwa 100 Me 109 bestehenden Jagdgeschwaders 51, erstmals in die Luftschlacht über dem Kanal ein. Mölders war erst 28 Jahre alt, aber seine ernsthafte Art hatte ihm den Spitznamen „Vati" eingetragen. Er hatte im spanischen Bürgerkrieg 14 Flugzeuge der Republikaner abgeschossen und war im Westfeldzug 25mal Sieger über französische und englische Maschinen geblieben – obwohl er unter chronischer Luftkrankheit litt. Nachdem Mölders am 5. Juni 1940 von einem französischen Jagdflugzeug des Typs Dewoitine 520 abgeschossen worden war, hatte er die kurze Zeit bis zur französischen Kapitulation in einem Kriegsgefangenenlager verbracht. Mölders brannte darauf, wieder kämpfen zu können. Am Sonntagnachmittag stieß er mit über 30 seiner Me 109 in den Luftraum nördlich von Dover vor und hoffte, daß seine Luftkrankheit ihn bei seinem ersten Duell mit der RAF über deren eigenem Gebiet nicht behindern würde. Mölders und seine Kameraden griffen einige tieffliegende Spitfires an, von denen Mölders eine brennend abschoß. Später erinnerte er sich: „Nun geriet ich mitten in einen Schwarm Engländer, die alle sehr wütend auf mich waren. Sie stürzten sich auf mich, was mein Glück war. Während sie versuchten, billigen Lorbeer auf Kosten eines einzelnen Deutschen zu erringen, kamen sie sich gegenseitig in die Quere."

Mölders zog sich noch einmal aus der Klemme und setzte sich hinter eine Spitfire, von der er hoffte, daß sie sein 27. Opfer in diesem Krieg werden würde. Zu seinem Pech hatte Mölders sich jedoch den Staffelkapitän der 74. Staffel ausgesucht: Adolph Gysbert „Sailor" Malan, einen stämmigen 30jährigen Südafrikaner, der es bis Kriegsende auf 35 Abschüsse bringen sollte. Malan schoß eine Me 109 ab, bevor er merkte, daß Mölders ihm im Nacken saß. Dann riß er seine Spitfire in einer engen Kurve herum, und Mölders sah den englischen Jäger aus seinem Visier verschwinden. Malan setzte sich hinter Mölders' Me 109 und drückte auf den Feuerknopf für seine acht Browning-MGs. Leuchtspurgeschosse hüllten den deutschen Jäger ein. „Ein Kugelhagel deckte meine Maschine ein", erinnerte Mölders sich. „Kühler und Treibstofftank wurden durchlöchert, und ich mußte zusehen, daß ich so rasch wie möglich wegkam."

Das Cockpit der Me 109

Das Cockpit der Me 109 war ein beengter, aber zweckmäßig eingerichteter Kampfstand. Bei geschlossenem Kabinendach konnte der Flugzeugführer kaum den Kopf drehen. Er hatte jedoch seine Steuerorgane und Instrumente unmittelbar vor sich. Die Bewaffnung seiner Maschine reichte zur Abwehr der besten Flugzeuge der Alliierten aus. Trotzdem war die Messerschmitt Me 109 gegen Ende ihrer Einsatzzeit volle zehn Jahre alt, so daß ihr viele Verbesserungen fehlten, die Deutschland und die Alliierten bei späteren Jägern einführten.

Die Steuerorgane entsprachen im allgemeinen den bei anderen – alten oder neuen – Jagdflugzeugen üblichen. Durch Ziehen oder Drücken des Steuerknüppels *(Ziffer 30 in der Zeichnung unten)* wurden die Höhenruder betätigt, die Steigen oder Sinken bewirkten, während eine Seitwärtsbewegung durch die Querruder erfolgte. Ruderpedale *(29)* mit Anschnallriemen für die Füße betätigten das Seitenruder. Eine Trimmvorrichtung – ein Rad *(33)* zum Verstellen der Trimmklappen an den Höhenrudern – ermöglichte dem Flugzeugführer, das Flugzeug auszutrimmen. Mit einem weiteren Handrad *(32)* betätigte er die Landeklappen.

Obwohl das Instrumentenbrett von der bei Flugzeugen der Alliierten üblichen T-förmigen Anordnung abwich, waren die Instrumente logisch und leicht ablesbar angeordnet. Die Fluginstrumente – Höhenmesser *(6)*, Kompaß *(7)*, Fahrtmesser *(10)* und Wendezeiger *(11)* – waren auf einem erschütterungsarmen Instrumentenbrett unter der Frontscheibe angeordnet. Die Triebwerküberwachungsgeräte *(8, 13, 14, 16, 17, 25, 26, 27)*, das Funkgerät *(24)* und die Fahrwerkbetätigung *(18, 19, 28)* befanden sich darunter. Auffällig war das Fehlen von Instrumenten wie Kreiselkompaß und künstlicher Horizont, so daß die Me 109 nur sehr beschränkt blindflugtauglich war.

1. REFLEXVISIER FÜR BORDWAFFEN
2. TABELLE MIT BELASTUNGSGRENZEN
3. BORDUHR
4. LAMPE
5. ZÜNDSCHALTER
6. HÖHENMESSER
7. MAGNETKOMPASS
8. LADEDRUCKMESSER
9. DEVIATIONSTABELLE
10. FAHRTMESSER
11. WENDEZEIGER
12. LUFTSCHRAUBENVERSTELLUNG
13. DREHZAHLMESSER
14. LUFTSCHRAUBENVERSTELLUNGSANZEIGE
15. ULTRAVIOLETTLAMPE
16. REGELWIDERSTAND
17. ÖLDRUCKMESSER
18. FAHRWERKANZEIGE
19. FAHRWERKSCHALTER
20. HANDPUMPE
21. GEMISCHREGLER
22. GASHEBEL
23. TREIBSTOFFHAHN
24. FUNKGERÄT
25. TREIBSTOFFANZEIGE
26. ÖLDRUCKMESSER
27. KÜHLWASSERTHERMOMETER
28. FAHRWERKSCHALTER FÜR NOTFÄLLE
29. RUDERPEDALE
30. STEUERKNÜPPEL
31. SAUERSTOFFGERÄT
32. LANDEKLAPPENVERSTELLUNG
33. TRIMMVORRICHTUNG

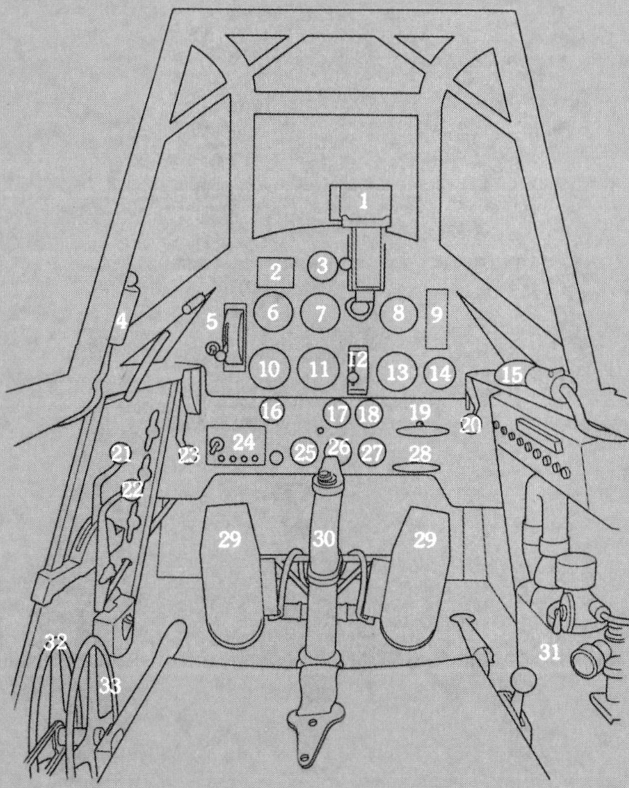

Das Kabinendach über dem Pilotensitz der Me 109, eine ziemlich schwerfällige Konstruktion, die nach rechts aufgeklappt werden mußte, erschwerte das Aussteigen mit dem Fallschirm.

Nullschuß
Fahrwerk
Liter

Er kippte über die Fläche ab, raste im Sturzflug davon und erreichte die französische Küste mit überhitztem, stotterndem Motor. Das Fahrwerk ließ sich nicht ausfahren, so daß Mölders auf freiem Feld eine Bauchlandung machte, bei der seine Maschine eine lange Schleifspur hinterließ.

Bei aller Wildheit wurde in der Luftschlacht über dem Kanal mit erstaunlich viel altmodischer Ritterlichkeit gekämpft. Bei einem Luftkampf zerschossen zwei Me 109 Leutnant John Simpsons Hurricane vor der südenglischen Küste. Simpson, am Fuß verwundet, stieg in 5000 Meter Höhe aus und zog die Reißleine. Starke Höhenwinde ließen ihn am Fallschirm in Richtung Küste treiben. Während der englische Pilot hilflos zwischen Himmel und Erde hing, umkreiste ihn einer der deutschen Flugzeugführer. Simpson kannte das ungeschriebene Gesetz: Piloten, die über eigenem Gebiet absprangen, galten als Freiwild – sonst würden sie landen und wieder fliegen. Der Deutsche flog immer engere Kreise, bis Simpson sein Gesicht erkennen konnte. Der Engländer machte sich auf den kurzen Feuerstoß gefaßt, der sein Leben beenden würde, aber der deutsche Jagdflieger winkte ihm zu – und dann war die Me 109 verschwunden. Simpson landete sicher in einem Gurkenbeet.

Bei anderer Gelegenheit duellierte sich der Jagdflieger Erich Rudorffer über Dover erfolglos mit einigen Hurricanes, brach dann den Kampf ab und flog mit seiner Me 109 über den Kanal zurück. Unterwegs sichtete er eine in entgegengesetzter Richtung fliegende Hurricane, die eine lange weiße Rauchfahne hinter sich herzog. „Ich habe mich neben ihn gesetzt“, erinnerte Rudorffer sich nach dem Krieg, „ihn bis nach England begleitet und ihm zum Abschied zugewinkt. Ein paar Wochen später ist mir das gleiche passiert. In Rußland wäre das nie vorgekommen – niemals.“

Ende Juli 1940 begann Hitler ungeduldig zu werden, weil die erwarteten Erfolge im Luftkrieg gegen England ausblieben. Am 1. August diktierte er auf seinem Berghof über Berchtesgaden die Weisung Nr. 17 für die Führung des Luft- und Seekrieges gegen England: „Um die Voraussetzungen für die endgültige Niederringung Englands zu schaffen, beabsichtige ich, den Luft- und Seekrieg gegen das englische Mutterland in schärferer Form als bisher weiterzuführen.“ Die deutsche Luftwaffe erhielt dementsprechend den Befehl, „mit allen zur Verfügung stehenden Kräften die englische Luftwaffe möglichst bald niederzukämpfen.“ Dieser verschärfte Luftkrieg konnte „ab 5. 8. beginnen“.

Ebenfalls am 1. August rief Göring seine Kommandeure zu einer Besprechung in Den Haag zusammen. Theo Osterkamp berichtete, daß alles, was Rang und Namen hatte, versammelt gewesen sei. Da das Wetter prächtig war, fand die Zusammenkunft im Garten statt. Der „Eiserne“ erschien in einer neuen weißen Paradeuniform.

Göring hielt eine bombastische Ansprache. Hitler habe ihm befohlen, England mit seiner Luftwaffe zu zerschmettern. Durch eine Reihe schwerster Schläge werde er diesen Feind, dessen Kampfmoral bereits auf dem Tiefpunkt sei, in nächster Zukunft auf die Knie zwingen, so daß die deutschen Truppen völlig ungefährdet auf der Insel landen könnten.

Daß die bisherige Strategie der Luftwaffe ein Fehlschlag gewesen war, stand inzwischen fest. In der Luftschlacht über dem Kanal waren 286 deutsche Flugzeuge – darunter 105 Jäger – abgeschossen worden, während die Engländer 148 Spitfires und Hurricanes verloren hatten. Die RAF erwies sich als weit zäherer Gegner, als die Luftwaffe erwartet hatte.

Eine von den Kugeln einer angreifenden Me 109 durchsiebte Hurricane trudelt im September 1940 über Südengland steuerlos ab. Die Aufnahme wurde von der automatischen Zielkamera des deutschen Jagdflugzeugs gemacht. Mit Hilfe solcher Filme konnten Abschüsse bestätigt und zukünftige Jagdflieger ausgebildet werden.

Der deutsche Nachrichtendienst hatte die englische Jägerproduktion stets unterschätzt. Deshalb wurde der Bau der Me 109 in gemächlichem Friedenstempo fortgesetzt: Im Juni 1940 rollten in den Messerschmitt-Werken in Augsburg nur 164 Me 109 vom Band, während in England 446 Hurricanes und Spitfires gebaut wurden. Im Juli, als die Kämpfe heftiger wurden, erhielt die RAF weitere 496 Jagdflugzeuge, während die Luftwaffe sich mit 220 begnügen mußte. Das bedeutete, daß der englische Flugzeugausstoß um mehr als das Doppelte höher lag als der deutsche.

Osterkamp teilte Göring mit, seiner Ansicht nach verfüge das RAF-Jägerkommando über elf neue Jagdstaffeln, die alle mit Spitfires ausgerüstet seien. Göring antwortete ärgerlich, das sei Unsinn. Er besitze ausgezeichnete Informationen und überblicke die Lage völlig. Die Messerschmitt sei viel besser als die Spitfire, denn die Briten seien ja doch zu feige, um sich mit den deutschen Jägern einzulassen.

Osterkamp antwortete geduldig, die englischen Jäger hätten den Kampf mit deutschen Jägern stets nur deshalb gemieden, um sich auf Angriffe gegen deutsche Bomber zu konzentrieren.

„Das ist doch das gleiche!" brüllte Göring.

Am 5. August 1940 rief Göring Kesselring, Sperrle, Stumpff und Generalfeldmarschall Erhard Milch, den Generalinspekteur der Luftwaffe, nach Karinhall, seinem prächtigen Landsitz 65 Kilometer nordöstlich von Berlin. Diesmal gab der Reichsmarschall sich ganz jovial, während er den Herren Cognac und Zigarren anbot. Die Spitzen der Luftwaffe berieten darüber, wie die neueste Weisung Hitlers am besten in die Tat umzusetzen sei. Sperrle wollte vor allem Flugplätze und Hafenanlagen angreifen, während Kesselring für einen überwältigenden Großangriff auf London plädierte, der die RAF zu einem Vernichtungskampf in die Luft locken würde. Göring wies darauf hin, daß Hitler Angriffe auf südenglische Häfen verboten habe, weil sie für das Unternehmen „Seelöwe" benötigt würden, und daß Hitler sich die Genehmigung von Terrorangriffen auf London und andere englische Großstädte ausdrücklich vorbehalten habe.

Die endgültige Entscheidung wurde von Göring getroffen. Die Luftwaffe sollte zu dem in Polen und Frankreich so erfolgreichen taktischen Prinzip zurückkehren, die feindliche Luftwaffe am Boden zu zerstören – oder zumindest ihre wichtigsten Jägerstützpunkte auszuradieren – und zugleich alle Maschinen abzuschießen, denen trotzdem der Start gelang. Das war ein ehrgeiziger Plan. Am ersten Tag der neuen Offensive sollten Bomber der Luftwaffe unter schwerem Jagdschutz nach Südengland vorstoßen, um die küstennahen Stützpunkte des RAF-Jägerkommandos anzugreifen. Am zweiten Tag würden die Flugplätze im Raum London mit Bombenteppichen belegt werden; diese Plätze, die das Herz Londons schützten, sollten am dritten Angriffstag erneut bombardiert werden. Am vierten Tag sollte das Fighter Command als Kampfverband zerschlagen sein. Nachdem die Deutschen auf diese Weise die Luftherrschaft errungen hätten, könnten sie die übrigen Einrichtungen der RAF – ihre Bomberplätze und das Coastal Command – vernichten, um das Unternehmen „Seelöwe" rechtzeitig am 15. September 1940, in nur sechs Wochen, anlaufen zu lassen, ohne daß Luftangriffe zu befürchten wären.

Um den ersten Angriffstag dieser neuen Luftoffensive festsetzen zu können, holte Göring von seinen Meteorologen eine langfristige Wettervorhersage ein. Sie ergab eine günstige Wetterlage für den 10. August 1940, den Göring als Termin für die Offensive mit dem Decknamen

„Adlertag“ festsetzte. Wenn alles planmäßig verlief, konnte die Landungsoperation in England wie vorgesehen beginnen.

An der französischen Kanalküste standen fast 250 000 deutsche Soldaten für den Sturmangriff über den Ärmelkanal bereit. Jetzt mußte die Luftwaffe die englischen Verteidiger vom Himmel fegen. Kesselring und Sperrle konnten rund 2000 Flugzeuge in den Kampf werfen, darunter 929 Jäger, 875 mittelschwere Bomber und 316 Stukas. Dieser deutschen Luftarmada standen etwa 700 einsatzfähige Spitfires und Hurricanes gegenüber. In fast der Hälfte dieser Maschinen saßen jedoch junge Piloten, die noch keinen kriegsmäßigen Einsatz geflogen hatten.

Als der „Adlertag“ näherrückte, brachten Langstrecken-Seeaufklärer Focke-Wulf Fw 200 enttäuschende Erkenntnisse von Flügen über dem Atlantik mit. Ein Schlechtwettergebiet zog in Richtung Ärmelkanal. Göring verschob den „Adlertag“ widerstrebend auf den 13. August 1940. Gleichzeitig befahl er vorbereitende Angriffe auf einige wichtige RAF-Stützpunkte und ebenso auf die Radarkette mit ihren Stationen an der englischen Süd- und Ostküste. Die Deutschen wußten erst seit kurzem, daß diese Radarstationen die RAF frühzeitig vor einfliegenden feindlichen Verbänden warnten. Ihre Zerstörung war deshalb eine wichtige Voraussetzung für den Erfolg der geplanten Offensive.

Zur angreifenden Luftflotte 2 unter Kesselring gehörte eine neue Einheit, die Erprobungsgruppe 210 unter Führung des 30jährigen Hauptmanns Walter Rubensdörffer. Die Me 109 und Me 110 der drei Staffeln dieser Gruppe waren umgebaut worden, um Bomben bis zu 500 Kilogramm zu tragen. Diese deutschen Jagdbomber waren wochenlang zur Geleitzugbekämpfung eingesetzt worden. Jetzt sollten bei der Offensive die hohen Radarmasten an der Küste ihr Ziel sein.

Rubensdörffers Staffeln flogen am 12. August kurz vor 9 Uhr über den Ärmelkanal. In Küstennähe teilten sie sich und flogen die befohlenen Ziele an, um die Radarstationen in Dover, Rye, Pevensey und der in Kent gelegenen Kleinstadt Dunkirk zu bombardieren. Nach diesen Angriffen, bei denen sie keine Verluste erlitten, flogen sie nach Calais zurück, um aufzutanken und Bomben aufzunehmen. Sie hatten drei Radarstationen außer Gefecht gesetzt, obwohl keiner der 110 Meter hohen Stahlmasten zum Einsturz gebracht worden war.

An diesem Tag setzte Sperrle bei einem weiteren Angriff drei Gruppen mit zweimotorigen Ju 88 unter Jagdschutz ein. Ziel dieses Angriffs war der Hafen Portsmouth an der englischen Südküste und die auf einem Hügel der in der Nähe liegenden Insel Wight errichtete Radarstation Ventnor. Fünfzehn Ju 88 überflogen unbelästigt die Insel und belegten Ventnor mit acht Tonnen Bomben. Das Ergebnis dieser Aktion war, daß die Radarstation elf Tage lang völlig ausfiel.

Die Verwirklichung des zweiten Teils von Görings Plan begann nachmittags, als Fink – wieder an der Spitze seines Do 17 fliegenden Geschwaders – gemeinsam mit der Erprobungsgruppe 210 einen Einsatz gegen den großen englischen Jägerflugplatz Manston flog. Oberleutnant Martin Lutz von der Erprobungsgruppe ging mit seiner Staffel Me 110 bis auf 300 Meter herunter, um die Spitfires zu bombardieren, deren Piloten ihre Maschinen im Alarmstart in die Luft zu bringen versuchten. „Die Jäger standen in Reih und Glied“, berichtete Lutz. „Unsere Bomben fielen mitten hinein.“

Andere Luftwaffenverbände griffen bis zum frühen Abend vorgeschobene RAF-Stützpunkte – darunter Lympne und Hawkinge – an der Kanal-

Auf einer mit starkem Teleobjektiv gemachten deutschen Aufnahme aus dem Jahre 1940 ragen jenseits des Ärmelkanals die 110 Meter hohen Masten der englischen Radarstation Dover hinter einer Rotte Me 109 auf. Die Masten waren so schwer mit Bomben zu treffen, daß bei einem deutschen Großangriff auf vier Radarstationen am 12. August 1940 kein einziger umstürzte.

küste gegenüber von Calais an. Die Deutschen durften sich in dem Glauben wiegen, einen großen Sieg errungen zu haben. Aber die Engländer waren bereits dabei, drei der bombardierten Radarstationen beschleunigt instand zu setzen. Diese Stationen sollten am nächsten Morgen, am „Adlertag" der deutschen Luftwaffe, wieder betriebsbereit sein.

Am frühen Morgen des 13. August 1940 las General Hans Jeschonnek, der Chef des Generalstabs der Luftwaffe, die letzte Wettervorhersage durch, die gutes Wetter über Südengland voraussagte. Dann landete eine kurz vor Tagesanbruch zur Wettererkundung gestartete Do 17 wieder in Frankreich. Der Flugzeugführer meldete eine Wetterverschlechterung: Der „Adlertag" würde im Südosten Englands mit Nebel und Nieselregen beginnen. Jeschonnek hängte sich ans Telephon und gab diese Meldung an Göring weiter, der den Angriffsbeginn sofort auf den Nachmittag verlegte. Sein Befehl ging an alle Geschwader Sperrles hinaus, erreichte jedoch Finks Kampfgeschwader 2 in Arras nicht mehr.

Kurz nach 7 Uhr kletterte Fink in den Flugzeugführersitz seiner vielbeanspruchten Do 17 und übernahm die Führung eines aus rund 80 Dornier-Bombern bestehenden Verbandes, der über den Ärmelkanal flog, um den RAF-Flugplatz Eastchurch am Südufer der Themsemündung anzugreifen. Fink beobachtete eine Gruppe von wenigen Me 110, die sich in der Ferne formierte, um seinen Bombern Jagdschutz zu geben. Geführt wurden die Jäger von einem Offizier, zu dem Fink größtes Vertrauen hatte, weil er ein „alter Kämpe" wie er selbst war: Oberstleutnant Joachim Huth, der im Ersten Weltkrieg ein Bein verloren hatte.

Schon kurz nach dem Start erhielten Huth und die übrigen Zerstörerbesatzungen den Befehl, das Unternehmen abzubrechen. Auch dieser Befehl erreichte Fink nicht, dessen Bomber nach England weiterbrummten. Huth versuchte vergeblich, Fink über Funk zu erreichen. Die Luftwaffennachrichtentruppe hatte versäumt, die Funkgeräte der Do 17 mit den entsprechenden Sende- und Empfangsquarzen zu bestücken. Huth flog daraufhin mit seiner Me 110 vor Finks Geschwader hin und her, um Fink und seinen

Besatzungen klarzumachen, daß sie umkehren sollten. Fink wunderte sich über Huths Kapriolen, behielt aber seinen Kurs bei. Dann verschwanden die Bomber und Zerstörer in den Wolken, und als Finks Do 17 auftauchte, waren die Me 110 verschwunden.

Finks Bomber dröhnten in nur 500 Meter Höhe über Eastchurch hinweg, warfen ihre Bomben auf Flugzeughallen, verwandelten die Start- und Landebahnen in Kraterlandschaften und zerstörten fünf Flugzeuge am Boden. Dabei handelte es sich jedoch nicht um englische Jäger, denen der Angriff gegolten hätte, sondern um Blenheim-Bomber. Der häufig fehlerhaft arbeitende Nachrichtendienst der Luftwaffe hatte Eastchurch als ein dem Fighter Command zugehörigen Platz ausgemacht, obwohl er in Wirklichkeit dem Coastal Command unterstand; dort waren weder Spitfires noch Hurricanes stationiert.

Aber es sollte noch schlimmer kommen. Finks Verband, der sich nach dem Bombenangriff und dem anschließenden Wolkenflug auseinandergezogen hatte, wurde von englischen Jägern angegriffen. Fünf Bomber wurden abgeschossen; weitere fünf landeten so schwer beschädigt in Frankreich, daß sie verschrottet werden mußten. Fink kletterte wütend aus seiner Maschine und rief Kesselring an, um sich über „diese Schweinerei mit den Jägern" zu beschweren. Kesselring verließ seinen unterirdischen Gefechtsstand auf Kap Blanc-Nez bei Calais und kam nach Arras, um sich bei dem erbosten Fink für dieses Mißverständnis zu entschuldigen.

Finks Mißgeschick war ein schlechtes Omen für weitere an diesem Tag stattfindende Angriffe. Eine Gruppe von etwa 30 Ju 88 erhielt wegen des Verschiebungsbefehls Startverbot. Dieser Befehl drang jedoch nicht bis zu den 23 Me 110 durch, die den Jagdschutz hätten übernehmen sollen. Die Zerstörer flogen bis zu dem vorgesehenen Ziel – Portland –, wo sechs von ihnen von Hurricanes abgeschossen wurden. An diesem Nachmittag wurden noch 40 Stukas und ebenso viele Me 110 über der Lyme Bay von 13 Spitfires überfallen. Auf dem Höhepunkt der Kämpfe sah der englische Leutnant David Crook in die Tiefe und beobachtete fünf Stukas, die „mehr oder weniger im Verbandsflug" brennend abstürzten.

Um 17 Uhr flogen dann 52 Ju 87 aus Richthofens berühmten VIII. Fliegerkorps mit zahlreichen Me 109 als Jagdschutz über die Ebene von Salisbury und versuchten, unter der noch immer über Südengland hängenden Wolkendecke feindliche Flugplätze zu finden. Sie mußten schließlich die Suche aufgeben und flogen über den Ärmelkanal zurück, ohne ihre Bomben geworfen zu haben.

Erst gegen Ende des „Adlertages", kurz nach 17 Uhr, flog die Luftwaffe einen perfekten Angriff. Ein ganzes Jagdgeschwader mit fast 100 Me 109 flog vor 86 Stukas her und verwickelte die zum Schutz des Flugplatzes Detling bei Maidstone aufgestiegenen Spitfires in Luftkämpfe. Die Ju 87 unter Führung von Hauptmann Berndt von Brauchitsch griffen Detling unbehindert an. Flugzeughallen, Kantinen und die Operationszentrale wurden zerstört. Etwa 20 englische Flugzeuge wurden am Boden vernichtet. Danach jagten die Me 109 im Tiefflug durch die über dem Platz aufsteigenden Rauchwolken und griffen mit Bordwaffen an. Bei diesem Angriff fielen 67 Engländer, darunter der Platzkommandant. Detling gehörte freilich wie der von Fink angegriffene Flugplatz Eastchurch zum Coastal Command und war kein Jägerflugplatz.

Nach zwölfstündigen nahezu ununterbrochenen Luftkämpfen nannten beide Seiten geradezu phantastische Abschußziffern. Die RAF behauptete,

Nach einem deutschen Bombenangriff steigen auf dem englischen Flugplatz Kenley Rauchwolken auf. Bei den zwei Wochen andauernden Luftangriffen auf RAF-Flugplätze vom 24. August bis 6. September 1940 wurden insgesamt über 460 Hurricanes und Spitfires beschädigt oder zerstört.

78 deutsche Flugzeuge sicher und weitere 33 Maschinen wahrscheinlich abgeschossen zu haben. In Wirklichkeit hatte die Luftwaffe lediglich 46 verloren. Die deutschen Piloten meldeten begeistert den Abschuß von 88 englischen Jägern. Tatsächlich waren nur 13 Spitfires und Hurricanes abgeschossen und 47 Schulflugzeuge, Bomber und Aufklärer am Boden zerstört worden. In der Erfolgsmeldung der Luftwaffe war weiterhin von „acht praktisch vernichteten großen Flugplätzen" die Rede, obwohl in Wirklichkeit kein einziger Stützpunkt des RAF-Jägerkommandos zerstört worden war. Das Oberkommando der Luftwaffe bereitete sich jetzt auf einen weiteren Großangriff am 15. August vor; Hermann Göring gab von seinem Hauptquartier in Karinhall den Einsatzbefehl für die Luftflotte 5 unter Hans-Jürgen Stumpff.

Stumpffs Geschwader lagen im besetzten Norwegen und in Dänemark, wo im Spätsommer meist schlechtes Wetter herrscht. Am befohlenen Angriffstag war der Himmel von Stavanger in Norwegen bis nach Süden zur Bretagne bei regnerischem Wetter wolkenverhangen, so daß die Besatzungen der Luftflotte 5 einen Einsatz gegen England an diesem Tag für unmöglich hielten. Im Laufe des Vormittags verzogen sich jedoch die Wolken, so daß der Angriff durchgeführt werden konnte.

Stumpff hatte einen Doppelangriff von Norwegen und Dänemark aus vorgesehen. Um die Engländer zu täuschen, ließ er 20 Seeflugzeuge des Typs He 115 einen Scheinangriff gegen Schottland fliegen, wo sie vom englischen Radar erfaßt werden und so die Jäger der Royal Air Force weit nach Norden locken sollten, während rund 100 seiner Heinkel-Bomber im Süden die Küste überflogen. Diese Kriegslist hatte den beabsichtigten Erfolg: Englische Jäger starteten, um die Seeflugzeuge abzufangen. Aber dann gerieten die Bomber und ihr aus 30 Me 110 bestehender Begleitschutz durch einen Navigationsfehler in den gleichen Luftraum, dem der Scheinangriff gegolten hatte. Dort griffen mehrere Dutzend Spitfires aus der Sonne heraus an und schossen 8 deutsche Flugzeuge ab. Nachdem die Angreifer ihre Bomben geworfen hatten, gelang es ihnen, sich wieder bis zur Küste durchzukämpfen.

Stumpffs Ju 88, die aus dem dänischen Aalborg kamen, flogen ohne Begleitschutz. Sie verließen sich darauf, daß ihre Geschwindigkeit und ihre eigene Abwehrbewaffnung für einen erfolgreichen Einsatz genügen würden. Die 50 Maschinen kämpften sich bis zum Flugplatz Driffield nördlich der Hafenstadt Hull durch, wo sie zehn Whitley-Bomber am Boden zerstörten. Sie wurden jedoch von Spitfires und Hurricanes angegriffen, die in einem laufenden Gefecht sechs Ju 88 abschossen. Drei weitere Ju 88 wurden beschädigt und mußten an weit voneinander entfernten Orten an der europäischen Küste notlanden.

Weiter im Süden griffen Sperrle und Kesselring am Nachmittag und Abend des 15. August 1940 den Südosten Englands an. Zu den an diesem Tag gegen die RAF eingesetzten deutschen Verbänden gehörte die Erprobungsgruppe 210 unter Walter Rubensdörffer, die über den Hurricane-Flugplatz Martlesham Heath bei Ipswich hinwegfegte, die Start- und Landebahn umpflügte und brennende Flugzeughallen, Werkstätten und Lager hinterließ. Nach diesem Angriff flogen Rubensdörffer und seine Besatzungen sofort zu ihrem Einsatzhafen zurück, um aufzutanken und sich mit Munition zu versorgen.

Um 19.35 Uhr überflog die Gruppe erneut die englische Küste – diesmal zum Angriff auf den wichtigen RAF-Flugplatz Kenley südlich von London. Rubensdörffer, der die Engländer täuschen wollte, indem er sein Ziel aus unerwarteter Richtung anflog, hatte sich vorgenommen, mit seiner Gruppe weit auszuholen und Kenley von Norden her anzugreifen. Wegen fehlerhafter Navigation gelangte er jedoch nicht nach Kenley, sondern zum Londoner Flughafen Croydon, wo die Erprobungsgruppe Flugzeughallen und 36 Schulflugzeuge zerstörte. Ihre Bomben trafen auch benachbarte Häuser, wobei 62 Zivilisten den Tod fanden. Nach diesem Angriff stürzten sich zwei Staffeln Hurricanes auf die Me 110. Die zahlenmäßig unterlegenen deutschen Flugzeugführer kämpften sich in die Höhe und bildeten einen engen Abwehrkreis. Wenig später erspähte Rubensdörffer eine Lücke, brach den Kampf ab und trat den Rückmarsch an; vier seiner Me 110 folgten ihm. „Sie verschwanden im Nebel", hieß es im Gefechtsbericht der Erprobungsgruppe, „und wurden nie wieder gesehen."

Die übrigen Maschinen der Erprobungsgruppe 210 schlugen sich nach Hause durch. Aber da Rubensdörffer und die vier anderen Besatzungen verschollen blieben – vermutlich waren sie von angreifenden Spitfires abgeschossen worden –, hatte die Luftwaffe an diesem Tag insgesamt 55 Bomber und Jäger verloren. Im Gegensatz dazu hatte sich die entscheidende Einsatzstärke der RAF-Jäger nur um 34 Spitfires und Hurricanes vermindert. Am nächsten Tag schnitt die Luftwaffe besser ab. Bei 38 eigenen Verlusten zerstörte sie 50 englische Maschinen. Am 18. August verlor die Luftwaffe jedoch 97 Flugzeuge, darunter 48 Stukas. Die deutschen Angreifer beschädigten mehrere RAF-Stützpunkte und -Radarstationen schwer, schossen aber nur 34 englische Jäger ab.

Am nächsten Tag versammelte Göring die Kommandierenden Generale und Kommodores erneut in Karinhall. Er machte kein Hehl aus seiner Unzufriedenheit mit dem bisherigen Verlauf der Luftschlacht gegen England. Eine ganz neue Strategie sei erforderlich, sagte er. Angriffe auf Radarstationen an der Küste waren nach Görings Auffassung reine Zeitverschwendung; sie sollten deshalb sofort eingestellt werden. Hauptziel der deutschen Angriffe würden in Zukunft die weiter landeinwärts liegenden englischen Jägerplätze rings um London sein, von denen aus die Spitfires und Hurricanes der RAF über Funk gegen einfliegende deutsche Verbände geführt wurden. Und die „freie Jagd" der Me 109 über England, bei der sich die Jagdflieger ihre Beute selbst suchten, war nicht mehr

Das Besatzungsmitglied eines Heinkel-Schwimmerflugzeugs He 59 birgt auf der Leiter zur Bodenkanzel einen bewußtlosen deutschen Flugzeugführer. Die Deutschen versuchten, über See abgeschossene Flieger unter anderem durch Überwachungsflüge von Seenotrettungsmaschinen und ein Netz von Rettungsflößen, die im Ärmelkanal verankert waren, zu retten.

gestattet. Die deutsche Jagdwaffe hatte jetzt den Auftrag, die Bomberverbände bei Einsätzen gegen englische Jägerstützpunkte zu schützen.

Kesselrings Flieger der Luftflotte 2 würden bei diesen neuen Angriffen die Hauptrolle spielen – sie waren London viel näher als die Staffeln von Sperrles Luftflotte 3. Sperrles Me 109 wurden alle an die Straße von Dover verlegt, um gemeinsam mit der Luftflotte 2 eingesetzt zu werden.

In den nun folgenden Wochen führte Kesselring die von Göring befohlenen verstärkten Angriffe gegen die wichtigen Sektorenstationen des Jägerkommandos rings um London fort – gegen Biggin Hill, Kenley, Northolt, Duxford, Debden, North Weald und Hornchurch –, wobei bis zu 1700 Einsätze am Tag geflogen wurden. Das waren für die Me-109-Piloten besonders schlimme Einsätze. Ihre Maschinen hatten einen äußerst beschränkten Aktionsradius von 300 Kilometern und verfügten beim Eintreffen im Raum London nur noch über eine Treibstoffreserve, die für bestenfalls 20 Minuten Luftkampf ausreichte, bevor sie nach Frankreich zurückfliegen mußten. Sehr viele von ihnen schafften den Rückflug nicht mehr. Leutnant Hellmuth Ostermann erinnerte sich, daß er einmal gemeinsam mit elf weiteren Me-109-Piloten, vor denen ebenfalls bereits die Treibstoffwarnlampe rot leuchtete, über den Ärmelkanal zurückflog. Sieben Maschinen mußten nacheinander hinunter und bei bewegter See notwassern. Ostermann und vier andere landeten mit stehendem Motor auf französischen Stränden.

Trotz solcher Schwierigkeiten war Kesselrings Taktik allmählich erfolgreich. Die RAF verlor jetzt mehr Spitfires und Hurricanes, als sie geliefert bekam, und 231 der erfahreneren Jagdflieger Dowdings waren gefallen, vermißt oder verwundet. Sie wurden durch Flugzeugführer aus den Bomber, Coastal und Training Commands ersetzt, die nach wenigen Stunden Einweisung in die Jagdfliegerei bereits in den Kampf geschickt wurden. Sechs wichtige Sektorenflugplätze waren so schwer beschädigt, daß dort kaum noch genügend Jäger starten konnten, um die starken Bomberverbände abzufangen, die Kesselring jetzt aus allen Richtungen gegen sie einsetzte. Das RAF Fighter Command wankte und schien nur noch auf den K.-o.-Schlag zu warten.

Während am 3. September 1940 30 Do 17 die Sektorenstation North Weald nördlich von London bombardierten und schwer beschädigten, trafen Göring, Sperrle und Kesselring erneut zusammen – diesmal in Den Haag –, um über eine rasche Beendigung der Luftschlacht zu beraten. Göring brachte den letzten Nachrichtendienstbericht mit, in dem behauptet wurde, seit dem 8. August seien 1115 englische Jagdflugzeuge vernichtet worden. Kesselring hielt diese Zahl für glaubhaft und erklärte Göring, er bezweifle, daß die RAF noch 100 Jäger aufbieten könne. Der nüchterne Sperrle, dessen Verbände weiterhin dezimiert wurden, während sie den Ärmelkanal überquerten, weigerte sich, diesem Bericht zu glauben, und äußerte seine Überzeugung, das englische Jägerkommando verfüge über rund 1000 Spitfires und Hurricanes. Tatsächlich hatte das Fighter Command an diesem Tag genau 621 einsatzbereite Jagdflugzeuge.

Göring, der unverbesserliche Optimist, schloß sich Kesselrings Auffassung an und entschied, daß sich die Wucht der Luftangriffe nunmehr auf London richten solle. Seiner Ansicht nach mußte das die letzten Überreste des RAF-Jägerkommandos in die Luft locken, wo sie rasch vernichtet werden konnten. Dieses Vorhaben entsprach genau Hitlers neuer Einstellung. Bei einem Luftangriff in der Nacht zum 25. August war eine He 111

Die Fw 200 Condor hatte acht Mann Besatzung, war mit sechs MGs bewaffnet und trug vier 250-kg-Bomben zur Bekämpfung von Schiffszielen.

Ein Verkehrsflugzeug, das in den Krieg zog

Die von Winston Churchill als „Geißel des Atlantiks" bezeichnete Focke-Wulf Fw 200 Condor war ein Meisterwerk der Improvisation. Die als Verkehrsflugzeug für Nonstopflüge zwischen Berlin und New York konstruierte Condor besaß eine weit größere Reichweite als alle deutschen Bomber. Zur Bekämpfung der Geleitzüge, die Großbritannien nach Dünkirchen am Leben erhielten, wurde eine ganze Flotte Fw 200 bewaffnet und im Nordatlantik eingesetzt.

Da die Geleitzüge nur schwach verteidigt wurden, waren die Fw 200 eine Zeitlang erfolgreich. Im Fernkampfeinsatz von der französischen Küste bis zum besetzten Norwegen und in Zusammenarbeit mit deutschen U-Booten machten sie den Nordatlantik zu einem gefährlichen Fahrwasser für die Schiffahrt der Alliierten. Von August 1940 bis Februar 1941 versenkten die Fw 200 eines Verbandes 85 Schiffe der Alliierten mit insgesamt 363 000 BRT.

Aber das Flugzeug war für den operativen Einsatz nicht robust genug, so daß mehrere Condor bei der Landung auseinanderbrachen. Als die Engländer die Verteidigung ihrer Schiffahrtswege durch regelmäßige Jägerüberwachung verbesserten, wurde die Fw 200 wegen ihrer geringen Abwehrbewaffnung eine allzu leichte Beute. 1944 wurde sie daher in die schlichte Funktion eines Transportflugzeugs zurückversetzt.

Der Fehltreffer einer Fw 200 Condor läßt eine Wasserfontäne hinter dem Passagierdampfer „Windsor Castle" aufsteigen. Zum Angriff flogen Condorpiloten die feindlichen Schiffe oft nur wenig über Masthöhe an.

Diese mit weißer Farbe aufgemalte Erfolgsbilanz, die das Seitenleitwerk einer altgedienten Focke-Wulf Fw 200 schmückt, weist zehn vor Narvik und 17 vor den Küsten Englands versenkte Handelsschiffe aus.

über das ihr zugewiesene Ziel – ein Öltanklager etwa 30 Kilometer östlich von London – hinausgeschossen und hatte versehentlich die englische Hauptstadt bombardiert. Die Verluste und der Sachschaden waren gering, aber Churchill hatte Vergeltungsangriffe auf Berlin befohlen.

In einer am 4. September in Berlin gehaltenen Rede drohte Hitler damit, zur Vergeltung englische Städte ausradieren zu lassen. „Wir werden diesen Nachtluftpiraten das Handwerk legen", rief er aus, „so wahr uns Gott helfe!" Am Tag zuvor hatte Hitler einen neuen Termin für die Invasion in England gesetzt: den 20. September 1940. Hermann Göring und seiner Luftwaffe blieb nicht mehr viel Zeit.

Am 7. September kurz vor 16 Uhr standen Göring und Kesselring zusammen auf Kap Blanc-Nez an der französischen Küste. Den deutschen Berichterstattern, die sich auf seine Einladung hin dort eingefunden hatten, erklärte Göring: „Ich habe persönlich die Führung der Luftwaffe im Kampf gegen England übernommen."

Die in dichtgeschlossenen Verbänden fliegende erste Welle der deutschen Bomber erreichte ihr Zielgebiet um 17 Uhr und bombardierte das Königliche Arsenal bei Woolwich. Nachfolgende deutsche Verbände, deren Begleitjäger die wenigen angreifenden Spitfire- und Hurricane-Staffeln abwehrten, stießen durch schweres Flakfeuer hindurch, um die Docks in East London zu bombardieren. Über der Stadt stiegen gigantische Rauchwolken auf. Ein London überfliegender Hurricane-Pilot beobachtete, daß „anscheinend sämtliche östlichen Vororte Londons brannten".

Die Angreifer drehten ab. Eine Zeitlang blieb es am Himmel ruhig. Dann kamen die Bomber in der Abenddämmerung zurück, wobei ihnen lodernde Brände den Weg wiesen. Die Luftwaffe deckte London sieben Stunden lang mit Spreng- und Brandbomben ein, und als der Tag anbrach, lag die Stadt unter einer schwarzen Rauchdecke. Die deutschen Angriffe auf London hatten fast 450 Tote und über 1000 Verletzte gefordert. Aber auch die Luftwaffe hatte dafür bluten müssen: 41 Wracks deutscher Bomber lagen über ganz Südostengland verstreut.

Der Preis, den die Luftwaffe für ihre tagtäglich fortgesetzten Angriffe auf London zu zahlen hatte, sollte sich noch erhöhen, denn durch die Konzentration auf die englische Hauptstadt griffen die Deutschen keine RAF-Jägerplätze mehr an, so daß der Himmel über England bald von Spitfires und Hurricanes wimmelte. Am 15. September 1940, dem Tag der schwersten Angriffe, meldete der deutsche Luftwaffengeneralstab: „Über dem Ziel traten britische Jäger in größeren Verbänden bis zu 80 Flugzeugen auf." Auf dem Höhepunkt der RAF-Einsätze befanden sich einmal rund 300 englische Jäger gleichzeitig in der Luft.

An diesem Tag wurde eine Do 17 von feindlichem Feuer getroffen, als sie nach dem Bombenabwurf eine weite Kehrtkurve über London flog. Die Besatzung sah einen Feuerschein aufblitzen, dann wälzte sich schwarzer Qualm durch die Maschine. „In der Kanzel war alles voll Blut", berichtete der Bordfunker Hans Zander später. „Unser Flugzeugführer war getroffen." Über die Bordsprechanlage hörte Zander den Verwundeten mit seinem Beobachter, einem wenig erfahrenen Flieger, reden. „Flieg du nach Hause!" ächzte der Flugzeugführer.

Unterdessen befand sich die Do 17 über der Nordsee. Zander brach die angeordnete Funkstille, um sich von einem Luftwaffenstützpunkt in Belgien Peilungen geben zu lassen; der Beobachter flog „die zerschossene

Kiste wie ein alter Hase", erinnerte sich Zander. Zwanzig Minuten später erreichte die Maschine glücklich ihren Einsatzhafen.

Die Luftwaffe hatte 56 Flugzeuge verloren, darunter 24 Do 17 und 10 He 111. Rechnete man die vielen schwer beschädigten Maschinen mit, waren volle 25 Prozent der eingesetzten Bomber außer Gefecht gesetzt worden. Andererseits war das englische Fighter Command zu diesem Zeitpunkt ganz offensichtlich stärker als je zuvor.

Am 17. September 1940 verschob Hitler schließlich das Unternehmen „Seelöwe" für unbegrenzte Zeit. Der Invasionsplan wurde nie mehr aus der Versenkung hervorgeholt.

Trotzdem setzte Göring seine Luftangriffe auf London und andere englische Großstädte fort, denn er hoffte, England allein durch seine Luftstreitkräfte in die Knie zwingen zu können. Anfang Oktober erkannte er jedoch, daß seine Luftwaffe die ihr bei Tagangriffen zugefügten steigenden Verluste durch das wiedererstarkende Fighter Command nicht mehr verkraften konnte. Aus diesem Grund verfügte er, die deutschen Bomber sollten in Zukunft im Schutz der Dunkelheit angreifen.

Göring hätte sich für den Beginn der deutschen Nachtangriffe keinen ungünstigeren Zeitpunkt aussuchen können. Mit dem Spätherbst trat eine Wetterverschlechterung ein. Tag für Tag starteten die Bomber in der Abenddämmerung von ihren Plätzen in Frankreich und Nordbelgien und lösten sich nur schwer von den schlammigen Startbahnen, während leichter Regen gegen die Kanzelverglasungen peitschte. Meistens mußten die Flugzeuge geschlossene Wolkendecken durchstoßen, um die für den Anflug auf London befohlenen Höhen zu erreichen. Diese im Herbst fliegenden Besatzungen waren indes nicht mehr die Veteranen des vergangenen Sommers. Viele der erfahrensten Blindflugbesatzungen der Luftwaffe waren gefallen oder saßen in englischen Kriegsgefangenenlagern, nachdem sie auf feindlichem Gebiet notgelandet oder mit dem Fallschirm abgesprungen waren. Unerfahrenen deutschen Piloten und Navigatoren fiel es sehr schwer, den Sammelpunkt genau zur rechten Zeit anzufliegen. Jedesmal kam es dort zu einer gefährlichen Kurverei am dunklen Himmel, bevor die Bomberverbände sich formierten und Kurs auf London nehmen konnten.

Trotz dieser operativen Schwierigkeiten begannen Sperrles und Kesselrings Kampfgeschwader mit den nächtlichen Bombenangriffen auf London. Bei schwierigem Flugwetter erreichten im Durchschnitt 160 Bomber die englische Hauptstadt, auf die dann etwa 200 Tonnen Sprengbomben und Tausende von Brandbomben herunterregneten. Am 15. Oktober, in einer klaren Vollmondnacht, war die Luftwaffe mit 410 Bombern über London und warf über 500 Tonnen Bomben. Die Docks standen in Flammen, ganze Wohnblocks lagen in Trümmern, und 1300 Engländer wurden getötet oder verwundet.

Die Nachtbomber stießen im Norden bis nach Glasgow in Schottland und im Süden bis nach Portsmouth vor. Der verheerendste Nachtangriff wurde am 14. November 1940 geflogen, als 449 deutsche Bomber, die durch einen Funkleitstrahl von der französischen Küste aus geführt wurden, Coventry mit 500 Tonnen Sprengbomben und 30 Tonnen Brandbomben angriffen. Im Stadtzentrum wurden über 40 Hektar in Trümmer gelegt, die Kathedrale brannte aus, ein Drittel aller Wohngebäude in Coventry wurde vernichtet. „Das sonst bei Volltreffern übliche Indianergeheul an Bord blieb uns in der Kehle stecken", schrieb einer der deutschen

Adolf Galland, mit 57 Abschüssen der erfolgreichste deutsche Jagdflieger in der Luftschlacht um England, klettert aus seiner mit einer zigarrerauchenden Mickymaus geschmückten Me 109.

Obwohl Werner Mölders mit 55 Luftsiegen nur an dritter Stelle der gegen England eingesetzten Jagdflieger lag, erzielte er im weiteren Verlauf des Krieges als erster Deutscher über 100 Abschüsse.

Gestenreich führt Helmut Wick seinen Kameraden einen der 56 Abschüsse vor, die ihm den zweiten Platz auf der Erfolgsskala der deutschen Jagdflieger im Luftkrieg gegen England sicherten.

Flugzeugführer später. „Schweigend starrte die Besatzung auf das Flammenmeer hinunter. War das hier ein rein militärisches Ziel?"

Tatsächlich war Coventry ein Zentrum der englischen Rüstungsindustrie. Von den 21 in der Stadt getroffenen Fabriken waren zwölf Zulieferer-betriebe für den Flugzeugbau.

Nach der Verwüstung von Coventry ließen die deutschen Angriffe in den winterlichen Schlechtwetternächten erheblich nach, um im Frühjahr erneut aufzuleben, als die Luftwaffe eine ständig wachsende Zahl von Bombern gegen England einsetzte. So kam es am 10. Mai 1941 zu einem der schwersten Angriffe auf die englische Hauptstadt, bei dem mehr als 500 Bomber über London hinwegdonnerten und über 800 Tonnen Spreng- und Brandbomben warfen.

Die deutschen Bomberbesatzungen, denen ihre Kommandeure versicherten, sie führten den vernichtenden Schlag gegen das bereits wankende England, waren aufgeregt und begeistert, als sie an diesem Abend in ihre Maschinen kletterten. Manche von ihnen, so der kampferfahrene Hauptmann Albert Hufenreuter, machten sich Sorgen wegen der feindlichen Nachtjäger, die sie am Himmel über London empfangen würden, aber sie trösteten sich mit der Überzeugung, daß die riesigen deutschen Bomberverbände die englische Abwehr verwirren und zermürben würden.

Dieser Angriff war tatsächlich historisch – aber aus einem anderen Grund, denn er sollte selbst den optimistischsten Luftwaffenkommandeuren deutlich vor Augen führen, daß sie der Niederringung Englands durch Luftangriffe keineswegs näher waren als im vergangenen Sommer.

Der 25jährige Hufenreuter, der Kommandant des Flugzeugs, lag in seiner He 111 auf dem Platz des Bombenschützen und Navigators auf dem

Ein Blick aus der Bugkanzel einer Do 17 auf das brennende London. Von September bis November 1940 fanden 13 000 Londoner durch Bombenangriffe den Tod.

Bauch, als die Maschine um 22.30 Uhr auf ihrem französischen Einsatzhafen bei Lille startete. Wenig später erkannte er 3500 Meter unter sich die Schaumkronen des Ärmelkanals. Als der Bomber sich der englischen Küste näherte, sprach Hufenreuter durch die Bordsprechanlage mit Feldwebel Richard Furthmann, seinem Flugzeugführer. Hufenreuther wies Furthmann an, das Ziel auf Zickzackkurs anzufliegen. Lange bevor sie London erreichten, sah er die Brände, die die vor ihnen angreifenden Bomberverbände hinterlassen hatten. Er beobachtete auch, wie die langen Lichtfinger englischer Flakscheinwerfer in den Himmel griffen.

Der Bomber näherte sich jetzt dem Zielgebiet, und Hufenreuter konnte deutlich den im Mondschein glitzernden Flußlauf der Themse ausmachen, deren Windungen den deutschen Bomberbesatzungen so vertraut geworden waren. Er gab Furthmann weitere Anweisungen und erklärte ihm dann, sie seien genau auf Kurs und müßten das Ziel demnächst erreichen.

Wenige Minuten nach Mitternacht warf Hufenreuter seine 500-Kilo-Bombe aus 2750 Metern Höhe. Aber damit war seine Arbeit noch nicht getan. Er wies den Flugzeugführer an, der Themse zu folgen, damit er die Brandbomben werfen könne. Als Furthmann mit der He 111 dem Flußlauf folgte, war deutlich zu erkennen, was die Brandbomben der früheren Angreifer angerichtet hatten. Das ganze Flußufer schien ein loderndes Flammenmeer zu sein, das als Zielmarkierung für weitere deutsche Bomberverbände dienen konnte. Hufenreuter löste seine vier Schüttkisten mit Brandbomben über der Innenstadt aus und ging dann auf Heimatkurs.

Als die He 111 nach Süden abdrehte, warnte Hufenreuter seine Besatzung, genau auf englische Nachtjäger zu achten. Plötzlich sah er eine Spur von Leuchtgeschossen am linken Motor. Furthmann drückte die Maschine im Sturzflug nach unten und versuchte, dem englischen Jäger auf diese Weise zu entkommen. Im gleichen Augenblick setzte der Motor aus, und die Luftschraube drehte sich in Segelstellung weiter. Furthmann schüttelte den Verfolger während des Sturzflugs ab. Aber die schwer beschädigte Heinkel schaffte den Rückflug nach Frankreich nicht mehr.

Der Flugzeugführer versuchte, die Maschine in der Luft zu halten, aber sie verlor rasch an Höhe. Die He 111 war nur noch 500 Meter, dann 300 Meter und schließlich 100 Meter hoch. Dabei sank sie unaufhaltsam weiter. Zuletzt rief Furthmann: „Ich kann sie nicht mehr halten!" Die Heinkel machte eine Bruchlandung auf einem Feld bei Ashford in Kent und kam in einer dichten Weißdornhecke zum Stehen. Die gesamte bei dieser Notlandung verletzte Besatzung geriet in Kriegsgefangenschaft.

Hufenreuters He 111 gehörte zu den nur 14 deutschen Bombern, die bei diesem Großangriff verlorengingen, der in London nahezu 1500 Menschenleben forderte und fast drei Quadratkilometer der Innenstadt durch Feuer verwüstete. Aber die Engländer reagierten wie nach früheren Angriffen: Sie löschten die Brände, begannen mit der Trümmerräumung und machten sich auf den nächsten Angriff gefaßt. Bis Juli flauten die Luftangriffe ab, um dann ganz aufzuhören. Inzwischen stand fest, daß England auch durch weitere Luftangriffe nicht niederzuringen sei. Die deutschen Angriffe hatten an Durchschlagskraft verloren – die Schlacht um England war vorüber. Die Royal Air Force hatte bei der Abwehr der deutschen Angreifer insgesamt etwa 1000 Flugzeuge verloren; die Verluste der deutschen Luftwaffe lagen bei etwa 2000 Maschinen. Und die deutschen Flieger mußten im Verlauf des Zweiten Weltkrieges gegen weitere Feinde antreten, hatten noch viele Luftkämpfe vor sich.

Die Luftschlacht um England aus deutscher Sicht

Adolf Hitler, der einst davon geträumt hatte, Kunstmaler zu werden (ein Traum, der nicht in Erfüllung ging, weil er bei der Aufnahmeprüfung für die Kunstakademie zweimal wegen mangelnden Talents durchfiel), hielt sich für eine Autorität auf künstlerischem Gebiet. Als er 1941 erfuhr, daß einige seiner Generale Hobbymaler damit beauftragt hatten, militärische Heldentaten auf der Leinwand festzuhalten, wies er das Oberkommando der Wehrmacht an, statt dessen professionelle Kunstmaler einzustellen, die die Erfolge der drei Wehrmachtsteile in angemessen heroischem Stil darstellen sollten. Durch diese Weisung entstand eine neue Abteilung von Kriegsmalern und Pressezeichnern. Im Jahr 1942 war sie von 45 auf 80 Künstler angewachsen und hatte einen prätentiösen neuen Namen erhalten: Staffel der Bildenden Künstler.

Die der Luftwaffe zugeteilten Künstler befanden sich bald im wildesten Kampfgetümmel. Sie wurden in Bombern mitgeschickt und bemühten sich, den Einsatz in Skizzen festzuhalten, während die Flugzeuge Ausweichbewegungen machten, um Flakfeuer und den Bordwaffen feindlicher Jäger zu entgehen. Wenn sie nicht selbst mitfliegen konnten, etwa in einsitzigen Jagdflugzeugen, verließen sie sich hinsichtlich der Einzelheiten auf die Gefechtsberichte von Flugzeugführern und die mit eingebauten Kameras gemachten Aufnahmen. Nach einem Vierteljahr an der Front durfte der Künstler sich in sein heimatliches Atelier zurückziehen, wo er das nächste Vierteljahr damit verbrachte, seine Skizzen in Aquarelle oder Ölbilder umzusetzen. Arbeitsproben zweier Luftwaffenkünstler sind hier und auf den nächsten Seiten abgebildet.

Der Propagandawert dieser staatlich geförderten Kunstwerke wurde bis zum äußersten ausgeschlachtet. Die in vielen deutschen Museen ausgestellten, in Illustrierten abgebildeten und sogar auf Postkarten verbreiteten Darstellungen von Luftsiegen trugen dazu bei, die Stimmung von Truppe und Bevölkerung zu heben. Die Gemälde wurden auch in Museen in den deutschbesetzten Staaten Europas ausgestellt, wo sie anschaulich an die Schlagkraft der deutschen Luftwaffe gemahnten.

Eine Kette Messerschmitt Me 109 (Vordergrund) stößt von hinten zum Angriff auf einen RAF-Bomberverband herab, der Kurs auf das besetzte Frankreich (oberer Bildrand) genommen hat.

Bei einem Sturzangriff auf Handelsschiffe in einem englischen Hafen trotzen Stukas dem Feuer der auf dem Kai in Stellung gegangenen Flak.

Während die Besatzung des abstürzenden englischen Sunderland-Flugboots aussteigt, dreht die angreifende Me 109 ab.

Dornier-Bomber Do 17 stürzen auf die Londoner Tower Bridge zu, um anschließend die Hafenanlagen und Lagerhäuser an der Themse zu bombardieren.

4

Die Zermürbung der Luftwaffe

Als im Frühjahr 1941 zu erkennen war, daß es der deutschen Luftwaffe in ihrer damaligen Stärke nicht gelingen würde, die halsstarrigen Engländer niederzukämpfen, traf Reichsmarschall Hermann Göring Ende April im besetzten Paris ein und rief die Kommodores der in Frankreich liegenden Geschwader zusammen. Göring brachte, wie er selbst sagte, erregende Neuigkeiten mit: Die Luftwaffenverbände am Ärmelkanal sollten erheblich verstärkt, die Luftangriffe auf England mit neuer Energie wiederaufgenommen und die Invasion schließlich doch durchgeführt werden.

Das war eine überraschende Ankündigung, denn Hitler und Göring schienen die Hoffnung, England erobern zu können, längst aufgegeben zu haben. Nachdem Göring diese sensationelle Mitteilung gemacht hatte, nahm er seine beiden besten Jagdflieger und Geschwaderkommodores, Werner Mölders und Adolf Galland, beiseite. „Dabei kicherte er vor sich hin und rieb sich vor Freude die Hände", schrieb Galland später. „Und er vertraute uns unter dem Siegel tiefster Verschwiegenheit an, daß seine ganze Einsatzbesprechung nur ... das Ziel hätte, die wahren Absichten der deutschen Führung zu verschleiern: die unmittelbar bevorstehende kriegerische Auseinandersetzung mit der Sowjetunion."

Diese Mitteilung habe bei ihm „einen lähmenden Schock" ausgelöst, berichtete Galland. „Das, was von Anfang dieses Krieges an als Damokles-Schwert drohend über uns geschwebt hatte – der Zweifrontenkrieg –, sollte nun Tatsache werden. Mit beklemmender Düsterkeit beherrschte mich die Vorstellung, daß wir einen Krieg mit der ihrem Menschenpotential und natürlichen Hilfsquellen nach ungeheuren Sowjetunion beginnen wollten, während sich unsere Kräfte bereits als zu schwach erwiesen hatten, auch nur den britischen Gegner im ersten Ansturm niederzuwerfen. Nun würden wir uns, ohne den Rücken frei zu haben, gegen einen neuen unbekannten, aber auf jeden Fall riesenhaften Feind wenden."

Göring versicherte Galland, Stalins Rußland sei innerlich so verfault, daß es beim ersten Schlag zusammenbrechen werde. Was „die rote Fliegerei" betreffe, brauche man „von einem Verband nur den Führer abzuschießen, dann fänden die restlichen Analphabeten nicht mehr nach Hause. Sie könnten wie Tontauben auf dem Schießstand heruntergeholt werden." Galland war keineswegs überzeugt. Er hegte weiterhin schlimmste Befürchtungen für die Zukunft der Luftwaffe – und Deutschlands. Die Wirklichkeit sollte Gallands Befürchtungen noch übertreffen. Denn die

Das Rumpfvorderteil einer Me 323 Gigant ist zum Entladen von Pferden aufgeklappt. Nach Hitlers Überfall auf die Sowjetunion wurden diese sechsmotorigen Großraumtransporter, die bis zu 12 Tonnen Nutzlast befördern konnten, an der Ostfront ein unentbehrliches Transportmittel.

DEUTSCHER MACHTBEREICH IM NOVEMBER 1942
URSPRÜNGLICHE LUFTFLOTTENGRENZEN
ERWEITERTE LUFTFLOTTENGRENZEN
0
800
Maßstab (in Kilometern)
Narvik
SCHWEDEN
5
NORWEGEN
Oslo
FINNLAND
OSTSEE
Leningrad
Demjansk
ESTLAND
NORDSEE
IRLAND
Aalborg
DÄNEMARK
Kopenhagen
LETTLAND
Moskau
GROSS-BRITANNIEN
NIEDERLANDE
Hamburg
LITAUEN
OST-PREUSSEN
Danzig
Minsk
6
London
Amsterdam
Rotterdam
2
Dünkirchen
Berlin
Posen
Cherbourg
Calais
BELGIEN
DEUTSCHLAND
1
Warschau
Brest-Litowsk
SOWJETUNION
Eben-Emael
Schweinfurt
Nürnberg
POLEN
Kiew
Stalingrad
Ardennen
Paris
TSCHECHOSLOWAKEI
FRANKREICH
3
München
4
ÖSTERREICH
SCHWEIZ
UNGARN
RUMÄNIEN
Sewastopol
Belgrad
SPANIEN
ITALIEN
JUGOSLAWIEN
SCHWARZES MEER
BULGARIEN
ALBANIEN
GRIECHEN-LAND
TÜRKEI
Sizilien
Athen
Piräus
TUNESIEN
MITTELMEER
Kreta
ALGERIEN
Bir Hacheim
El Alamein
LIBYEN
ÄGYPTEN

Luftwaffe und die beiden anderen Wehrmachtsteile waren nicht nur in ein gewaltiges Ringen mit der Sowjetunion verstrickt, sondern mußten auch an einer dritten Front im Mittelmeerraum kämpfen.

Hitlers Entschluß, Rußland anzugreifen, basierte weniger auf militärischen Erfordernissen als auf seiner grandiosen Vision von der geschichtlichen Aufgabe Deutschlands. Hitler glaubte den nordischen „Herrenmenschen" dazu bestimmt, „die slawischen Völker zu unterwerfen und zu beherrschen", „Lebensraum" im Osten zu gewinnen und dabei zugleich den Bolschewismus auszurotten.

Der Angriff auf die Sowjetunion – unter dem Decknamen „Fall Barbarossa" ursprünglich für Mai 1941 geplant – war ein so gigantisches Vorhaben, daß selbst General Guderian und andere erfahrene Heerführer verblüfft waren. Drei Millionen Mann in 152 Divisionen, unterstützt von 3300 Panzern und 2000 Bombern und Jagdflugzeugen, sollten den Angriff auf einer 1500 Kilometer langen Front von Ostpreußen im Norden bis zum Schwarzen Meer im Süden vortragen.

Bevor der Rußlandfeldzug jedoch beginnen konnte, mußte Hitler die Lage auf dem Balkan bereinigen, wo sein Verbündeter Mussolini Schwierigkeiten hatte. Im Oktober 1940 waren italienische Truppen aus dem schon früher besetzten Albanien zum Angriff auf Griechenland angetreten. Aber die Italiener befanden sich bald vor den tapfer kämpfenden Griechen auf dem Rückzug. Um die Griechen bei der Verteidigung ihrer Heimat zu unterstützen, entsandte England, das bereits die griechische Insel Kreta besetzt hatte, im März 1941 eine 50 000 Mann starke Expeditionsstreitmacht, die bei Athen an Land ging. Aus deutscher Sicht bedeutete das eine Gefahr ersten Ranges: Auf Kreta stationierte englische Bomber konnten das mit Deutschland verbündete Rumänien erreichen, dessen Ölfelder von kriegsentscheidender Bedeutung waren.

Aber die deutsche Luftwaffe war bereits auf einen Gegenschlag vorbereitet. Sie hatte über 400 Maschinen auf rumänischen Flugplätzen stationiert, auf denen deutsche Arbeitskommandos im vergangenen Winter Unterkünfte, Flugzeughallen und Werkstätten errichtet hatten. Als Bulgarien im März 1941 die Stationierung deutscher Truppen gestattete, wurden 120 Bomber, Jäger und Aufklärer der Luftwaffe nach Süden verlegt, wo sie Griechenland noch näher waren.

Diese beachtliche Streitmacht gehörte zur Luftflotte 4 unter dem Oberbefehl von General der Flieger Alexander Löhr, der seine Verbände im Blitzkrieg gegen Polen mit so großem Erfolg taktisch eingesetzt hatte. Löhr, der mit den Vorbereitungen für den Angriff auf Rußland beschäftigt war, übertrug die Verantwortung für die Luftkriegführung auf dem Balkan dem bewährten General der Flieger Wolfram Freiherr von Richthofen. Als am 27. März Jugoslawien, das als ein zukünftiger Verbündeter der Achsenmächte galt, von einem antideutschen Staatsstreich erschüttert wurde, erweiterte sich Richthofens Liste um weitere Ziele. Hitler ordnete gleichzeitig Luftangriffe auf Griechenland und Jugoslawien an, die am Morgen des 6. April beginnen sollten.

Über dem Balkan brach ein wolkenlos klarer Tag an, als auf acht verschiedenen Flugplätzen Staffeln von He 111, Ju 87, Ju 88, Me 109 und Me 110 starteten. Die Verbände flogen zum Teil nach Westen, um die jugoslawische Hauptstadt Belgrad anzugreifen, und zum Teil nach Süden in Richtung Griechenland. Der Großangriff auf Belgrad, dem in den Tagen danach zwei weitere Angriffe von Stukas und zwei Gruppen zweimotoriger

Deutschlands weiträumige Eroberungen – hier auf ihrem Höhepunkt im Jahr 1942 dargestellt (hellgrüne Fläche) – machten eine Erweiterung der Einsatzgebiete der ursprünglich vier deutschen Luftflotten über ihre anfänglichen Grenzen (durchgezogene gelbe Linie) hinaus notwendig. Diese Grenzen wurden nicht nur ausgedehnt (durchbrochene gelbe Linien), sondern die Luftwaffe stellte zusätzlich zwei neue Luftflotten auf – eine in Norwegen, die andere in der Sowjetunion.

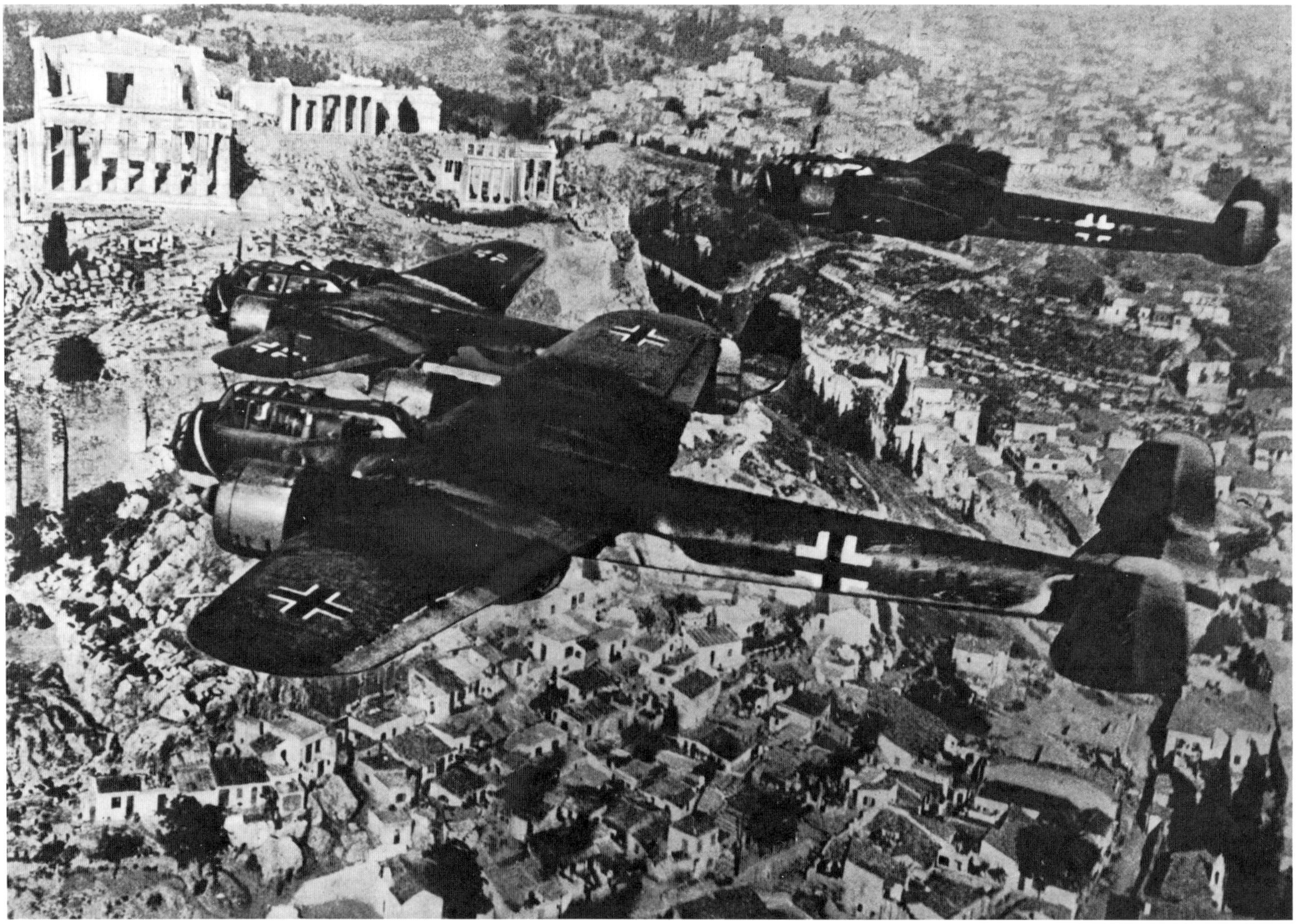

mittelschwerer Bomber folgten, zerstörte große Teile der Stadt und forderte schätzungsweise 17 000 Todesopfer. Die ständigen Luftangriffen ausgesetzte jugoslawische Armee, deren Hauptstadt in Trümmern lag, kapitulierte innerhalb einer Woche. Am 12. April 1941 wehten deutsche Siegesflaggen über Belgrad. Der Preis für diesen Sieg: 558 deutsche Gefallene und eine Handvoll Flugzeuge.

Die gegen Griechenland eingesetzten Maschinen der Luftwaffe bombardierten die griechischen und englischen Verteidigungslinien, bahnten der 12. Armee unter Generalfeldmarschall Wilhelm List den Weg und griffen Nachschubeinrichtungen in den rückwärtigen Gebieten an. Eine Gruppe Ju 88 stieß bis zu der Hafenstadt Piräus unmittelbar südlich von Athen vor, bombardierte die Hafenanlagen und verminte den Hafen. Hauptmann Hajo Herrmann, einer der besten deutschen Bomberpiloten, ging mit seiner Ju 88 bis auf etwa 150 Meter herunter und flog einen Angriff auf einen am Kai liegenden harmlos wirkenden Frachter. Bei dem Schiff handelte es sich um die mit 250 Tonnen Munition beladene *Clan Frazer*, einen schottischen Frachter. Herrmanns 250-kg-Bombe war ein Volltreffer. Die Detonation wirkte verheerend: Die *Clan Frazer* flog in die Luft, zwölf weitere Schiffe sanken, und der Hafen war wochenlang unbenutzbar.

Kurz nach der Besetzung Griechenlands durch deutsche Truppen im April 1941 überfliegt eine Kette von drei Do 17 die altehrwürdige Akropolis in Athen. Pausenlose deutsche Luftangriffe auf feindliche Stellungen bahnten der 12. Armee in drei Wochen den Weg von der griechischen Nordgrenze bis zur Hauptstadt des Landes.

Herrmann und seine Besatzung hatten mit diesem Angriff mehr zerstört als jeder andere deutsche Bomber seit Ausbruch des Zweiten Weltkriegs.

Während andere Staffeln der Luftwaffe einen undurchdringlichen Luftschirm bildeten, strömte Lists Armee, deren Panzerspitzen die griechischen und englischen Truppen unaufhaltsam zurückdrängten, über die nordgriechischen Pässe. Am Himmel wimmelte es von Richthofens Stukas, die mit Bomben und Bordwaffen angriffen, während die Me 109 und Me 110 die wenigen englischen Gegenangriffe mühelos abwehrten.

Am 20. April 1941 griffen über 100 Ju 88, die von zahlreichen Me 109 und Me 110 begleitet wurden, den wichtigsten englischen Luftstützpunkt in Griechenland an, einen großen Flugplatz bei Piräus. Fünfzehn Hurricanes – mehr waren nicht einsatzbereit – stiegen auf, um die Angreifer abzuwehren. In weit auseinandergezogenen, unübersichtlichen Luftkämpfen über ganz Südgriechenland schossen die RAF-Jäger 14 feindliche Flugzeuge ab. Die Engländer verloren jedoch fünf ihrer kostbaren Jäger, und die zehn heimkehrenden Hurricanes waren stark beschädigt.

Ohne auf Gegenwehr zu stoßen, setzte die Luftwaffe den zurückweichenden griechischen und englischen Truppen weiter zu. Das britische Oberkommando in London erkannte sofort, daß die Lage unhaltbar geworden war, und befahl die Evakuierung des restlichen Expeditionskorps mit Schiffen nach Kreta. Am 30. April hatten die letzten englischen Truppen Griechenland verlassen.

Mit den deutschen Siegen in Jugoslawien und Griechenland waren jedoch noch nicht alle Probleme gelöst. Die Engländer hielten nach wie vor Kreta. General der Flieger Löhr schlug Hitler vor, diesen Pfahl im Fleisch der Deutschen durch ein Luftlandeunternehmen von Fallschirmjägern der Luftwaffe auf Kreta beseitigen zu lassen. Hitler stimmte zu, und Göring war ebenfalls einverstanden. Wenig später wurde General der Flieger Kurt Student, der Kommandierende General der im XI. Fliegerkorps zusammengefaßten Fallschirm- und Luftlandetruppen, zu einem Vortrag Hitlers befohlen, der die Einnahme Kretas aus der Luft als den „krönenden Abschluß" seines Balkanfeldzugs bezeichnete. Die Insel werde ihm als Luftstützpunkt für Angriffe auf den Suezkanal und den großen englischen Kriegshafen Alexandria dienen. Am 25. April erteilte Hitler den Befehl, die Besetzung der Insel Kreta durch ein Luftlandekorps vorzubereiten.

Für die Planung des Unternehmens blieben Student knapp drei Wochen. Die gesamte aus Ju 52 bestehende Transportflotte, die während der Kämpfe auf dem Balkan unermüdlich Munition und Nachschub über die Gebirge herangeschafft hatte, mußte auf Dutzenden von Flugzeugwerften in Deutschland und den besetzten Gebieten überholt werden. Innerhalb von zwei Wochen trafen 493 generalüberholte Ju 52 wieder in Griechenland ein. Die ihnen dort zugewiesenen Einsatzhäfen waren aber praktisch nur Sandstreifen zwischen Hügeln. „Nein: Sandwüsten!" protestierte Oberst Rüdiger von Heyking, der Kommodore eines dort eingesetzten Geschwaders, als er die Plätze im Raum Athen sah. „Schwerbeladene Flugzeuge sackten bis zur Achse in den Pulversand ein." Bei Übungsstarts wirbelten die Transportflugzeuge gelbe Staubwolken auf, die bis in 1000 Meter Höhe reichten, die Sonne verdunkelten und weitere Starts fast 20 Minuten lang verhinderten.

Während ihre Transportflugzeuge in Flugzeugwerften im gesamten Reichsgebiet überholt wurden, mußten die Fallschirmregimenter von Deutschland aus mit der Eisenbahn und auf LKWs in den Absprungraum verlegt werden. Verkehrsstauungen auf den engen Balkanstraßen ließen die LKW-Kolonnen nur im Kriechtempo vorwärtskommen. Eine ganze Luftlandedivision (die 22.) gelangte lediglich bis zu einem Abstellgleis in der Nähe eines abgelegenen rumänischen Dorfes, so daß die bereits in Griechenland stehende 5. Gebirgsdivision in letzter Minute als Ersatz für sie einspringen mußte.

Trotz der Behinderungen während der Truppentransporte gelang es Student, bis zum 18. Mai 22 750 Mann Kampftruppen in Griechenland zusammenzuziehen. Davon sollten 750 Mann mit Lastenseglern landen, 5000 mit Fallschirmen abspringen, 10 000 von Ju 52 auf Kreta abgesetzt werden und 7000 die Insel mit Schiffen erreichen.

Zur Vorbereitung des Luftlandeunternehmens flogen die 180 mittelschweren Bomber und 132 Stukas von Richthofens Fliegerkorps laufend Angriffe auf Kreta. Die 42 000 Mann starke Inselbesatzung war bunt zusammengewürfelt. Sie bestand aus Neuseeländern, Australiern und Engländern, von denen die meisten erst vor kurzem aus Griechenland evakuiert worden waren, sowie unterschiedlich kampfstarken griechischen Einheiten und kretischen Freischärlern mit Jagdwaffen. Diese schlecht ausgerüsteten Verteidiger besaßen wenig Artillerie und litten sogar unter Munitionsmangel für Handfeuerwaffen, weil Richthofens Stukas die Versorgungsschiffe angriffen. Die im Haupthafen der Insel, der Sudabucht, eintreffende tägliche Nachschubmenge sank von 700 auf 100 Tonnen.

Churchill, der den Ernst der Lage auf Kreta erkannte, unterstellte die Garnison Generalleutnant Bernard Freyberg, einem zähen Neuseeländer und Veteran des Ersten Weltkriegs, der zwölfmal verwundet und mit vier Kriegsverdienstorden sowie dem Viktoriakreuz ausgezeichnet worden war. Freyberg ließ seine Männer Schützengräben und Geschützstellungen um die drei in etwa 150 Kilometer Abstand an der Nordküste der Insel verteilten Flugplätze anlegen. Dort wurden die Hauptangriffe erwartet.

Die deutschen Bomber zerstörten zuerst die kretischen Häfen; danach griffen sie die Flugplätze und Flakstellungen an. Die wenigen auf Kreta stationierten Hurricanes und Gladiators der RAF warfen sich den He 111 und Ju 88 entgegen, wurden jedoch von den als Jagdschutz mitfliegenden Me 109 dezimiert. Am 19. Mai 1941 waren nur noch sieben englische Jäger einsatzfähig. Da sie gegen die gegnerische Übermacht nichts ausrichten konnten, brachten sie sich bei Tagesanbruch nach Ägypten in Sicherheit. Damit beherrschte die deutsche Luftwaffe den Himmel über der belagerten Insel jetzt vollständig.

Der für das deutsche Luftlandeunternehmen vorgesehene Tag, der 20. Mai, brach klar, warm und windstill an. Zweimotorige deutsche Bomber starteten in Staffeln von südgriechischen Flugplätzen und nahmen Kurs auf das Ägäische Meer. Um 6 Uhr bombadierten sie das Dorf und den Flugplatz Malemes nahe der Westspitze der Insel, wo die erste Welle der Lastensegler und Fallschirmjäger landen sollte. Den mittelschweren Bombern folgten Stukagruppen und Me 109 und Me 110, die im Tiefflug über die aufgewühlte Erde fegten, mit Bordwaffen angriffen und die britischen und griechischen Verteidiger in ihren Schützengräben festnagelten.

Dann erschien am Himmel eine langsam fliegende Kolonne Ju 52, von denen jede einen dickrümpfigen Lastensegler des Typs DFS 230 mit jeweils zehn Mann aus Students Elitetruppe, dem Fallschirmjäger-Sturmregiment, schleppte. Die Schleppverbindungen wurden gelöst, und die Lastensegler flogen zur Landung auf dem zerklüfteten Terrain der Insel an.

Soldaten der 5. Gebirgsdivision, die als Luftlandetruppen eingesetzt werden sollen, warten auf einem griechischen Feldflugplatz auf den Befehl, zu dem 250-km-Flug nach Kreta in die Ju 52 zu klettern. Nach der Landung in schwerem englischen Feuer half diese zähe Truppe mit, den Flugplatz Malemes zu nehmen und die Voraussetzungen für den deutschen Sieg zu schaffen.

Die Schwierigkeiten für die Deutschen begannen, als die meisten Lastenseglerpiloten wegen der durch den Rauch und Staub der Bombenangriffe beeinträchtigten Sichtverhältnisse ihre Ziele verfehlten. Die DFS 230 krachten zu weit voneinander entfernt auf den felsigen Boden. Als die Fallschirmjäger aus den zertrümmerten Lastenseglern kletterten, waren sie in dem schluchtenreichen Gelände voneinander abgeschnitten und konnten sich wegen des wütenden Abwehrfeuers der neuseeländischen Verteidiger nicht sammeln.

Nach den Lastenseglern flogen die Ju 52 der Transportstaffeln mit Fallschirmjägern an. Granaten der englischen 4-cm-Bofors-Flak fetzten in einige der Transportmaschinen, bevor die Fallschirmjäger abgesetzt werden konnten. Ein Neuseeländer beobachtete, wie eine Ju 52 in der Luft zerbrach und „die Männer wie Kartoffelsäcke herauspurzelten". Die springenden Fallschirmjäger wurden von den Verteidigern, von denen die meisten die Luftangriffe mit Bomben und Bordwaffen in ihren Schützengräben überlebt hatten, sofort unter schweres Gewehr- und MG-Feuer genommen. Dutzende der zur Erde schwebenden deutschen Soldaten starben in ihren Fallschirmgurten.

Das III. Bataillon des Sturmregiments landete inmitten neuseeländischer Stellungen und wurde aufgerieben. Innerhalb einer Stunde waren alle

Während Fallschirmjäger in der Nähe des Flugplatzes Heraklion, einem der Hauptziele des deutschen Luftlandeunternehmens auf Kreta, vom Himmel schweben, stürzt eine von englischer Flak in Brand geschossene Ju 52 über einem Felsen ab. Über die Hälfte der 493 bei der Eroberung Kretas eingesetzten Ju 52 ging verloren.

seine Offiziere gefallen oder schwer verwundet. Ein neuseeländischer Offizier erinnerte sich an die in einem Weinberg liegenden deutschen Gefallenen – „viele noch in ihrem Gurtzeug, so daß die Fallschirme bei jeder leichten Brise an ihnen zerrten, ohne eine Reaktion zu bewirken. Zwischen den Oliven hingen Tote von Ästen herab oder lagen bewegungslos am Fuß knorriger Bäume in der zertrampelten jungen Gerste."

Der deutsche Angriff auf Chania, den Sitz der Inselverwaltung östlich von Malemes, glückte ebenfalls nicht. Vier der 15 Lastensegler klatschten ins Meer, während die übrigen zu weit voneinander entfernt landeten. Die in kleine Kampfgruppen aufgesplitterten Fallschirmschützen boten leichte Ziele, so daß ihre Verluste bis zum Abend etwa 50 Prozent betrugen. Wie ihre Kameraden bei Malemes sprangen die Fallschirmjäger der zweiten Welle in einen Bleihagel hinein. Leuchtspurgeschosse entzündeten die seidenen Fallschirme, und die Soldaten stürzten in die Tiefe.

Das letzte Luftlandeunternehmen des ersten Angriffstages begann um 16.15 Uhr damit, daß die Flugplätze bei Rethymnon und Heraklion mit Bomben und Bordwaffen angegriffen wurden. Die Ju 52 hätten unmittelbar nach dem letzten Bombenwurf über den beiden Plätzen erscheinen müssen, aber auf den griechischen Absprunghäfen herrschte völliges Durcheinander. Die von ihren morgendlichen Einsätzen zurückkehrenden

Transportflugzeuge mußten mit Handpumpen aus Benzinfässern betankt werden. Ihre Luftschrauben wirbelten solche Staubwolken auf, daß sich die Starts verzögerten. Der Staub war so dicht, daß manche der landenden Ju 52 miteinander oder mit den zum Start rollenden Maschinen zusammenstießen. Aus diesem Grund trafen die nächsten Angriffswellen geschwächt und verspätet über Kreta ein. Die englischen Verteidiger im Raum Heraklion, die während der Bombenangriffe ihr Flakfeuer bewußt zurückgehalten hatten, schossen jetzt, was die Rohre hergaben. Zehn bis 15 der langsamen Ju 52 wurden abgeschossen. Die Männer in den Schützengräben beobachteten, wie die Flugzeuge auseinanderbrachen und die Deutschen „wie Pflaumen aus einer geplatzten Tüte" herauspurzelten, wie ein Augenzeuge berichtete. „Ich sah eine Maschine aufs Meer hinaus fliegen mit sechs Männern, die an ihren Fallschirmleinen hingen."

Erst abends erkämpften die Deutschen ihren ersten begrenzten Erfolg. Bei Malemes sammelten Oberleutnant Horst Trebes und Oberstabsarzt Dr. Heinrich Neumann zwei Stoßtrupps des Sturmregiments und gingen mit Pistolen und Handgranaten gegen die taktisch wichtige Höhe 107 vor, die Malemes und den Flugplatz beherrschte. „Zu unserem Glück unternahmen die Neuseeländer keinen Gegenstoß", erinnerte sich der Regimentsarzt Dr. Neumann später, „wegen Munitionsmangels hätten wir uns nur noch mit Steinen und Kappmessern wehren können."

In Athen waren Student und Löhr entschlossen, den größtmöglichen Vorteil aus der Erstürmung der Höhe 107 zu ziehen. Alle Reserven der Luftwaffe sollten in den Kampf um den Flugplatz geworfen werden; sobald er sich in deutscher Hand befand, konnten Teile der 5. Gebirgsdivision eingeflogen werden, um den Westen der Insel in Besitz zu nehmen.

Am frühen Morgen des 21. Mai sprangen fünf Kompanien Fallschirmjäger außer Schußweite englischer Waffen ab und stießen nach Malemes vor. Am Nachmittag begannen Ju 52 auf dem noch unter feindlichem Feuer liegenden Flugplatz zu landen. Manche Transportmaschinen explodierten nach englischen Volltreffern; andere blieben mit abgeknickten Tragflächen oder Fahrwerksbrüchen liegen. Wieder andere gerieten in Brand. Die Flugzeugwracks wurden mit einem erbeuteten englischen Panzer von der Landebahn geschoben. Weitere Ju 52 landeten, spuckten erneut Soldaten aus und starteten wieder. Jedes dritte in Malemes landende Transportflugzeug wurde zerstört oder beschädigt. Am Platzrand türmten sich bald demolierte Ju 52 – insgesamt 80 Maschinen. Aber gegen 17 Uhr befand sich der Flugplatz in deutscher Hand.

Nachts lief eine Flottille hölzerner Motorsegler, die bei griechischen Fischern requiriert worden war, mit 2300 weiteren Gebirgsjägern nach Kreta aus. Die kleinen Schiffe wurden von einem englischen Kreuzer- und Zerstörerverband abgefangen und mit 7,6- und 15,2-cm-Geschützen unter Feuer genommen. Als die Überreste der Flottille eilends nach Griechenland zurückliefen, blieben fast 300 Gefallene auf See.

Die deutsche Luftwaffe nahm am 22. und 23. Mai Rache. Richthofens HE 111, Do 17 und Ju 88 sowie ein Elitegeschwader mit rund 100 Ju 87 unter Führung des kriegserfahrenen Oberst Oskar Dinort setzten der Royal Navy in einer Luft-Seeschlacht zu, in der zwei Kreuzer und vier Zerstörer versenkt wurden. Innerhalb der nächsten Woche versenkte die Luftwaffe noch vier Zerstörer und einen Kreuzer. Weitere 13 englische Schiffe wurden mehr oder weniger beschädigt. Der Rest der 5. Gebirgsdivision wurde nach Malemes geflogen, um gemeinsam mit den Fallschirmjägern die Briten ins Meer zu werfen. Am 27. Mai 1941 meldete General Freyberg nach London, seine Truppen seien „an der Grenze des menschlich Erträglichen angelangt"; sie könnten „solchen Bombenangriffen, wie wir sie sieben Tage lang ertragen haben" nicht länger trotzen. Seine Schlußfolgerung: „Unsere Lage hier ist aussichtslos."

In den frühen Morgenstunden des 29. Mai begann die Royal Navy mit der Evakuierung von Soldaten aus dem zerbombten Heraklion. Insgesamt 17000 Mann wurden gerettet: Etwa 3500 Gefallene und Verwundete blieben mit über 11000 Gefangenen auf der Insel zurück. Aber auch die Deutschen hatten schwere Verluste erlitten. Die Gesamtverluste der Luftwaffe betrugen 6580 Gefallene, Vermißte und Verwundete – Flugzeugbesatzungen und Fallschirmjäger –, darunter fast 4000 Tote. General Student klagte später: „Kreta war das Grab des deutschen Fallschirmjägers." Tatsächlich sollten die deutschen Fallschirmjäger nur noch einmal aus der Luft eingreifen, und zwar Ende 1944 bei einem kleinen, wenig erfolgreichen Unternehmen. Bis Kriegsende wurden sie fast nur noch als Bodentruppen eingesetzt.

Obwohl die Siege auf dem Balkan und im östlichen Mittelmeer rasch errungen worden waren, hatten sie mehr Zeit gekostet, als Hitler eingeplant hatte, so daß der Angriff auf Rußland, der „Fall Barbarossa", von Mitte Mai auf den 22. Juni 1941 verschoben werden mußte. Den ersten Schlag führte die Luftwaffe bei Tagesanbruch. Ju 88 und He 111 überflogen mit ausgesuchten Besatzungen die Grenze an vorausbestimmten Punkten zwischen Ostpreußen und Südrumänien. Ihre Angriffsziele waren die durch deutsche Aufklärer festgestellten 66 vorgeschobenen Flugplätze, auf denen die meisten Einsatzstaffeln der Bomber- und Jägerverbände der sowjetischen Luftwaffe stationiert waren.

Diese unschätzbar wertvollen Informationen verdankten die Angreifer dem 37jährigen Oberst Theodor Rowehl, einem altbewährten Flugzeugführer, der seit 1930 Pionierarbeit auf dem Gebiet der Luftaufklärung geleistet hatte. Rowehls Fernaufklärer-Staffel flog schnelle Do 215, Ju 88 und einige für Höhenflüge umgebaute ältere Ju 86. In Höhen, die weit oberhalb des Wirkungsbereichs russischer Jäger oder Flakgeschütze lagen, hatten Rowehl und seine Besatzungen ab Oktober 1940 bei ihren häufigen Aufklärungseinsätzen über sowjetischem Gebiet mit Zeiß-Teleobjektiven Tausende von Schräg- und Senkrechtaufnahmen gemacht – und damit klar gegen den am 23. August 1939 zwischen Hitler und Stalin geschlossenen deutsch-sowjetischen Nichtangriffsvertrag verstoßen. Obwohl die sowjetische Regierung von diesen Aufklärungsflügen wußte – zwei von Rowehls Maschinen mußten wegen aufgetretener Defekte auf russischem Gebiet notlanden –, beschränkte sie sich auf die Überreichung formeller Protestnoten. Stalins Widerstreben, seinem vermeintlichen Verbündeten Vorwürfe zu machen, schuf so die Voraussetzungen für den vernichtendsten Luft-Boden-Angriff der Kriegsgeschichte. Die deutschen Bomber dröhnten im Morgengrauen heran und griffen die sowjetischen Flugplätze mit Tausenden der neuentwickelten SD-2-Splitterbomben an. Von den Plätzen, für die der Angriff völlig überraschend kam, schlug ihnen kein Flakfeuer entgegen. Die Bombensplitter durchlöcherten die Reihen der Tragfläche an Tragfläche aufgestellten russischen Flugzeuge.

Die für 3.15 Uhr festgesetzten Angriffe, die genau mit dem ersten Feuerschlag der deutschen Artillerie zusammenfallen sollten, hatten nicht nur den Zweck, feindliche Flugzeuge zu vernichten, sondern sollten auch die sowjetische Luftwaffe demoralisieren und verwirren, so daß sie außerstande sein würde, später folgende größere Angriffe abzuwehren. Bei Sonnenaufgang durchstreiften Hunderte von mittelschweren Bombern, Stukas und Jägern ungehindert den sowjetischen Luftraum und griffen Flugplätze, Brücken und Bahnlinien an. Der Erstschlag erfüllte seinen Zweck. Die meisten russischen Flugzeuge standen noch am Boden, wo sie den später angreifenden Wellen deutscher Maschinen ein leichtes Ziel boten. Die vorgeschobenen sowjetischen Flugplätze lagen so dicht an der Grenze, daß die deutschen Flieger am ersten Tag des Unternehmens „Barbarossa" bis zu acht Einsätze fliegen konnten. Ihr Auftrag wurde durch das völlige Fehlen eines russischen Luftwarndienstes erleichtert. Mittags hatte die Luftwaffe – nach sowjetischen Angaben – bereits 1200 Flugzeuge zerstört, davon zwei Drittel am Boden. (Der Gesamtverlust des ersten Tages lag bei über 2000 Maschinen.)

Einigen russischen Jagdfliegern gelang es, von etwas weiter hinter der Front liegenden Plätzen zu starten und Widerstand zu leisten. Aber ihre gedrungenen Jäger des Typs I 16 mit offenem Führersitz – von deutschen Fliegern der Legion Condor im spanischen Bürgerkrieg *Ratas* (Ratten) genannt – waren den deutschen Jagdflugzeugen hoffnungslos unterlegen.

Der sowjetische Jagdflieger Leutnant D. W. Kokorew, der am 22. Juni 1941 zur Abwehr deutscher Angriffe startete, wandte erstmals die gegen die deutsche Luftwaffe erfolgreichste Taktik an. Als Kokorew im Kurvenkampf mit einer Me 110 Ladehemmung hatte, riß er seine I 16 herum und rammte die Me 110. Beide Maschinen stürzten ab. Fanatische – und ohne Rücksicht auf Verluste angreifende – russische Jagdflieger benützten diese Taktik noch oft. Einige überlebten sogar dabei.

Während die deutschen Panzer- und Infanteriekolonnen nach Rußland vorstießen, nahmen auch sowjetische Bomberpiloten zu selbstmörderischen Methoden Zuflucht, um den feindlichen Vormarsch nach Möglichkeit aufzuhalten. Sie flogen ihre Einsätze mit veralteten zweimotorigen Bombern des Typs Tupolew SB in geschlossenen Verbänden mit bis zu 60 Maschinen ohne Jagdschutz, um zu versuchen, die deutschen Flußübergänge zu stören. Ganze Staffeln wurden von Flakbedienungen der Luftwaffe, die diese Ziele kaum verfehlen konnten, oder von Me 109 und Me 110 abgeschossen, die die schwerfälligen Verbände zersprengten.

Russische Versuche, Vergeltungsschläge gegen deutsche Flugplätze zu führen, schlugen fehl. Hauptmann Herbert Pabst, ein Stukapilot, der eben nach einem Einsatz gelandet war, beobachtete, wie drei deutsche Jäger eine seinen Platz anfliegende sowjetische Bomberstaffel angriffen. „Der erste schießt", erinnerte er sich. „Dünne Rauchfäden verbinden die beiden Maschinen. Schwerfällig neigt sich der große Vogel zur Seite, blitzt in der Drehung silbern auf und stürzt senkrecht nach unten, mit immer höherem Aufheulen der Motoren. Eine ungeheure Stichflamme schießt hoch – aus! Der zweite Bomber flammt grellrot auf, explodiert im Sturz – nur ein paar Flächenteile trudeln wie große Blätter. Der nächste kippt brennend rückwärts. Dann noch einer und noch einer. Der letzte fällt in ein Dorf, das Feuer tobt noch eine volle Stunde." Die Russen griffen den ganzen Nachmittag lang an, aber „nicht einer entkam".

Am 29. Juni 1941 gab das Oberkommando der Wehrmacht stolz die Zerstörung von 4017 russischen Flugzeugen bekannt, bei nur 150 eigenen Verlusten – Zahlenangaben, die von sowjetischer Seite nicht bestritten

Im Sommer 1941 donnert ein Stuka in Rußland im Tiefflug über zwei deutsche Panzer hinweg, um etwaige sowjetische Truppen am Waldrand mit Bomben oder Bordwaffen anzugreifen. Über 300 dieser kampfstarken Junkers Ju 87 wurden zur Erdkampfunterstützung eingesetzt, als die Wehrmacht am 22. Juni 1941 in die Sowjetunion einfiel.

wurden. Da die sowjetische Luftwaffe nach diesen katastrophalen Einbußen zunächst ausgeschaltet war, konnten die an der endlos langen Front eingesetzten drei deutschen Luftflotten sich nun ganz auf die Erdkampfunterstützung konzentrieren. Als die Panzergruppe 2 unter Generaloberst Guderian vor Brest-Litowsk liegenblieb, wurden Stukas angefordert, um den Widerstand der in der Zitadelle verschanzten Festungsbesatzung zu brechen. Einen ganzen Tag lang heulten Ju-87-Motoren, als die Angreifer sich mit 250-kg-Bomben auf die Zitadelle stürzten. Doch als der Staub sich verzogen hatte, ergab sich Brest–Litowsk noch immer nicht. Daraufhin griffen sieben Ju 88 des Kampfgeschwaders 3 mit 1800-kg-Bomben an. Die Verteidiger der Zitadelle ergaben sich am nächsten Morgen.

Nicht zuletzt wegen der hervorragenden Luftunterstützung hatten die deutschen Panzer schon nach einwöchigen Kämpfen die erste sowjetische Abwehrfront durchbrochen, waren im Abschnitt der Heeresgruppe Mitte 300 Kilometer weit nach Rußland eingedrungen und stießen gegen die wichtigen Städte Kiew im Süden, Smolensk in der Mitte und Leningrad im Norden vor. Bis Mitte Juli hatten die Panzer der Heeresgruppe Mitte 650 Kilometer zurückgelegt und standen nur etwa 300 Kilometer vor Moskau.

Um eine Umgruppierung der Roten Armee zu verhindern, griff die deutsche Luftwaffe – wie schon in Polen und Frankreich – das Eisenbahnnetz an. Bombergruppen und -staffeln und sogar einzelne Jagdbomber starteten jeden Morgen bei Tagesanbruch zu Angriffen auf die entscheidend wichtige russische Bahnstrecke westlich des Dnjepr. Die Bomber griffen keine Züge an, weil die Wehrmacht das Rollmaterial später für ihren eigenen Nachschub verwenden wollte. Statt dessen konzentrierten sie sich auf die Zerstörung der Bahngleise. Innerhalb von fünf Tagen rollte auf den kilometerlang verbogenen Schienen und zersplitterten Schwellen kein Zug mehr. Die russische 6. Armee, die die Dnjeprstellung hielt, wurde durch den ausbleibenden Nachschub entscheidend behindert.

Die pausenlosen Angriffe auf sowjetische Verkehrs- und Nachrichtenverbindungen machten größere Gegenangriffe der Roten Armee unmöglich, und die deutschen Panzer stießen weiter vor. Von Anfang Juli bis Mitte Oktober 1941 blieb die Wehrmacht in sieben Kesselschlachten siegreich: bei Minsk, Smolensk, Uman Gomel und Kiew, am Asowschen Meer und bei Wjasma – zuletzt nur 200 Kilometer westlich von Moskau. Panzerdivisionen umgingen eine Stadt, schlossen sie ein und belegten sie mit Artilleriefeuer. Dann schob sich die Luftwaffe in den Kampf. Ihre Bomber und Jäger griffen alles an, was sich bewegte. Stukas stürzten wieder und wieder, um die zusammengedrängten Truppen, Panzer, Geschütze und LKWs mit 250- und 50-kg-Bomben anzugreifen oder Divisionen zu zersprengen, die in freiem Gelände vorrückten, um die eine oder andere Stadt zu entsetzen. Nach der letzten großen Kesselschlacht konnten die Deutschen erstaunliche Erfolge melden: Sie hatten insgesamt 2 256 000 Gefangene gemacht und 9336 Panzer sowie 16 170 Geschütze erbeutet.

Im Sommer 1941 erhöhten die deutschen Jagdflieger weiterhin die Zahl ihrer Abschüsse. Ein sowjetischer Bomberverband, der am 30. Juni Guderians Panzer vor Minsk aufhalten wollte, stieß auf das Jagdgeschwader 51 unter Führung des deutschen Jagdflieger-Asses Oberst Werner Mölders. Bei der daraus entstehenden Hasenjagd schossen die Me 109 insgesamt 114 russische Maschinen ab, wodurch Mölders Geschwader als erstes über 1000 Abschüsse erzielte. Mölders schoß an diesem Tag fünf Maschinen ab und brachte es damit auf 82 Abschüsse. Auch die beiden anderen erfolgreichsten Flugzeugführer, Hermann-Friedrich Joppien und Heinz Bär, brachten es auf je fünf Abschüsse.

Die enormen Abschußzahlen der deutschen Luftwaffe bei der Erdkampfunterstützung im Rußlandfeldzug verdeckten eine Zeitlang ihr entscheidendes Manko: das Fehlen großer, viermotoriger Bomber für eine

Die aus einer He 111 gemachte Aufnahme zeigt einen brennenden russischen Nachschubzug nach einem Angriff deutscher Bomber. In den ersten sechs Monaten des Rußlandfeldzugs flog die Luftwaffe 6000 Einsätze gegen das feindliche Eisenbahnnetz. Die Angriffe galten im allgemeinen Gleisanlagen, nicht dem Rollmaterial, das die Deutschen später selbst benutzen wollten.

strategische Luftoffensive gegen die sowjetische Rüstungsindustrie. Nach dem deutschen Überfall hatten die Russen unter größten Anstrengungen einen Großteil ihrer Hüttenwerke, Panzerfabriken und Flugzeugwerke hinter den Ural verlegt, wo sie sich außerhalb der Reichweite der mittelschweren zweimotorigen Bomber der Luftwaffe befanden. Während die deutschen Land- und Luftstreitkräfte Tausende von russischen Panzern und Flugzeugen erbeuteten oder zerstörten, produzierte die ausgelagerte sowjetische Rüstungsindustrie ungeheure Mengen von Kriegsmaterial. Die Unfähigkeit der Luftwaffe, die Rüstungsindustrie der Sowjetunion zu zerstören, sollte sich später noch zu einer Katastrophe für die gesamte Kriegführung Deutschlands auswachsen.

Daß die Luftwaffe nicht zu einer strategischen Bomberoffensive imstande war, zeigte sich im Hochsommer 1941, als Hitler befahl, Moskau „dem Erdboden gleichzumachen". Für den ersten Angriff in der Nacht zum 23. Juli konnten die Luftwaffenverbände im Abschnitt der Heeresgruppe Mitte nur 195 Ju 88 und He 111 aus sechs verschiedenen Kampfgeschwadern zusammenkratzen; russisches Flakfeuer und die ständigen Einsätze zur Erdkampfunterstützung hatten ihren Tribut gefordert. Als die Bomber sich im Anflug auf Moskau befanden, griffen die bläulich-weißen Lichtfinger von über 300 Scheinwerfern nach ihnen, während gleichzeitig wütendes Flakfeuer einsetzte. Die Bomber warfen 104 Tonnen Sprengbomben und Zigtausende von Brandbomben, aber die Verbände waren durch Flakfeuer und die grellen Scheinwerfer so zersprengt, daß dieser Angriff keine geschlossene Wirkung erzielte.

Dieser erste Luftangriff auf das Herz der Sowjetunion blieb der größte, und die folgenden waren keineswegs erfolgreicher. Im Rußlandfeldzug mußte sich die Luftwaffe operativ dem Heer anschließen, das mit jedem Meter, den Infanterie und Panzer vorrückten, mehr Erdkampfunterstützung verlangte. Gegen Ende des Jahres 1941 flog die Luftwaffe ihre nächtlichen Angriffe auf Moskau nur noch mit jeweils drei bis zehn Maschinen. Sie konnten nicht viel mehr ausrichten, als die Moskauer um ihren Schlaf zu bringen. Eine große Gelegenheit, die sowjetischen Verteidigungsanstrengungen zu lähmen, wurde vertan.

Im Spätherbst 1941 hatte die deutsche Luftwaffe eine ihrer schwierigsten Aufgaben zu bewältigen: die Ausschaltung der sowjetischen Ostseeflotte. Dem Heer war es inzwischen zwar gelungen, Leningrad einzuschließen, die deutschen Truppen waren jedoch dem mörderischen Feuer der im nahen Flottenstützpunkt Kronstadt liegenden russischen Kriegsschiffe ausgesetzt. Tausende von Tonnen Sprenggranaten detonierten zwischen den deutschen Infanteristen in ihren Gräben und den Geschützstellungen am Stadtrand von Leningrad. Die Luftwaffe hatte den Auftrag, zwei sowjetische Schlachtschiffe, zwei Kreuzer, 27 Zerstörer und rund 200 Hilfsschiffe zu versenken oder zumindest kampfunfähig zu machen. Nicht nur die Schiffe konnten jedem Angreifer mörderisches Flakfeuer entgegenschicken, auch Kronstadt starrte von insgesamt 600 leichten und schweren Flakgeschützen aller Kaliber.

Von deutschen Bombern geworfene Fallschirmleuchtbomben erhellen am 26. Juli 1941 den Kreml. Der Versuch, ihn dem Erdboden gleichzumachen, schlug fehl: Massive Dachziegel aus dem 17. Jahrhundert verhinderten, daß die Brandbomben allzuviel Schaden anrichten konnten.

General der Flieger Helmuth Förster versuchte es zuerst mit Bombenangriffen aus großen Höhen: Er schickte Ju 88 und He 111 in aufeinanderfolgenden Wellen nach Kronstadt. Sie konnten jedoch keine ihrer Ziele ausschalten. Daher sollten Oberst Oskar Dinort und sein Geschwader die Schiffe trotz des Abwehrfeuers aus geringer Höhe angreifen.

Die Stuka-Angriffe begannen am 23. September 1941. Zu Dinorts Flugzeugführern gehörte Oberleutnant Hans-Ulrich Rudel, der seit dem Jahre 1938 flog. Er galt jedoch als so ungeeignet, daß mehrere seiner Vorgesetzten nacheinander ihn bis zum Rußlandfeldzug nicht hatten zum Einsatz kommen lassen. Rudel war entschlossen, sich zu bewähren.

Hauptangriffsziele der Stukas waren die Schlachtschiffe *Oktoberrevolution* und *Marat* mit je 23 000 Tonnen und einem Dutzend 30,5-cm-Geschützen und 16 12,2-cm-Geschützen. Beim ersten Angriff fanden Rudel und seine Kameraden über dem Ziel eine geschlossene Wolkendecke vor, so daß sie erst von der feindlichen Flak erfaßt werden konnten, als sie in 750 Meter Höhe aus den Wolken kamen. Rudel drückte seinen Steuerknüppel nach vorn, bis die *Marat* in seiner Windschutzscheibe erschien. Dann betätigte er den Bombenauslöseknopf und fing die Maschine dicht über dem Wasser ab. Die 500-kg-Bombe traf das Achterdeck des Schlachtschiffs und detonierte mit grellem Lichtblitz. Aber die *Marat* war nur angeschlagen, keineswegs schon erledigt.

Rudel bekam jedoch eine zweite Chance, nachdem Dinort spezielle 1000-kg-Bomben aus Deutschland angefordert hatte, die allerdings so schwer waren, daß die Stukas damit kaum in die Luft kamen. Rudel flog jedoch bald wieder über Kronstadt – bei leuchtendblauem, wolkenlosem Himmel. Später schilderte er die erregenden Augenblicke dieses Einsatzes: „Nun drücke ich auf den Bombenauslöseknopf am Knüppel und ziehe mit allen meinen Kräften. Ob es noch zum Abfangen reicht? Ich bezweifle es, ich stürze ja ohne Bremsen, und meine Auslösehöhe ist nicht mehr als 300 Meter. Hauptmann Steen sagte uns bei der Einsatzbesprechung, die 1000-kg-Bomben müssen in einer Höhe von über 1000 Metern abgeworfen werden, da die Splitterwirkung dieser Bombe bis 1000 Meter geht und so die eigene Maschine gefährdet. Daran denke ich jetzt nicht! – Die *Marat* will ich ja treffen! – Ich ziehe und ziehe am Knüppel. Ohne Gefühl, nur mit Kraft. Die Beschleunigung ist zu groß, ich sehe nichts, habe einen Schleier, eine kurze Bewußtseinsstörung, die ich sonst nicht kenne. Aber wenn es überhaupt noch reicht, dann muß ich eben so ruckartig abzufangen versuchen. Ich bin noch nicht ganz klar, da höre ich Scharnovskis Stimme: ‚Herr Oberleutnant, das Schiff explodiert!' Jetzt schaue ich raus, wir fliegen 3 bis 4 Meter über dem Wasser, und ich mache eine leichte Kurve. Da liegt die *Marat* unter einer 400 Meter hohen Explosionswolke; anscheinend hat es die Munitionskammer zerrissen . . ."

Nach weiteren Angriffen auf die sowjetische Ostseeflotte, bei denen Rudel einen Kreuzer versenkte, wurde Dinorts Geschwader aus dem Nordabschnitt abgezogen und nach Süden in den Abschnitt der Heeresgruppe Mitte verlegt, um die deutschen Panzer bei ihrem Versuch zu unterstützen, Moskau noch im Jahre 1941 zu erreichen, bevor der russische Winter die Einstellung aller Angriffsoperationen erzwang.

Die von 66 deutschen Divisionen vorgetragene Großoffensive war anfangs erfolgreich. Der Vormarsch kam jedoch bald ins Stocken, weil durch den sintflutartigen Herbstregen die Panzer in Meeren von Schlamm steckenblieben und die vorgeschobenen Feldflugplätze der Luftwaffe sich

Der Stuka-Pilot Hans-Ulrich Rudel liest auf einem deutschen Flugplatz bei Orel in Rußland zwischen zwei Einsätzen seine Post. Der als „der Adler der Ostfront" bekannte Rudel vernichtete drei sowjetische Schiffe, 70 Landungsfahrzeuge und 519 Panzer. Er flog 2530 Einsätze – eine von keinem anderen Piloten übertroffene Zahl.

in Morast verwandelten. Am 30. Oktober blieb der deutsche Angriff 65 Kilometer vor Moskau liegen. Als die Straßen und Flugplätze nach den ersten Frösten wieder hart waren, rasselten die Panzer weiter. Anfang Dezember standen die Spitzen der Panzergruppe 3 unter Generaloberst Hermann Hoth am Wolgakanal 40 Kilometer nördlich des Roten Platzes.

Näher kamen die Deutschen nicht an Moskau heran. Die Kälte brachte die Panzer zum Stehen und ließ keine Flugzeugstarts mehr zu. „Motoren springen nicht mehr an, alles ist steifgefroren, kein hydraulisches Gerät funktioniert, sich auf irgendein technisches Instrument zu verlassen, ist Selbstmord", schrieb Rudel. Die Lage verschlechterte sich rapide, als am 6. Dezember 1941 rund 100 russische Divisionen – zum Teil 5000 Kilometer weit aus Sibirien herantransportiert, wo sie zur Abwehr eines möglichen japanischen Angriffs aus der Mandschurei stationiert gewesen waren –, zu einer überraschenden Gegenoffensive antraten, die deutsche Front durchstießen und die Belagerer zurückwarfen.

In der Nähe der Stadt Demjansk wurde die Lage schnell kritisch: Dort waren fast 100 000 Deutsche von der Roten Armee eingekesselt. Nun war es die Wehrmacht, die in der Falle saß und keinen Nachschub mehr bekam. Zum ersten Mal hatte die deutsche Luftwaffe eine rein defensive Aufgabe zu erfüllen. Sie war gezwungen, wenngleich unzureichend dafür ausgerüstet, sich als fliegende Nachschubtruppe zu bewähren.

Fast ein Viertel der Ju 52 der Luftwaffe war bei den Kämpfen um Kreta verlorengegangen. Der Lufttransportführer der Luftflotte 1, Oberst Fritz Morzik, hatte nur 220 Ju 52 zur Verfügung, von denen lediglich 75 einsatzfähig waren. Andere Transportverbände an der deutschen Front mußten Maschinen abgeben. Eine Gruppe wurde von Sizilien nach Rußland verlegt. Junge Besatzungen wurden frisch von den Flugzeugführerschulen in Deutschland an die Ostfront geschickt. Piloten mit Tausenden von Flugstunden hatten plötzlich Kopiloten, die sich kaum in der Führerkanzel auskannten. Besatzungsmitglieder kamen in Tropenuniform aus der Gluthitze der Libyschen Wüste und mußten sich bei 40 Grad minus eine Winteruniform organisieren. In dieser unmenschlichen Kälte sank die Einsatzstärke von Morziks Transportflotte teilweise auf 25 Prozent ab; Reifen wurden spröde und rissig, Funkgeräte versagten; selbst dünnflüssiges Winteröl wurde zäh wie Sirup.

Dennoch gelang es Morzik, die im Demjansker Kessel eingeschlossenen Truppen sowie die 3500 Mann in dem unmittelbar südlich davon liegenden kleinen Kessel Cholm aus der Luft zu versorgen. Die Ju 52 wurden von Me 109 begleitet, die die wenigen sowjetischen Jäger vertrieben, die diese primitive Luftbrücke zu unterbrechen versuchten. Trotzdem waren die Verluste der Luftwaffe hoch: Sie verlor 265 Ju 52, hauptsächlich durch den harten Winter und durch russisches Abwehrfeuer. Als zu den Eingeschlossenen am 28. April 1942 wieder eine Verbindung hergestellt wurde, waren über 160 Kesselzüge mit hochklopffestem Flugbenzin verbraucht worden. Die Luftbrücke hatte nur mit knapper Not funktioniert, und die gigantischen Anstrengungen, die notwendig gewesen waren, um sie aufrechtzuerhalten, zeigten deutlich genug, daß die deutsche Luftwaffe jetzt die Grenzen ihrer Leistungsfähigkeit erreicht hatte.

Während der Großteil der Luftwaffe im Rußlandfeldzug eingesetzt war, kämpften einige ihrer besten Verbände in Nordafrika, wo Hitler seinem Verbündeten Mussolini wieder einmal aus der Klemme hatte helfen müssen. Die deutschen Flieger leisteten an dieser Front trotz Sonnenglut und Sandstürmen Großes – und hier ging auch der Stern eines Jagdfliegers auf, der helleuchtend wie ein Meteor über den afrikanischen Himmel zog. Das Endergebnis der Kämpfe war jedoch eine Katastrophe für die Achsenmächte, die deutsche Luftwaffe und die Wehrmacht insgesamt.

Das nordafrikanische Abenteuer begann im Jahre 1940, als Mussolini, der davon träumte, den gesamten Mittleren Osten zu erobern, seine in Libyen stationierten Truppen zum Angriff gegen die Engländer antreten ließ, die Ägypten und den Suezkanal verteidigten. Aber seine unzureichend motivierten und schlecht geführten Soldaten waren in Afrika nicht erfolgreicher als in Griechenland. Am 9. Dezember 1940 wurde die italienische Armee von zahlenmäßig unterlegenen, aber ausgezeichnet geführten britischen Truppen in die Flucht geschlagen. Die von schnell vorstoßenden Panzerverbänden eingekesselten Italiener ergaben sich scharenweise. Ein englischer Bataillonskommandeur sagte im Scherz, er habe „zwei Hektar Offiziere und achtzig Hektar Unteroffiziere und Mannschaften" gefangengenommen.

Obwohl Hitler auf den allzu ehrgeizigen Mussolini wütend war, blieb ihm nichts anderes übrig, als das schon wankende Nordafrikaunternehmen seines Bundesgenossen zu stützen. Als erstes wurden im März 1941 deutsche Panzer- und Infanteriedivisionen – das Deutsche Afrika-Korps – unter dem Befehl des Panzergenerals Erwin Rommel, der sich im Westfeldzug ausgezeichnet hatte, nach Nordafrika entsandt. Zur anfänglichen Luftunterstützung flog das Stukageschwader von Oberstleutnant Walter Sigel, der sich ebenfalls schon im Westfeldzug hervorragend bewährt hatte, nach Libyen. Als in Ägypten stationierte Hurricanes und Spitfires – wie schon in der Luftschlacht um England – den Ju 87 schwere Verluste zufügten, wurde unverzüglich eine Gruppe Me 109 des inzwischen berühmt gewordenen Jagdgeschwaders 27 nach Nordafrika verlegt; Kommandeur dieser Gruppe war Hauptmann Eduard Neumann, einer der besten Verbandsführer, die der Luftwaffe zur Verfügung standen.

Sigels und Neumanns Flugzeugführer sorgten dafür, daß Rommel wirkungsvolle Luftunterstützung erhielt. Ihren Höhepunkt erreichte sie im Jahre 1942 bei den entscheidenden Kämpfen um das libysche Bir Hacheim, eine rund fünf Quadratkilometer große Festung, die von den 3600 Mann der 1. Frei-Französischen Brigade unter General Pierre Koenig verteidigt wurde. Koenigs Soldaten hielten über 1000 getarnte Schützengräben, MG-Nester, Schützenlöcher und Granatwerferstellungen.

Der Hauptangriff auf Bir Hacheim begann am Morgen des 3. Juni 1942 mit einem schweren Bombenangriff durch Sigels Stukas und gleichzeitiger Beschießung durch Rommels im Erdkampf eingesetzte 8,8-cm-Flak. Koenigs Soldaten, darunter viele ergraute Fremdenlegionäre, ertrugen alles, was Rommel und die Luftwaffe gegen sie aufbieten konnten. In einer Woche ununterbrochener Kämpfe wurden 14 Stukas abgeschossen. Generalfeldmarschall Kesselring, der aus Rußland abgezogen worden war, um die deutsche Luftkriegsführung im Mittelmeerraum zu übernehmen, verstärkte die Angriffe, indem er Ju 88 aus Griechenland und Kreta gegen Bir Hacheim einsetzte. Die Sichtverhältnisse verschlechterten sich durch Sandwolken und Rauchsäulen dermaßen, daß sogar ein Stuka-Angriff abgeblasen werden mußte. Erst am 10. Juni, als die Luftwaffe 1300 Einsätze gegen die Festung geflogen hatte, gelang es der deutschen Infanterie in den äußeren Stellungsgürtel einzubrechen.

Am nächsten Morgen deckten über 100 Stukas und 76 Ju 88 die Franzosen mit 140 Tonnen Bomben ein. Angesichts seiner abgekämpften und unter Nachschubmangel leidenden Truppe blieb General Koenig nichts anderes übrig, als mit allen noch kampffähigen Soldaten aus Bir Hacheim auszubrechen. Mit 2700 Überlebenden durchbrach er die deutsch-italienischen Linien, nachdem er Rommels Vorstoß in Richtung Nil über zwei Wochen lang aufgehalten hatte.

Zu den Jagdfliegern, die den Bombern bei ihren Einsätzen gegen Bir Hacheim die englischen Jäger vom Leibe hielten, gehörte Hans-Joachim Marseille *(S. 126–127),* ein Berliner französischer Abstammung. Er war ein Jahr vor den Kämpfen um Bir Hacheim als 21jähriger nach Nordafrika gekommen, nachdem er sich seine Sporen als Jagdflieger in den letzten Stadien der Luftschlacht um England verdient hatte.

Marseilles frühere Kommandeure hatten lediglich festgestellt, daß der junge Flieger in und außer Dienst zu übermütigen Streichen aufgelegt war. Eduard Neumann erkannte jedoch Marseilles ungewöhnliches fliegerisches Naturtalent, das er besonders beim Schießen mit Vorhalt bewies. Er brauchte sich nicht hinter ein feindliches Flugzeug zu setzen, um es abzuschießen: Er konnte einen quer an seiner Me 109 vorbeifliegenden englischen Jäger durchsieben, indem er mit seinen Bordwaffen vorhielt, wie ein Sportschütze mit Vorhalt auf Tontauben zielt. Marseille konnte selbst dann präzise schießen, wenn er eine Rolle flog oder sein Gegner verzweifelte Ausweichbewegungen machte. Er beherrschte Steuerknüppel und Ruderpedale mit traumhafter Sicherheit – er flog mit Tennisschuhen, um die Ruder gefühlvoller betätigen zu können – und „schob" niemals in Kurven. „Er hatte ein unwahrscheinliches Gefühl für das Vorhalten in der Kurve", erinnerte sich sein Rottenflieger, Feldwebel Rainer Poettgen. „Sobald er schoß, brauchte ich nur auf die feindliche Maschine zu achten: Die Garbe begann vorn auf der Motorschnauze und endete in der Kabine. Er feuerte keinen Schuß zuviel."

Marseille wurde bald die Geißel der RAF in Nordafrika. Nachdem er sich im Sommer 1941 eingewöhnt hatte, kam am 24. September der erste seiner außergewöhnlichen Einsätze, als er fünf britische Jäger abschoß. Bis Februar 1942 hatte Marseille es auf 48 Luftsiege gebracht. Im Juni schoß er in zwölf hektischen Minuten über Bir Hacheim sechs amerikanische Curtiss P-40 Tomahawks ab, die von Südafrikanern geflogen wurden. In der Woche nach der Einnahme von Bir Hacheim, als Rommel zur ägyptischen Grenze vorstieß, schoß Marseille weitere 20 RAF-Maschinen ab und brachte es damit auf 101 Luftsiege. Danach wurde der von den ständigen Kämpfen erschöpfte Marseille von Neumann nach Deutschland in Urlaub geschickt und erhielt aus Hitlers Hand das Eichenlaub mit Schwertern zum Ritterkreuz des Eisernen Kreuzes.

Nach zwei Monaten Urlaub kehrte Marseille zum Jagdgeschwader 27 zurück, das damals Rommels Sturmlauf gegen die britischen Stellungen bei El Alamein, 390 Kilometer hinter der Grenze Ägyptens, unterstützte. Am 1. September 1942 erreichten Marseilles Leistungen einen Höhepunkt. Der Himmel wimmelte von englischen Jägern, die Stukas angriffen. Marseille schoß innerhalb von elf Minuten methodisch zwei P-40 und zwei Spitfires ab. Nachdem seine Maschine betankt und mit Munition aufgefüllt war, startete er erneut und schoß von 10.55 bis 11.05 Uhr acht P-40 ab. Und nachmittags erledigte er weitere fünf der glücklosen Curtiss-Jäger. Am 15. September erkämpfte Marseille seinen 150. Luftsieg.

Am 26. September 1942 schlug sich das Jagdgeschwader 27 mit Spitfires herum, und Marseille wurde in den längsten Luftkampf seines Lebens verwickelt. Der enge Kurvenkampf dauerte eine ganze Viertelstunde lang, bis Marseille seinen Gegner endlich im Visier hatte. Dann drückte er auf den Feuerknopf am Steuerknüppel. 20-mm-MK- und 7,9-mm-MG-Geschosse bestrichen die Spitfire, mit der Motorhaube beginnend: Marseille hatte einen weiteren Abschuß erzielt – seinen achten seit dem 15. September und seinen 158. insgesamt.

Als Marseille vier Tage später vom Jagdschutz für Stukas zurückflog, füllte seine Kabine sich plötzlich mit Rauch. Er meldete sich sofort über Funk: „Von Elbe eins. Habe starke Rauchentwicklung in der Kabine. Ich kann nichts sehen." Die Staffel schloß eng auf, gab Marseille Kurskorrekturen und ermutigte ihn zum Durchhalten, bis sie nach einigen Minuten über den deutschen Linien waren. Aus der Me 109 quollen jetzt schwarze Rauchwolken, und Marseille mußte aussteigen. Er öffnete das Kabinendach, legte die Maschine auf den Rücken und ließ sich fallen – der Luftstrom warf ihn nach hinten gegen das Leitwerk. Marseille schlug mit ungeöffnetem Fallschirm in der Wüste auf. Er wurde am nächsten Tag bestattet und von Adolf Galland später als „der unerreichte Virtuose unter den Jagdfliegern des 2. Weltkrieges" gefeiert. Nach Ansicht mancher Fachleute war er der größte Jagdflieger aller Zeiten.

Als sei Marseilles Tod ein böses Omen gewesen, ging es danach auch mit dem Deutschen Afrika-Korps rapide bergab. Rommels Truppen, die nicht mehr die Kraft hatten, die britischen Stellungen zu durchbrechen, lagen vor El Alamein am Endpunkt gefährlich langer Nachschubwege. Ab 23.

Jagdflieger-As Hans-Joachim Marseille bedankt sich bei seinen Bordwarten, daß sie seine Me 109 gut in Schuß gehalten haben. Während der 12 Monate, in denen er über Nordafrika über 150 Abschüsse erzielte, wurde seine Maschine von keiner einzigen feindlichen Kugel getroffen.

Oktober 1942 gingen die Engländer unter Führung von Generalleutnant Bernard Montgomery zur Offensive über, durchbrachen die deutsch-italienischen Linien, schossen rund 450 Panzer des Afrika-Korps ab und trieben Rommels Truppen aus Ägypten, durch Libyen und bis nach Tunesien vor sich her. Dort stießen sie auf frische englische und amerikanische Kräfte, die im November 1942 in Marokko und Algerien gelandet waren. Es sollte nicht mehr lange dauern, bis die endgültige Katastrophe die in Nordafrika stehenden Truppen der Achsenmächte ereilte.

Als die Kämpfe in Rußland nach der Winterpause im Frühjahr 1942 erneut aufflammten, schlugen das deutsche Heer und die Luftwaffe wieder tiefe Breschen in die sowjetischen Verteidigungslinien und besetzten riesige Gebiete. Da Hitler jetzt jedoch nicht mehr genügend Truppen für eine Großoffensive auf gesamter Frontbreite besaß – die Wehrmacht hatte im Jahre 1941 über 750 000 Gefallene und Verwundete zu verzeichnen –, hatte er beschlossen, sich auf den Süden zu konzentrieren. Die Angriffsziele: die große Industriestadt Stalingrad an der Wolga, wo eine Vielzahl von Panzern und anderen Fahrzeugen der Roten Armee hergestellt wurden, die wichtigsten sowjetischen Ölfelder im Kaukasus und der Schwarzmeerhafen Sewastopol. Sobald diese Gebiete sich in deutscher Hand befanden, mußte nach Hitlers Überzeugung die sowjetische Kriegsmaschine sich aus Mangel an Ausrüstung und Treibstoff totlaufen.

Die Luftkämpfe flammten im Sommer 1942 mit neuer Heftigkeit auf. Die scheinbar am Boden zerstörte sowjetische Luftwaffe war wieder zum Leben erwacht und mit einer neuen Generation Jäger, Schlachtflieger und

Deutsche und italienische Soldaten halten Ehrenwache an Marseilles Grab: Der junge Flieger wurde dort bestattet, wo er mit seiner Maschine tödlich abstürzte. Von seinen insgesamt 158 Luftsiegen hatte Marseille 154 über Jäger erkämpft, die schwerer zu treffen waren als Bomber.

mittelschwerer Bomber ausgerüstet worden. Die Jäger taugten jedoch nicht viel. Die MiG 3 war zwar schnell, aber nur mit MGs statt auch mit Maschinenkanonen bewaffnet. Die Lawotschkin (LaGG) 3, wegen Aluminiumknappheit aus Holz und Stahl hergestellt, wog über drei Tonnen und geriet in Kurven leicht ins Flachtrudeln. Die russischen Piloten verabscheuten diese Maschine mit der lackierten Sperrholzbeplankung und gaben ihr den Spitznamen „lackierter Garantiesarg". Aber obwohl keineswegs ideal, stellten die neuen Flugzeuge doch eine merkliche Verbesserung im Vergleich zu den veralteten Maschinen des Vorjahres dar – und sie rollten zu Tausenden von den Fließbändern der Flugzeugwerke hinter dem Ural.

Wie sich dann zeigte, wurden auch Tausende benötigt, denn weder die sowjetischen Piloten noch ihre Flugzeuge waren den neuesten Ausführungen der Me 109, der Me 109 F, gewachsen. Dieser Typ wurde von einem verbesserten Daimler-Benz-Motor mit 1300 Pferdestärken angetrieben und erreichte damit 630 Stundenkilometer. Das Vorläufermodell, die unter dem Spitznamen „Emil" bekannte Me 109 E, der deutsche Standardjäger in der Luftschlacht um England, war etwa 60 Stundenkilometer langsamer. Trotzdem war die Me 109 F noch leicht und wendig. In der Hand brillanter Jagdflieger wie Major Gerhard Barkhorn erwies sie sich als Geißel der sowjetischen Luftwaffe. Seine Me 109 F „konnte steigen und kurven wie der Teufel", sagte Barkhorn, „ich hatte das Gefühl, alles mit ihr zu können." Das konnte er tatsächlich: Barkhorn schoß in Rußland 301 Flugzeuge ab – darunter Spitfires, Hurricanes und amerikanische Bell P-39 Aircobras, die die Russen von den Alliierten als Militärhilfe erhalten hatten.

Solche hohen Abschußzahlen deutscher Jagdflieger im Osten waren nicht ungewöhnlich. Hauptmann Emil Lang aus Barkhorns erfolgreichem Jagdgeschwader 52 schoß an einem einzigen Tag 18 sowjetische Maschinen ab und übertraf damit Marseilles Rekord um einen Abschuß. Lang brachte es auf 173 Luftsiege, bevor er im Kampf fiel. Trotz einer fast tödlichen Bruchlandung, bei der er drei Wirbelbrüche davontrug, erzielte Hauptmann Günther Rall 275 bestätigte Abschüsse. Rall schoß stets aus geringster Entfernung, gelegentlich mit spektakulären Ergebnissen. Beim Angriff auf einen sowjetischen Jäger kurvte er nach links ein, um das Feuer zu eröffnen, als der andere Pilot seine Maschine ebenfalls herumriß. Ralls Me 109 rammte den Russen von oben „mit einem ohrenbetäubenden, fürchterlichen Krachen". Die Luftschraube der sowjetischen Maschine sägte den Rumpf der Me 109 an, deren Luftschraube wiederum eine Tragfläche der LaGG abtrennte. Die Tragfläche flog weg, und der sowjetische Jäger trudelte ab. Rall flog seine beschädigte Me 109 nach Hause, ständig befürchtend, der Rumpf könne in der Luft auseinanderbrechen.

Rall erhielt sofort eine neue Maschine, mit der er wieder nur mit knapper Not dem Tode entging, als er eine Bell Aircobra in Brand schoß. Vor ihm stand plötzlich eine Flammenwand, weil der Treibstoff in den Tanks brannte. Rall blieb nichts anderes übrig, als mitten durch diese mindestens 100 Meter lange Flammenwand zu fliegen. Seine Me 109 hatte stoffbespannte Querruder, die dabei verbrannten, aber es gelang ihm, die Maschine lediglich mit Höhen- und Seitenruder nach Hause zu fliegen.

Der hervorragende deutsche Jagdflieger Hauptmann Erich Hartmann *(S. 132–139)*, ebenfalls aus dem Jagdgeschwader 52, schoß 352 sowjetische Flugzeuge ab. Sein Erfolg beruhte unter anderem auch darauf, daß er wie Rall fast selbstmörderisch nahe an den Gegner heranflog, bevor er den Feuerknopf drückte. „Ich schoß immer erst, wenn die ganze Windschutz-

General Wolfram Freiherr von Richthofen, im Rußlandfeldzug Kommandierender General des VIII. Fliegerkorps, bei einem Frontbesuch im Jahre 1942. Mit seinen in Polen, Frankreich und auf dem Balkan gesammelten Erfahrungen war Richthofen der führende Fachmann der Luftwaffe für die unmittelbare Heeresunterstützung.

Im Juni 1942 leitet Richthofen von einem Beobachtungsturm nördlich von Sewastopol – einem wichtigen Hafen am Schwarzen Meer – deutsche Bombenangriffe auf in der Nähe liegende sowjetische Truppen. Später stieg Richthofen zum Generalfeldmarschall auf und wurde aus der Sowjetunion an die Mittelmeerfront versetzt.

scheibe *schwarz* vom Gegner war. Dann geht kein einziger Schuß daneben.“ Hartmann gewöhnte sich daran, durch Flugzeugtrümmer zu fliegen. Seine Me 109 wurde achtmal so schwer durch Wrackteile sowjetischer Maschinen beschädigt, daß er notlanden mußte.

Die deutschen Jagdflieger erzielten derartig hohe Abschußzahlen nicht nur, weil sie die besseren Flugzeuge und keinen Mangel an Gegnern hatten, sondern auch, weil sie ständig weiterflogen. Sie flogen, bis sie fielen, in Gefangenschaft gerieten oder so schwer verwundet waren, daß sie nie mehr fliegen konnten. Für sie gab es nicht die magische Zahl von soundso vielen Einsätzen, nach denen man in die Heimat versetzt wurde, wie es etwa bei den Amerikanern der Fall war. Hartmann flog im Zweiten Weltkrieg 1400 Einsätze und war in 825 Luftkämpfe verwickelt.

Einen furchtbaren Höhepunkt erreichten die erbitterten Kämpfe zu Lande und in der Luft im Raum Sewastopol auf der Krimhalbinsel. Der strategisch wichtige Hafen am Schwarzen Meer mit seinen 110 000 Einwohnern war seit November 1941 von der 11. Armee unter Generaloberst Erich von Mansteins eingeschlossen, aber Sturmangriffe gegen das weitläufige russische Stellungssystem, das die Stadt umgab, führten lediglich zu hohen Verlusten auf beiden Seiten.

Im Spätfrühling 1942 forderte Manstein die Luftflotte 4 unter Generaloberst Löhr zur Unterstützung der 210 000 deutschen und rumänischen Soldaten an, die Sewastopol belagerten. Auch diesmal übertrug Löhr dem zuverlässigen Richthofen und seinem VIII. Fliegerkorps die Aufgabe, die Verteidigungsanlagen der Festung und die Kampfmoral der Verteidiger durch schwerste rollende Luftangriffe zu erschüttern.

Beschießung und Luftangriffe begannen am Morgen des 2. Juni 1942. Richthofens He 111, Ju 88 und Stukas waren vom Morgengrauen bis zur Abenddämmerung im Einsatz.

„Erst nachdem die Sonne hinter dem Horizont des Schwarzen Meeres versunken war, trat eine kurze Kampfpause ein“, erinnerte sich Oberst i. G. Hermann Plocher, ein Luftwaffenoffizier, der den Einsatz gegen Sewastopol beobachtete. „Dann folgte eine kurze Zeitspanne todesähnlichen Schlafs für die Besatzungen, während gleich daneben Motoren gewartet wurden und mit ohrenbetäubendem Krach zur Probe liefen.“ Tagsüber stürzten die Stukas sich heulend zum Angriff auf russische Batterien, nachdem Aufklärer das Schlachtfeld in geringer Höhe überflogen hatten, um sowjetische Feuerstellungen auszukundschaften.

Es war charakteristisch für Richthofen, daß er die Luftangriffe von einer erhöhten Plattform aus beobachtete und leitete, die so nahe an den sowjetischen Flugplätzen lag, daß er die von den russischen Jägern beim Warmlaufen vor dem Start aufgewirbelten Staubwolken mühelos erkennen konnte. Kaum hatte sich der Staub verteilt, begannen die 8,8-cm-Flakgeschütze der Luftwaffe, die mit hoher Mündungsgeschwindigkeit und flachen Flugbahnen schossen, zwischen die startbereiten Jäger zu feuern.

Panzer und Infanterie traten am 7. Juni zum Sturm auf Sewastopol an. Vor den Bodentruppen flogen in niedriger Höhe Bomber, die jeden Quadratmeter des erbittert umkämpften Geländes mit Bomben belegten. Der Stukapilot Herbert Pabst erinnerte sich später, es sei „manchmal schwierig gewesen, sich zu entscheiden, wohin man zum Angriff stürzen sollte, ohne andere Flugzeuge zu rammen“. Trotz des wolkenlosen Wetters hingen über Sewastopol so dichte Rauch- und Staubwolken, daß die Sicht

Eine 1942 bei Stalingrad abgestürzte Me 109 steckt in einem Trümmerhaufen neben einem ausgebombten Gebäude. Auf dem Höhepunkt der Kämpfe um Stalingrad flogen

die deutschen Maschinen durchschnittlich 1000 Einsätze am Tag.

keine 100 Meter betrug. Ein Stützpunkt nach dem anderen fiel, bis die Stadt am 1. Juli eingenommen wurde. Nach Pabsts Erinnerung waren von ihr lediglich „riesige Trümmerberge" übriggeblieben. Die enge Zusammenarbeit zwischen Heeres- und Luftwaffeneinheiten hatte den deutschen Sieg ermöglicht. Während der 30tägigen Kämpfe hatten Richthofens Besatzungen nicht weniger als 23751 Einsätze geflogen – und dabei insgesamt nur 31 Maschinen verloren. Der deutschen Luftwaffe sollte es nie mehr gelingen, in irgendeinem Abschnitt der Ostfront eine so überragende Luftherrschaft zu erringen.

Etwa 650 Kilometer weiter nordöstlich marschierte die aus 20 Divisionen bestehende große 6. Armee unter General Friedrich Paulus, von einer Panzerarmee unterstützt, unaufhaltsam über die glühendheißen Steppen Südrußlands auf Stalingrad zu, das zu den Hauptzielen Hitlers im Kriegsjahr 1942 gehörte. Die 6. Armee kam nur langsam voran, denn ein großer Teil des für Paulus' Panzer benötigten Benzins mußte an die 1. Panzerarmee unter Generaloberst Ewald von Kleist für ihren weiten Vorstoß zur Einnahme von Rostow und von dort in den fernen Kaukasus abgegeben werden. Bis Paulus' Angriffsspitzen Stalingrad am 23. August erreichten, war es den Russen gelungen, ihre dort stehenden Truppen zu verstärken und Fabriken und Wohnblocks zur Verteidigung auszubauen.

Um die Stadt sturmreif zu machen – und die Einwohnerschaft zu terrorisieren –, setzte Richthofen, der eben von der Krim kam, am 23. August 1942 alle 600 Flugzeuge seines VIII. Fliegerkorps zu einem Großangriff ein. Dieser Angriff und die dann fast täglich folgenden Luftangriffe legten Stalingrad in Trümmer und forderten Tausende von Todesopfern bei den Verteidigern und der Zivilbevölkerung. Aber die Rotarmisten gruben sich lediglich tiefer in den Trümmerschutt und leisteten weiter Widerstand. Mehrfache Versuche deutscher Panzer- und Infanteriedivisionen, die letzten Verteidiger aus den Ruinen von Stalingrad und über die Wolga zu treiben, blieben erfolglos. Die russischen Truppen klammerten sich mit todesverachtender Hartnäckigkeit fest – und als der Winter kam, gingen sie zum Gegenangriff über.

Sowjetische Verbände traten zum Umfassungsangriff an, durchbrachen die schwache Flankensicherung der 6. Armee und kesselten Paulus und seine 300 000 Mann ein. Paulus schlug daraufhin vor, einen Ausbruchsversuch aus dem Kessel Stalingrad zu unternehmen. Aber Hitler verbot ihm, auch nur einen Fußbreit eroberten Bodens aufzugeben. Er sollte aushalten, bis die 6. Armee entsetzt würde.

Unterdessen hatte Göring versprochen, den Munitions- und Verpflegungsbedarf der eingekesselten Armee durch die Luftwaffe zu den beiden Flugplätzen im Kessel transportieren zu lassen. Das Unternehmen war als eine Wiederholung der Luftbrücke nach Demjansk im Winter davor geplant – allerdings in erheblich größerem Maßstab. Aber zu diesem Zeitpunkt standen der Luftwaffe nicht mehr genug Transportflieger und die zuverlässigen alten Ju 52 in ausreichender Zahl zur Verfügung.

Die Winterstürme, die wenig später aufkamen, setzten den Ju 52 und den übrigen als Transportmaschinen zweckentfremdeten Flugzeugen so sehr zu, daß Ende November von 500 Maschinen nur etwa 125 einsatzbereit waren. Sie konnten lediglich klägliche 20 Prozent des Nachschubbedarfs der 6. Armee in den Kessel einfliegen. Göring hatte wieder einmal mehr versprochen, als seine Luftwaffe leisten konnte.

Das As der Asse

Wegen seiner beispiellosen Erfolge mit einer schwarznasigen Me 109 *(rechts)* bezeichneten die Russen den deutschen Jagdflieger Erich Hartmann als den „Schwarzen Teufel der Ukraine" und setzten 10 000 Rubel auf seinen Kopf aus. Da er bei seinem Eintreffen an der Ostfront viel jünger als ein 20jähriger wirkte, gaben seine Kameraden ihm den Spitznamen „Bubi".

Aus beiderlei Sicht war Erich Hartmann, der erfolgreichste Jagdflieger des Zweiten Weltkriegs, ein Rätsel. Er war ein ruhiger, bescheidener junger Mann, dem die großspurige Art der meisten Jagdfliegerasse nicht lag. Aber in nur zweieinhalb Jahren – von Oktober 1942 bis Mai 1945 – stellte Hartmann mit 352 Luftsiegen einen Rekord auf, wurde Kommandeur der I. Gruppe des Jagdgeschwaders 52, des erfolgreichsten Jagdgeschwaders der Luftwaffe, und erkämpfte sich die damals höchste deutsche Tapferkeitsauszeichnung: das Eichenlaub zum Ritterkreuz des Eisernen Kreuzes mit Schwertern und Brillanten *(rechts)*. Sein Lebenslauf wird hier und auf den nächsten Seiten mit Photos aus seinem eigenen Besitz illustriert.

Das Geheimnis von Hartmanns Erfolg lag in dem Rat, den er jungen Jagdfliegern gab: „Zum Fliegen gehört zuerst der Kopf und dann die Muskeln..." Da er die anstrengende „Kurbelei" herkömmlicher Luftkämpfe als Zeit- und Munitionsverschwendung ablehnte, zog er es vor, den Gegner zu überraschen: Hartmann ging sehr dicht heran und schoß aus nächster Nähe. Ein weniger geschickter Pilot wäre garantiert mit seinem Gegner zusammengestoßen, aber Hartmann verstand es auf fast unheimliche Weise, im letzten Augenblick abzudrehen. Er wurde in 825 Luftkämpfen kein einziges Mal verwundet und mußte nur 16mal notlanden – häufig weil seine Maschine durch die Trümmer abgeschossener Flugzeuge beschädigt worden war.

Die Russen lernten bald, einen weiten Bogen um Hartmann zu machen. Wie alle Maschinen des Herzliebchen-Geschwaders, des Jagdgeschwaders 52, trug seine Me 109 ein von einem Pfeil durchbohrtes blutendes Herz. Im Gegensatz zu den anderen war sie indes an einer schwarzen Tulpe zu erkennen, die Hartmann auf die Motorhaube hatte malen lassen. Anstatt zu versuchen, sich die 10 000 Rubel Kopfgeld zu erkämpfen, stoben sowjetische Verbände auseinander, wenn sie die Tulpe erkannten, so daß der „Schwarze Teufel" entsprechend weniger Erfolge zu verzeichnen hatte. Erst nachdem Hartmann die Tulpe hatte übermalen lassen – und so seine Anonymität zurückgewonnen hatte –, konnte er seine Siegesserie fortsetzen, die ihn zum erfolgreichsten Jagdflieger der Militärgeschichte machte.

Diese Photomontage zeigt Major Erich Hartmann im Jahre 1959 als Offizier der neuen Luftwaffe der Bundesrepublik Deutschland; im Hintergrund seine Me 109 aus dem Zweiten Weltkrieg, neben ihm das Ritterkreuz des Eisernen Kreuzes mit Eichenlaub, Schwertern und Brillanten, das er 1944 als erfolgreichster deutscher Jagdflieger erhielt.

Karaya

Erich Hartmanns Mutter Elisabeth, selbst eine hervorragende Pilotin, wenige Augenblicke vor dem Start mit ihrem Sportflugzeug Klemm L 20.

Der 14jährige Erich, hier in HJ-Uniform, läßt bereits den klaren Blick und die Entschlossenheit des zukünftigen Jagdflieger-Asses erkennen.

Hartmann, ein geborener Sportler und mehrfach ausgezeichneter Skiläufer, springt 1940 bei einem HJ-Skirennen über eine Wächte.

Von Mutters Schulgleiter zur Me 109

Erich Hartmann begeisterte sich schon von frühester Jugend an für die Fliegerei, eine Neigung, in der er von seiner Mutter bestärkt wurde. Elisabeth Hartmann, eine enthusiastische Fliegerin und Fluglehrerin einer Schülerfluggruppe, hatte ihren Sohn bereits als 14jährigen zum Segelflieger ausgebildet. Ein Jahr später war auch Erich geprüfter Segelfluglehrer bei der Flieger-HJ.

Nach dem Abitur 1940 gab Hartmann seinen ursprünglichen Plan auf, wie sein Vater Arzt zu werden, und trat in die Luftwaffe ein. Nach der Grundausbildung wurde er zur Jagdfliegerausbildung ausgewählt. Auf der Waffenschule waren seine Vorgesetzten über seine Schießleistungen mit den Bordwaffen einer Me 109 verblüfft. Als 20jähriger kam Hartmann dann an die Ostfront.

Während der Grundausbildung liegen Hartmann (rechts) und ein weiterer Flieger bei Zielübungen mit Karabinern am Ostseestrand

Auf einem Fliegerhorst liegen die Flugschüler im Gras, um die Starts ihrer Kameraden besser beobachten und begutachten zu können.

Stolz über die bestandene Prüfung, klettert Hartmann nach dem letzten Flug auf der Luftkriegsschule aus seiner Maschine. Im Gegensatz zu später eingesetzten Piloten, die sofort in den Kampf geworfen wurden, erhielt er 18 Monate Flugausbildung, bevor er an die Ostfront kam.

Während seiner Offiziersausbildung ist Oberfähnrich Hartmann wieder mit seiner Jugendliebe Ursula Paetsch vereint. Die beiden verlobten sich 1943 und heirateten im Jahr darauf.

Nach seinem Eintreffen an der Ostfront schlief Hartmann in diesem Zelt.

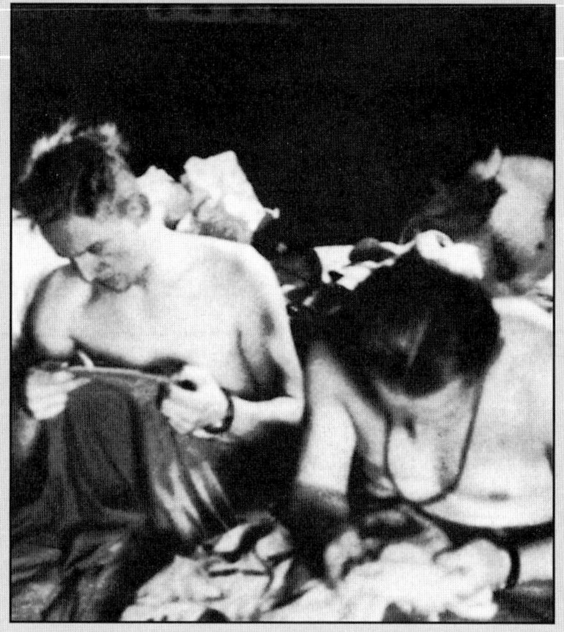

Leutnant Hartmann (links) in einer Kampfpause bei einer durchaus wichtigen Beschäftigung: Er sucht seine Kleidung nach Läuseeiern ab.

Nach dem ersten Luftsieg nimmt Hartmann seinen Mechaniker huckepack.

Hartmanns 1. Flugzeugwart, Heinz Mertens (links), wurde ein enger Freund.

Lehrzeit über der Ostfront

Erich Hartmanns erster Luftkampf – im Oktober 1942 über dem Kaukasus – war eine fast hundertprozentige Katastrophe. Als Rottenflieger eines erfahrenen Führers geriet er in Panik, verwechselte die Me 109 seines Führers mit einem russischen Jäger und ergriff die Flucht. Er krönte diesen Einsatz mit einer Bruchlandung, bei der seine Maschine zerstört wurde.

Bekümmert ging Hartmann daran, seine Leistungen zu verbessern. Er flog einige Monate lang mit den erfolgreichsten Piloten seiner Staffel, beobachtete ihre Angriffstaktik und legte sich eine eigene Methode zurecht. Er gewöhnte sich an, bis auf 50 Meter an den Gegner heranzugehen, bevor er schoß: eine gefährliche, aber immer erfolgreiche Taktik, die sein Markenzeichen wurde.

Am 5. November 1942 erzielte er seinen ersten Abschuß, dem rasch weitere folgten – 90 Abschüsse bis Ende August 1943, 115 einen Monat später und 148 bis Ende Oktober, als er das Ritterkreuz erhielt. Die höheren Ordensstufen wurden ihm in rascher Folge verliehen: das Eichenlaub nach dem 200. Luftsieg im März 1944, die Schwerter nach dem 239. im Juli und die begehrten Brillanten nach seinem 301. im August. Mit seinem 300. Abschuß wurde Hartmann der erfolgreichste Jagdflieger der Welt.

24. August 1944: Hartmann – nach 296 Luftsiegen – unmittelbar vor dem Start.

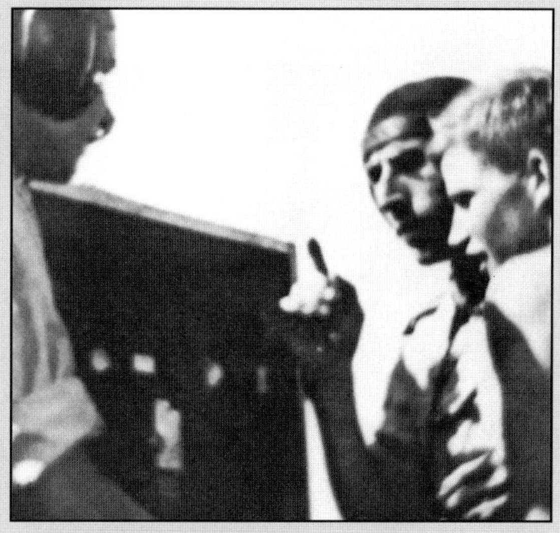

Kameraden warten auf die Meldung vom 300. Sieg.

Während seine Staffelkameraden winken und jubeln, wackelt Hartmann mit den Tragflächen, um seinen 300. Abschuß anzuzeigen. Bei zwei Einsätzen an diesem Tag schoß er elf sowjetische Maschinen ab und brachte es damit auf 301 Luftsiege.

Hartmann, der einen provisorischen Siegerkranz trägt, verzieht angewidert das Gesicht, weil der Sekt warm ist. In ihrem Eifer, seinen neuen Rekord zu feiern, hatten die Kameraden nicht daran gedacht, den Siegessekt kaltzustellen.

Hitler gratuliert Oberleutnant Hartmann zur Verleihung der Brillanten zum Ritterkreuz des Eisernen Kreuzes mit Eichenlaub und Schwertern.

Hartmann im Januar 1945 auf einem Flugplatz bei Berlin im Gespräch mit General Adolf Galland und Reichsmarschall Hermann Göring.

Ein Pilot aus Leidenschaft

Als Hitler Hartmann mit dem Eichenlaub zum Ritterkreuz des Eisernen Kreuzes mit Schwertern und Brillanten auszeichnete, erklärte er ihm, er sei jetzt zu wertvoll, um weiterhin an der Ostfront im Luftkampf eingesetzt zu werden. Deshalb solle er zu einem Spezialverband versetzt werden, der den revolutionären neuen zweistrahligen Jäger, die Me 262, erprobe.

Hartmann glaubte, seinem Vaterland am besten in seinem verzweifelten Kampf gegen die Russen dienen zu können, und schaffte es, Göring dazu zu bewegen, seinen Versetzungsbefehl zu widerrufen und ihn an die Ostfront zurückkehren zu lassen. Dort wurde Hartmann wenig später Kommandeur der I. Gruppe des Jagdgeschwaders 52. An der Spitze seiner Piloten, die mit ihm den Rückzug des deutschen Heeres deckten, erhöhte er die Zahl seiner Siege auf 352.

Als Deutschland am 8. Mai 1945 kapitulierte, ergab Hartmann sich den Amerikanern. Sie lieferten ihn den Russen aus: Hartmann kam in ein Gefangenenlager tief im Inneren der Sowjetunion.

Nach der Rückkehr an die Ostfront strahlt Hartmann über seinen 350. Luftsieg.

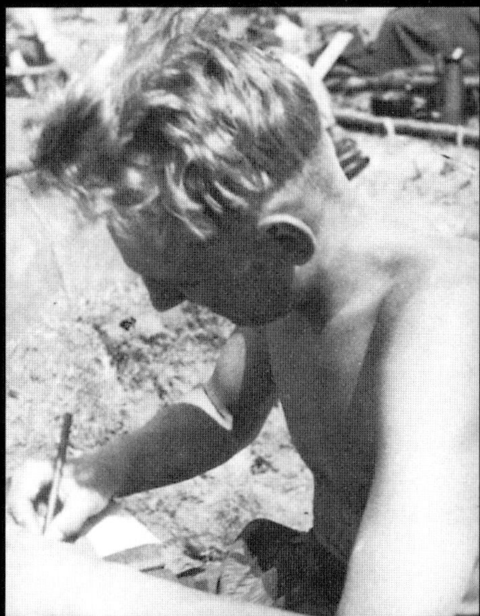

In einem russischen Gefangenenlager schreibt Hartmann an seine Frau. Dieser Brief wurde von einem Kameraden in die Heimat geschmuggelt.

Während eines Amerikabesuchs 1961 fliegt Hartmann einen überschallschnellen amerikanischen Allwetterjäger Convair F-106 Delta Dart.

Ein neues Leben nach dem Krieg

Erich Hartmann, der 10 Jahre lang in sowjetischen Gefangenenlagern festgehalten wurde, sah sich schweren Prüfungen ausgesetzt. Zunächst wurde ihm eine Position in der ostdeutschen Luftwaffe angeboten. Er schlug sie aus. Daraufhin wurder er zu 25 Jahren Zwangsarbeit verurteilt.

1955 kam Hartmann schließlich durch die Bemühungen der Bonner Regierung frei und kehrte als gefeierter Held heim. Drei Jahre später wurde er Kommodore des ersten Düsen-Jagdgeschwaders der neuen Deutschen Luftwaffe. Als Kommodore des Jagdgeschwaders 71 besuchte Hartmann in den folgenden Jahren mehrmals die Vereinigten Staaten. Während er dort Einweisungsflüge mit den neuesten US-Düsenjägern machte, ließ das As der Asse junge amerikanische Jagdflieger an den unbezahlbaren Erfahrungen seiner 825 Luftkämpfe teilhaben.

Erich Hartmann besucht im Jahre 1961 eine militärische Veranstaltung mit Generalleutnant Josef Kammhuber, dem Organisator der Kammhuber-Linie der deutschen Luftwaffe im Zweiten Weltkrieg und ersten Inspekteur der neuen Luftwaffe der Bundesrepublik Deutschland.

Gegen Ende des Krieges machen Flugzeugwarte eine Me 110 auf einem Flugplatz in Deutschland zur Nachtjagd auf Bomber der Alliierten klar.

5

Der Luftkrieg über Deutschland

Seit Jahresbeginn 1943 zeichnete sich ab, daß Deutschland an allen Fronten vom Kriegsglück verlassen wurde. Das Dritte Reich büßte jetzt dafür, daß es seiner Wehrmacht zuviel zugemutet hatte. Einen Großteil der Rechnung für diese Fehleinschätzung hatte die Luftwaffe zu zahlen. Die Rückschläge erreichten bestürzende Ausmaße. Zwischen dem 31. Januar und dem 2. Februar 1943 kapitulierten die abgekämpften Überreste der usprünglich mit 250 000 Mann in Stalingrad eingeschlossenen 6. Armee.

Die Luftwaffe hatte für Versorgungsflüge in den Kessel Stalingrad etwa 850 Maschinen zusammengezogen und 488 davon verloren. Dazu gehörten aus Schulen und Kampfgeschwadern abgezogene Flugzeuge – unter anderen auch 100 aus dem Mittelmeerraum an die Ostfront verlegte He 111. Als Göring diese Verluste gemeldet hatte, stellte er fest, der Kern der deutschen Bomberflotte sei dort vernichtet worden.

Aus Nordafrika trafen bald ebenso entmutigende Nachrichten ein. Mitte Mai ergaben sich in Tunesien 250 000 Soldaten der Achsenmächte den Engländern und Amerikanern. Die Luftwaffe, die in den vergangenen sieben Monaten in diesem Raum etwa 2400 Flugzeuge verloren hatte, verlegte ihre letzten in Nordafrika eingesetzten Staffeln nach Sizilien zurück. Als die Alliierten zwei Monate später das Mittelmeer überquerten und auf Sizilien landeten, zog die Luftwaffe sich aufs Festland zurück – nachdem sie auf der italienischen Insel weitere 600 Flugzeuge durch feindliche Bombenangriffe verloren hatte.

Das sicherste Anzeichen dafür, daß – trotz der Bemühungen des Propagandaministeriums, den entgegengesetzten Eindruck zu erwecken – schon lange nicht mehr alles zum besten stand, waren die alliierten Luftangriffe, denen Deutschland jetzt ausgesetzt war. Seit Monaten dröhnten englische Bomber fast jede Nacht über die Nordsee, um Deutschland anzugreifen. Im Februar hatte die von England aus operierende amerikanische 8. Luftflotte mit regelmäßigen Tagesangriffen begonnen. Wenig später entwickelte sich die alliierte Invasion im deutschen Luftraum zu einer ständigen Herausforderung der Luftwaffe. Und noch im gleichen Jahr sollten die zuerst in Nordafrika und später in Italien stationierten Bomber der amerikanischen 15. Luftflotte von Süden aus die Bomberoffensive gegen Deutschland verstärken.

Im ersten Halbjahr 1943 verschlechterte sich die Stimmung der Luftwaffe, die zunehmend unter dem Gefühl litt, einen aussichtslosen Kampf zu führen. Nach Ansicht vieler Offiziere wurde eine wirkungsvolle Heimatverteidigung vor allem auch durch Hitlers und Görings Festhalten an einer in erster Linie offensiven Verwendung der Luftwaffe behindert. Auf Befehl Hitlers hatte sich der Schwerpunkt der deutschen Flugzeugproduktion von Bombern auf Jagdflugzeuge verlagert. Da die besten Piloten und Maschinen jetzt anderswo eingesetzt waren, litt die Reichsverteidigung unter einem Mangel an Flugzeugführern und Flugzeugen.

Die deutsche Nachtjagd begann das Jahr 1943 mit etwa 390 Maschinen, hauptsächlich zweimotorigen Me 110, mit denen sie einfliegende feindliche Bomberverbände abwehren sollte, die oft doppelt so groß waren. Die Tagjagd war zahlenmäßig noch weiter unterlegen: Sie konnte den amerikanischen Bombern nur etwa 200 einmotorige Jäger entgegenwerfen. Im allgemeinen verfügte sie jedoch über hervorragende Maschinen, darunter nicht nur Me 109, sondern auch modernere Focke-Wulf Fw 190. Das erste im Vorjahr in Dienst gestellte Muster Fw 190 A-3 erreichte mit seinem 1700 PS starken Sternmotor eine Höchstgeschwindigkeit von 672 Stundenkilometern und übertraf an Wendigkeit alle bisherigen Typen. Die Fw 190 war ein ausgezeichnetes Flugzeug, das der Luftwaffe jedoch nicht in ausreichender Stückzahl zur Verfügung stand.

„Zwei Jahre hatte man bereits auf diesem falschen Weg verharrt", schrieb Generalleutnant Adolf Galland über die Führung des Luftkrieges. „Schon nach der Schlacht um England hätte man auf die Defensive im Westen umschalten müssen. Damals schon wäre es erforderlich gewesen, den Jägern Priorität vor den Bombern zu geben, wie es die Engländer getan hatten, als die deutschen Luftangriffe drohten und bevor sie wieder offensiv wurden. Nur die Wiederherstellung der Luftüberlegenheit über dem eigenen Gebiet hätte uns in die Lage versetzt, eines Tages aus ihm heraus auch wieder offensiv zu werden."

Hitlers Einstellung zu den Erfordernissen der Reichsverteidigung zeigte sich besonders deutlich im Frühjahr 1943, als General der Flieger Josef Kammhuber, der General der Nachtjagd, die Aufstockung seines Nachtjagdkorps auf über 2100 Flugzeuge forderte. Kammhuber gelang es, Göring von der Zweckmäßigkeit dieser Verstärkung zu überzeugen, aber Hitler wollte nichts davon hören. Er wies auch Kammhubers Feststellung zurück, die Situation Deutschlands werde sich wegen der raschen Zunahme der anglo-amerikanischen Luftstreitkräfte bald wieder verschlechtern. Kammhuber behauptete, die Amerikaner stellten für ihre Luftwaffe im Monat 5000 neue Flugzeuge her.

„Das ist ja barer Unsinn!" widersprach Hitler. „Wenn diese Zahlen stimmten, dann hätten Sie ja recht! Dann müßte ich jetzt sofort die Ostfront zurücknehmen und alle Kraft in die Luftverteidigung stecken. Aber sie stimmen *nicht!* Ich verbitte mir solchen Unsinn!"

Bei diesem Stand der Diskussion wandte Göring sich abrupt gegen seinen Untergebenen, fiel in Hitlers Wutausbruch ein und machte dem, durch diesen Gesinnungswandel völlig verblüfften Kammhuber Vorwürfe wegen seiner „idiotischen Forderungen". Kammhuber, so behauptete Göring, stelle ihn durch seine „größenwahnsinnigen Zumutungen" bloß. „Wenn Sie die ganze Luftwaffe schlucken wollen", höhnte Göring, „dann setzen Sie sich doch gleich auf meinen Stuhl!"

Als die alliierten Luftangriffe in den folgenden Monaten jedoch an Häufigkeit und Wirkung zunahmen, so daß die Unruhe in Offizierskreisen der Luftwaffe wuchs, gelangte auch Göring endlich zu der Einsicht, daß etwas unternommen werden müsse. Im August 1943 berief er seine engsten Mitarbeiter zu einer Besprechung in die Wolfsschanze, Hitlers Hauptquartier in Ostpreußen, und gab eine dramatische Kehrtwendung auf dem Gebiet der Luftkriegführung bekannt: Die Luftwaffe werde zur Verteidigung übergehen. Damit niemand auf die Idee kommen konnte, er

Ein V-1-Marschflugkörper der Luftwaffe – eine von Hitlers sogenannten Vergeltungswaffen – startet von seiner Abschußrampe in Richtung England. Durch den Einsatz dieser Waffen gab es im Sommer 1944 bei Luftangriffen auf London nicht weniger als 6000 Tote und 40 000 Verletzte.

habe die Hoffnung auf einen Sieg aufgegeben, fügte Göring rasch hinzu, unter dem Schutz ihrer zusammengefaßten Defensivkräfte werde die Luftwaffe rasch so weit erstarken, daß sie wieder zur Offensive übergehen könne. Alle Anwesenden unterstützten diese Entscheidung. Galland schrieb später: „Ich habe nie vorher und nie danach in einem Kreis der für die Führung der Luftwaffe Verantwortlichen eine solche Einmütigkeit und feste Entschlossenheit erlebt."

Göring, dem diese Einmütigkeit den Rücken stärkte, begab sich zu Hitler, um ihm Bericht zu erstatten und sich die nötigen Vollmachten geben zu lassen. Galland und die übrigen konnten nur warten und hoffen, daß Hitler sich überzeugen lassen werde. „In dieser Stunde mußte sich das Schicksal der Luftwaffe entscheiden", erinnerte sich Galland.

Plötzlich flog die Tür auf, und Göring hastete leichenblaß durch den Raum. Er verschwand wortlos in seinen angrenzenden Privaträumen. Görings erschütterter Chefadjutant, der Zeuge des Gesprächs mit Hitler gewesen war, erklärte den Anwesenden, der Führer habe den Vorschlag, zur Defensive überzugehen, rundweg abgelehnt.

Als Galland und Dietrich Peltz, der General der Kampfflieger, endlich zu Göring befohlen wurden, mußten sie feststellen, daß der Reichsmarschall emotional zusammengebrochen war. „Den Kopf zwischen den Armen auf einem Tisch vergraben, stöhnte er unverständliche Worte vor sich hin", berichtete Galland später. „Wir standen einige Augenblicke peinlich berührt da. Dann richtete er sich auf und erklärte, wir seien Zeugen des verzweifeltsten Augenblicks seines Lebens. Der Führer habe ihm das Vertrauen entzogen... Der Führer habe ihm erklärt, er sei zu oft von der Luftwaffe enttäuscht worden. Von Umstellung auf die Luftdefensive gegen den Westen könne nicht die Rede sein... Angreifen sei nach wie vor die Parole." Außerdem behauptete Göring jetzt, Hitler habe mit seinem Entschluß recht. Die Luftwaffe werde die vor einigen Monaten begonnenen Luftangriffe auf England fortsetzen – obwohl an diesen „Baby-Blitz"-Angriffen selten mehr als 100 deutsche Bomber beteiligt waren – und keinen Kurswechsel vollziehen, um den Schwerpunkt auf die Aufstellung von Verteidigungskräften zu legen.

Obwohl Hitler seine Vorstellung von der reinen Offensivaufgabe der Luftwaffe nie ganz den sich verändernden Realitäten des Luftkrieges anpaßte, verwandelte sich die deutsche Luftwaffe unter dem Druck der Ereignisse letzten Endes doch in eine Defensivwaffe. Beim Überfall auf die Sowjetunion im Juni 1941 war über die Hälfte der Gesamtstärke der Luftwaffe zur Unterstützung des deutschen Angriffs eingesetzt worden. Ende 1943 war jedoch weniger als ein Fünftel der deutschen Jagdwaffe an der Ostfront stationiert. Sie diente überwiegend zum Schutz des Reichsgebiets vor englischen und amerikanischen Jägern.

Die Grundlagen der Reichsverteidigung durch die Luftwaffe waren bereits frühzeitig geschaffen worden. Im Juni 1940, kurz nach Beginn der nächtlichen Einflüge von RAF-Bombern, baute Göring zur Abwehr der englischen Angriffe eine Nachtjagdorganisation der Luftwaffe auf. An die Spitze der Nachtjäger stellte er Josef Kammhuber, der bald besonderes Talent bewies, komplizierte elektronische Hinterhalte für die feindlichen Bomberverbände zu entwickeln.

Kammhuber baute einen Riegel aus Funkmeßstellen (Radarstationen) auf, der im März 1941 von der dänischen Grenze über Nordwestdeutschland bis zur Rheinmündung in Holland reichte. Die beim Gegner als Kammhuber-Linie bekannte Nachtjagdzone war in überlappende Planquadrate eingeteilt, die jeweils etwa 30 Kilometer des Riegels abdeckten. Zu jedem dieser Planquadrate gehörte ein Jägerleitstand, der einen einzelnen Nachtjäger – meistens eine Me 110 – führte. Diese lauerte wie eine Spinne im Netz auf die Berührung durch ein Insekt: Sobald ein feindlicher Bomber sich dem Planquadrat näherte, startete der Nachtjäger, der durch das Funkmeßgerät des Jägerleitstandes gelenkt wurde. Außer den beiden Funkmeßgeräten mit geringer Reichweite, die das gegnerische Flugzeug orteten und den Nachtjäger an die einfliegende Maschine heranführten, besaßen alle Jägerleitstände ein weitreichendes Gerät zur Luftlageerkennung, dessen Erfassungsbereich über 120 Kilometer betrug.

Die deutsche Luftwaffe bezeichnete das einzelne Planquadrat der Kammhuber-Linie als „Himmelbett". Jeder „Himmelbett"-Jägerleitstand konnte jeweils nur einen Nachtjäger führen, und da Annäherung und Angriff im Durchschnitt etwa zehn Minuten dauerten, konnte der Jäger etwa sechs einfliegende Bomber in der Stunde abfangen. Das genügte im Anfangsstadium der englischen Luftoffensive, als die Bomberbesatzungen ihre Ziele selbständig anflogen und weit auseinandergezogen in den deutschen Luftraum eindrangen. Bei dem bis dahin schwersten Angriff – dem ersten mit 1000 Bombern –, den die Engländer im Mai 1942 auf Köln

GENERALMAJOR JOSEF KAMMHUBER

Ein Radarnetz für die Nachtjagd

Als die RAF im Jahr 1940 mit Nachtangriffen auf Deutschland begann, errichtete die Luftwaffe ein Verteidigungssystem, das bei den Alliierten unter dem Namen seines Organisators, des Generals der Nachtjagd, Generalmajor Josef Kammhuber, bekannt wurde.

Die zuletzt über 1000 Kilometer lange Kammhuber-Linie von Dänemark bis Ostfrankreich war eine Dornenhecke aus Funkmeßstellungen und Jägerflugplätzen, Flakbatterien und Flugwachen, die alle telephonisch mit Jägerleitständen verbunden waren.

In jedem Leitstand wurden die mit Funkmeßgeräten festgestellten Flugwege eines feindlichen Bombers und eines eigenen Nachtjägers mit Lichtstrahlen auf einem Milchglas-Auswertetisch *(rechts)* dargestellt. Der Nachtjäger wurde dann über Funk an den einfliegenden Bomber herangeführt.

Die Jägerleitstände meldeten ihre Beobachtungen wiederum an einen der sieben zentralen Gefechtsstände der Luftwaffe weiter, in denen Offiziere das Luftlagebild von einer großen Milchglasscheibe mit den eingetragenen Positionen aller Flugzeuge ablesen konnten *(rechts außen)*.

Ein weitreichendes „Freya"-Funkmeßgerät und zwei Präzisionsgeräte des Typs „Würzburg" mit Parabolspiegelantennen suchen den Himmel ab.

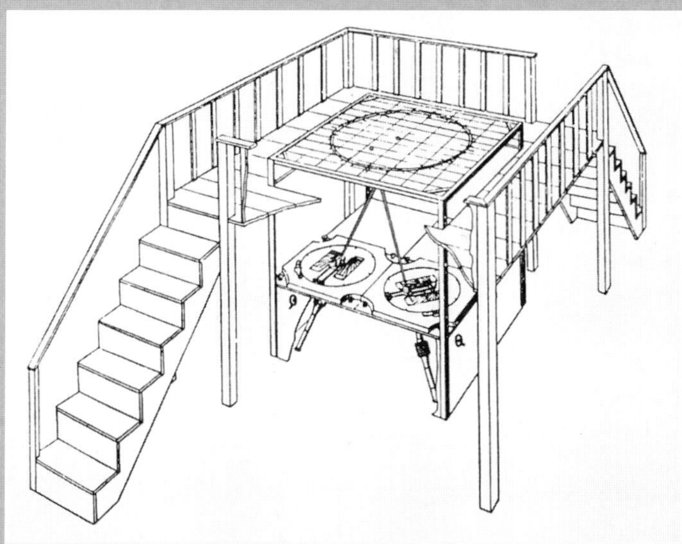

Farbige Lichtstrahlen – rot für einen feindlichen Bomber, blau für einen deutschen Jäger –, die auf einen Auswertetisch projiziert wurden, machten ein Abfangen des Feindes möglich.

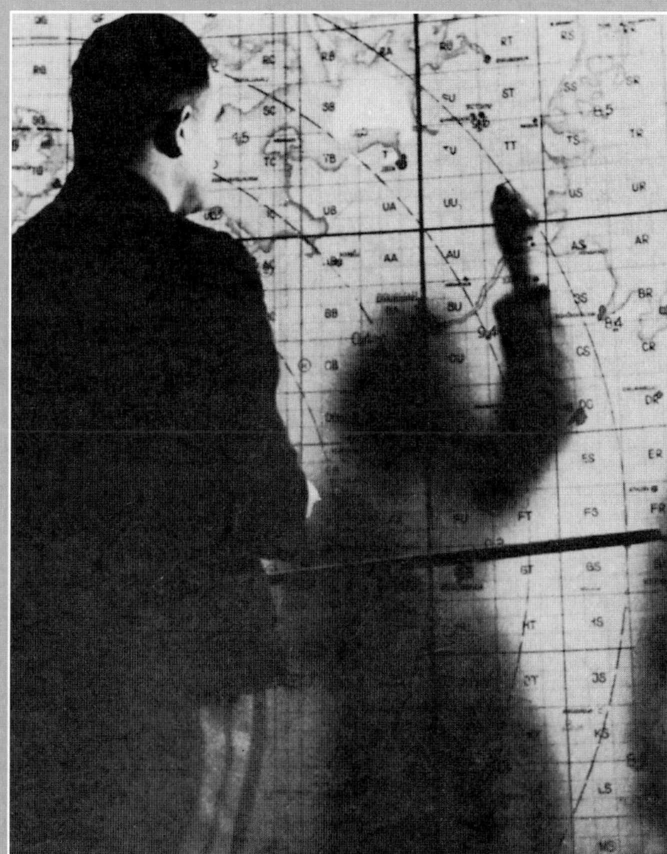

Ein Luftwaffenverbindungsoffizier begutachtet die Luftlage auf einer durchsichtigen Wandkarte im Gefechtsstand, in die Luftwaffenhelferinnen die von Funkmeßstellungen der Kammhuber-Linie gemeldeten Flugzeugstandorte eintragen.

flogen, faßten sie ihre Flugzeuge zu Bomberströmen zusammen, die die Jägerleitstände durch ihre große Überzahl vor unlösbare Probleme stellten. Auf jeden Bomber, der im Anflug auf Köln abgeschossen wurde, kamen über 20, die unbeschädigt durch die Kammhuber-Linie gelangten.

Kammhuber reagierte darauf mit dem Aufbau weiterer Jägerleitstände, durch die sein Riegel tiefer wurde. Nun mußten die feindlichen Maschinen ein Planquadrat nach dem anderen durchfliegen, um ihre Ziele zu erreichen. Mitte 1943 glich die Kammhuber-Linie einem riesigen Schachspiel, bei dem englische Bomberpiloten, die ihre Bomben ins Ziel zu bringen suchten, ihr Leben gegen Funkmeßstellen, Scheinwerfer, radargeführte Nachtjäger und radargesteuerte Flakbatterien einsetzten. Aber den Engländern gelang es vor allem dadurch, ihre Verluste auf einem annehmbaren Stand zu halten, der deutlich unter den Produktionsziffern ihrer Flugzeugindustrie lag, daß sie jeder deutschen Neuentwicklung ein eigenes Gerät entgegenzustellen wußten.

Beide Seiten verfügten über ein ehrgeiziges und erfinderisches Team von Physikern, Ingenieuren und Technikern, das daran arbeitete, die eigenen Piloten mit den neuesten elektronischen Führungs- und Warngeräten auszustatten. Diese modernen Hexenmeister überzogen den Himmel Westeuropas mit unsichtbaren Hochfrequenzleitstrahlen, Radarsonden und Infrarotsensoren. Nachdem die Engländer die elektronischen Führungsverfahren „Gee“ und „Oboe“ entwickelt hatten, um ihre Bomber zu den ihnen zugewiesenen Angriffszielen zu führen, konterten die Deutschen mit Störsendern, die die englischen Signale unterdrückten und über deutschem Gebiet nahezu unbrauchbar machten. Zur gleichen Zeit störten die Engländer den Funkverkehr zwischen „Himmelbett“-Jägerleitständen und den deutschen Nachtjägern. Daraufhin gingen die Deutschen dazu über, die Nachtjäger mit eigenen Funkmeßgeräten auszurüsten, die die Piloten zu ihrer Beute führten.

Die deutschen Nachtjäger mußten jedoch bald feststellen, daß gerade die Funkmeßgeräte, von denen sie in Schußposition geführt wurden, sie auch verraten konnten. Englische Begleitjäger, die mit dem Radarempfänger „Serrate“ ausgerüstet waren, konnten die eingebauten Funkmeßgeräte anpeilen und die Maschinen abschießen. Ein besonders raffiniertes englisches Gerät, das „Perfectos“ hieß, konnte den Sender, durch dessen Antwortimpuls sich deutsche Flugzeuge den eigenen Funkmeßstationen zu erkennen gaben, elektronisch aktivieren. In der Praxis enttarnte „Perfectos“ deutsche Maschinen in dem Augenblick, in dem ihre Besatzungen größten Wert darauf legten, unerkannt zu bleiben. Unterdessen hatten deutsche Ingenieure ihrerseits die Bordsuchgeräte „Flensburg“ und „Naxos-Z“ entwickelt, mit denen Luftwaffenpiloten die von englischen Bordradargeräten ausgestrahlten spezifischen Impulse anpeilen konnten.

Auch altmodische Täuschungsmanöver spielten in diesem tödlichen Katz-und-Maus-Spiel eine Rolle. Um englische Bomberpiloten irrezuführen, bauten die Deutschen riesige Scheinanlagen, die aus der Luft wie Großstädte mit verheißungsvollen Fabrikschloten aussahen, und schossen Leuchtsignale ab, die Ähnlichkeit mit den Fallschirmleuchtbomben hatten, mit denen englische Pfadfinder-Maschinen Ziele für nachfolgende Bomber markierten. Gelegentlich speisten die Engländer einen Wust gefälschter Befehle in den Funkverkehr der Luftwaffe ein, statt ihn zu stören. Als dieses Verfahren unter dem Decknamen „Unternehmen Corona“ im Herbst 1943 erstmals angewendet wurde, fluchte ein aufgebrachter deutscher

Deutsche Jagdflugzeuge des Zweiten Weltkriegs

Die auf diesen Seiten abgebildeten vier schnittigen Jagdflugzeuge verkörpern Höhepunkte der bemerkenswerten zehnjährigen Entwicklungsgeschichte der Jäger der deutschen Luftwaffe.

Die erste dieser Maschinen, Willy Messerschmitts Me 109, ein freitragender Eindecker, machte ihren Erstflug 1935. Ihre Konstruktion war so neuartig, daß sie Deutschlands militärische Planer überraschte, die noch in der Erinnerung an Doppeldecker mit offenem Führersitz wie im Ersten Weltkrieg lebten. Ein Jahr später folgte mit der Me 110 ein für Langstreckeneinsätze gebauter zweimotoriger Jäger. Die Focke-Wulf Fw 190, die ihren Erstflug 1939 machte, war ein Hochleistungsjäger, der über 640 Stundenkilometer erreichte. Und die erst gegen Kriegsende in Dienst gestellte Me 262 verkörperte einen imponierenden technologischen Durchbruch: Die Me 262 war der erste serienmäßig in Luftkämpfen eingesetzte Düsenjäger.

Mit Ausnahme der Me 262 sind die hier gezeigten Maschinen jeweils in ihrer späteren Ausführung abgebildet. Das Jahr ihrer Indienststellung steht in Klammern. Die Jagdflugzeuge Me 109, Me 110 und Fw 190 sind maßstabgetreu dargestellt. Der Düsenjäger Me 262 erscheint in geringfügig vergrößertem Maßstab.

MESSERSCHMITT ME 109 E-4 (1940)
Das Jagdflugzeug Me 109, ein gut bewaffneter freitragender Ganzmetalltiefdecker, erreichte ursprünglich 470 Stundenkilometer, wurde aber ständig weiter verbessert: Die Ausführung E-4 erreichte 570 Stundenkilometer. Die Me 109 war mit insgesamt etwa 35 000 Maschinen das meistgebaute deutsche Jagdflugzeug.

MESSERSCHMITT ME 110 G-4 (1942)

Obwohl die Me 110 in ihrer Rolle als Langstrecken-Begleitjäger völlig versagte, bewies sie ihre Kampfkraft als Nachtjäger bei der Reichsverteidigung. Sie konnte mit ihrem Bordsuchgerät in der Dunkelheit „sehen“ und war mit schräg nach oben schießenden 20-mm-Maschinenkanonen – „schräge Musik“ genannt – bewaffnet, um Bomber von unten angreifen zu können.

FOCKE-WULF FW 190 A8/U6 (1943)
Als die Überlegenheit der deutschen Jagdflugzeuge im Jahr 1941 durch die englische Spitfire gefährdet schien, erhöhte die Luftwaffe den Einsatz, indem sie die Fw 190 – ein Meisterwerk der Jägerentwicklung – in den Kampf um die Luftherrschaft eingreifen ließ. Dieses neue Jagdflugzeug konnte höher und weiter als die vielgerühmte Me 109 fliegen.

MESSERSCHMITT ME 262 A-1A (1944)
Mit ihrer Höchstgeschwindigkeit von 870 Stundenkilometern war die Me 262 ihrer Zeit voraus, wurde aber zu spät eingesetzt, um etwas gegen die Bomberströme der Alliierten über Deutschland ausrichten zu können. Bis Kriegsende wurden etwa 1400 dieser Düsenjäger gebaut. Die abgebildete Maschine gehörte zum Jagdverband 44, Adolf Gallands Eliteverband.

Jägerleitoffizier, der mit anhören mußte, wie seine Befehle von einer unbekannten Stimme in perfektem Deutsch abgeändert wurden, wütend in sein Mikrophon. Das veranlaßte den geistesgegenwärtigen englischen Funkstörer dazu, die Verwirrung zu steigern, indem er behauptete: „Der Engländer flucht jetzt." „Nicht der Engländer flucht", beteuerte der verzweifelte Deutsche seinen Besatzungen. „Das bin doch ich!"

Zwei technische Entwicklungen – eine deutsche und eine englische –, die gewaltige Auswirkungen auf die Luftschlacht über Deutschland hatten, basierten nicht auf elektronischen Geräten, sondern waren das Ergebnis einer genialen Erfindung auf dem Gebiet der Mechanik. Die erste beruhte auf dem ebenso einfachen wie klugen Einfall, zwei 20-mm-Maschinenkanonen schräg nach oben gerichtet in den Rumpf eines Nachtjägers einzubauen. Da sie nach oben zielten, konnte der Nachtjäger sich unter einen ahnungslosen Bomber setzen und das Feuer eröffnen – wobei er darauf achtete, die Treibstofftanks, aber nicht den Bombenschacht zu treffen, weil die detonierende Bombenladung zugleich auch seine Maschine zerstören konnte. Diese neuen, schräg nach oben schießenden Kanonen wurden „schräge Musik" genannt, was im Deutschen damals eine abfällige Bezeichnung für Jazz war.

Obwohl die deutschen Nachtjäger mit ihrer „schrägen Musik" eine vernichtende Waffe besaßen, mußten sie feststellen, daß ihr gesamtes Verteidigungssystem durch eine etwa zur gleichen Zeit eingeführte englische Erfindung, die noch einfacher und dazu wirkungsvoller war, nahezu lahmgelegt wurde: durch ungefähr 30 Zentimeter lange und 1,5 Zentimeter breite Silberpapierstreifen, die den Decknamen „Window" (im Deutschen „Düppel") trugen. Ein abgeworfenes Paket mit 2000 Düppeln, die sich in der Luft verteilten, erzeugte ein Radarecho, das ähnlich wirkte wie das eines Bombers. Ab Mitte 1943 warfen die Engländer jede Woche rund 250 Millionen Düppel ab, um auf diese Art im deutschen Luftraum und am Boden heillose Verwirrung zu stiften.

Am Abend des 24. Juli 1943 wurde die Luftwaffe bei einem englischen Großangriff auf Hamburg zum erstenmal mit Düppeln konfrontiert. Während 746 Bomber den Ärmelkanal überflogen, begannen sie, bündelweise Silberpapierstreifen abzuwerfen. Auf ihren Schirmen sahen die Männer in den deutschen Funkmeßstellen einen anfliegenden Verband von nicht weniger als 11 000 Maschinen. Das konnte nicht stimmen, aber die Echos auf der Braunschen Röhre ließen keine andere Deutung zu. Während die bereits gestarteten Nachtjäger verwirrt zuhörten und sich fragten, was in ihre Jägerleitoffiziere gefahren sein mochte, summte es im Äther von seltsamen, widersprüchlichen Anweisungen und Meldungen: „Versuchen Sie, ohne Führung vom Boden zurechtzukommen!" „Unmöglich! Zu viele Kuriere!" „Der Gegner vervielfacht sich!"

Besatzungen mit eigenen Bordsuchgeräten begannen den Himmel abzusuchen und waren ebenso verblüfft und verwirrt wie ihre Kameraden in den Jägerleitständen. Da eine langsam sinkende Düppelwolke praktisch keine Eigengeschwindigkeit besaß, reflektierte das von ihr zurückgeworfene Radarecho die Geschwindigkeit des Nachtjägers, so daß die Illusion entstand, das nichtexistierende feindliche Flugzeug fliege außergewöhnlich schnell. Ein deutscher Nachtjäger erinnerte sich später, wie begeistert er war, als sein Bordfunker Facius den ersten Zielzacken auf der Mattscheibe entdeckte. „Ich kurvte auf eine Peillinie ein. Facius meldete weiter drei oder vier Ziele auf seinen Leuchtschirmen. Ich hoffte, daß ich

Suchscheinwerfer, die nach anfliegenden englischen Bombern greifen, und Leuchtspurgranaten der Flak erhellen im Jahre 1941 den nächtlichen Himmel über einer norddeutschen Großstadt. Sobald die Flughöhe eines feindlichen Verbandes genau bestimmt war, stellten die Flakbedienungen die Zünder ihrer Granaten so ein, daß die Sprengpunkte in Flughöhe der Bomber lagen.

genügend Munition für alle haben würde! Dann rief Facius plötzlich: ‚Tommy fliegt mit hoher Geschwindigkeit auf uns zu! Entfernung nimmt ab – 2000 Meter... 1500... 1000... 500...'

„Ich war sprachlos. Facius hatte bereits ein neues Ziel erfaßt. ‚Vielleicht ist das ein deutscher Jäger auf Westkurs gewesen', sagte ich mir und flog den nächsten Bomber an. Wenig später rief Facius wieder: ‚Bomber rast auf uns zu – 2000... 1000... 500... er ist weg!' ‚Du spinnst, Facius', sagte ich im Scherz. Aber meine gute Laune war bald dahin, denn dieses verrückte Spiel wiederholte sich noch zwanzigmal."

Im Schutz der abgeworfenen Düppel, die die deutschen Funkmeßgeräte erblinden ließen, flogen die englischen Bomber den ersten einer ganzen Reihe vernichtender Angriffe auf Hamburg. Die Silberpapierstreifen verwirrten auch das Bedienungspersonal des hochentwickelten funkmeßgesteuerten Feuerleitsystems mit 22 Scheinwerferbatterien und 54 Flakstellungen, das die Stadt schützen sollte. Beim Eintreffen über Hamburg wurden die Bomberbesatzungen Augenzeugen eines unvergeßlichen Schauspiels: Flakgeschütze und Scheinwerfer, die auf die gleichen elektronischen Irrlichter reagierten, die schon den Bordfunker Facius verwirrt hatten, versuchten den leeren Luftraum mit Sperrfeuer und wild tanzenden Lichtstrahlen abzuriegeln. Während die Deutschen nichtexistierende Ziele beschossen, durchstießen die meisten echten Bomber den Verteidigungsring. Die Angreifer beschädigten Hamburgs Versorgungseinrichtungen, Industrie und Wohngebiete schwer und verloren dabei nur zwölf Maschinen – ein Verlust von nur 1,5 Prozent. Zwei Nächte darauf griffen sie Hamburg erneut an. Diesmal tobte ein Feuersturm durch die brennende

Stadt, weil die über den Brandherden aufsteigende heiße Luft Frischluft ansaugte und dadurch die Brände anfachte, in denen Gebäude und Bewohner bei Temperaturen von über 1000 Grad verglühten. Der entmutigte Hamburger Polizeipräsident sprach von „einem nie dagewesenen Feuersturm, gegen den alle menschliche Abwehr machtlos ist". In dieser Nacht starben über 40 000 Menschen.

Nachdem Hamburg im Juli und August 1943 noch viermal angegriffen worden war, fürchtete Generalfeldmarschall Erhard Milch, der Generalinspekteur der Luftwaffe, nach weiteren fünf bis sechs Großangriffen dieser Art werde die deutsche Bevölkerung bei aller Willensstärke einfach aufgeben. „Die Leute werden sagen: ‚Uns reicht's, wir können einfach nicht mehr ertragen.' Der Mann an der Front wird sich ein Loch graben und darin bleiben müssen, bis die Angreifer abgezogen sind. Was die Heimat durchmacht, ist entsetzlich."

Eine mögliche Lösung des Düppelproblems war einige Monate zuvor von Major Hajo Hermann vorgeschlagen worden, der als hervorragender Kampfflieger im April 1941 der Held des Angriffs auf den griechischen Hafen Piräus gewesen war. Hermann, der jetzt an der Luftkriegs-Akademie Dienst tat, vertrat die Auffassung, Nachtjäger könnten die elektronischen Tricks der Engländer ausschalten, wenn sie sich nicht auf Funkmeß- oder Funkführung verließen, sondern ungebunden Jagd auf die Bomber machten. Anstatt an die Einsatzräume der Kammhuber-Linie gebunden zu sein, sollten die in großer Höhe fliegenden Jäger dem gegnerischen Verband bis zum Angriffsziel folgen, wo die Silhouetten der feindlichen

Bomber sich von den Lichtstrahlen der Scheinwerfer und dem Feuerschein der Brände abheben würden. Um keine deutschen Maschinen abzuschießen, stellten die Flakbatterien die Zünder ihrer Granaten auf maximal 4500 Meter ein. Die Jäger sollten oberhalb dieser Höhenlinie bleiben. Da keine sperrigen und schweren elektronischen Geräte mitgeschleppt werden mußten, konnten einmotorige Flugzeuge eingesetzt werden, die schneller und wendiger als die Me 110 waren.

Kammhuber hatte sich entschieden gegen diese Auffassung gewandt, weil er darin einen verhängnisvollen Rückschritt im Vergleich zu seiner Jägerführung mit Funkmeßgeräten sah, aber Hermann war es gelungen, über seinen Kopf hinweg die Erlaubnis zu einem praktischen Versuch einzuholen. Nach der Hamburger Katastrophe genehmigte Göring die Aufstellung eines Geschwaders mit rund 60 Me 109 und Fw 190 zur praktischen Erprobung von Hermanns Vorschlag. Weil diese Nachtjäger sich ohne bestimmte Ordnung „wie wilde Säue" in den Kampf stürzen sollten, erhielt die freie Nachtjagd die Bezeichnung „Wilde Sau".

Gleichzeitig sollten die Me-110-Nachtjäger, die das Rückgrat des jetzt lahmgelegten „Himmelbett"-Systems bildeten, eine abgewandelte Form von Hermanns für die „Wilde Sau" vorgesehener Angriffstaktik übernehmen. Jägerleitoffiziere, die aus den Düppelechos auf ihren Mattscheiben Rückschlüsse auf die wahre Position des Gegners ziehen konnten, sollten die deutschen Nachtjäger an die einfliegenden Bomber heranführen. Sobald sie die feindlichen Maschinen erreicht hatten, sollten sie – vorausgesetzt, daß sie nicht durch Düppel gestört wurden – ihre Bordsuchgeräte benutzen, im übrigen nach Sicht angreifen. Dieses Verfahren erhielt die Bezeichnung „Zahme Sau".

„Wilde Sau" und „Zahme Sau" bewährten sich in der Nacht zum 24. August 1943, als 727 Düppel abwerfende englische Bomber Berlin angriffen. Die Bomberpiloten, die über dem Zielgebiet stets nur mit Flak zu rechnen hatten, stellten verblüfft fest, daß es am Himmel über Berlin von Focke-Wulfs und Messerschmitts wimmelte. 57 Bomber wurden abgeschossen – ein Verlust von fast acht Prozent, den die Engländer in dieser Höhe auf die Dauer nicht verkraften konnten – und weitere 31 beschädigt. Bei zwei Folgeangriffen am 31. August und 3. September erzielten die Nachtjäger über Berlin ähnliche Abschußzahlen. Durch diese drei nächtlichen Luftangriffe verursachten die Engländer schwere Schäden, ohne jedoch die Reichshauptstadt wie gehofft ausradieren zu können, und verloren nicht weniger als 126 Bomber.

Unterdessen entdeckten auch die Amerikaner, daß die Luftwaffe noch immer ein ernstzunehmender und gefährlicher Gegner war – vor allem bei Tagesangriffen. Die Engländer hatten versucht, den Vereinigten Staaten von Tagesangriffen auf Deutschland abzuraten, und vorausgesagt, daß die Verluste auf die Dauer zu hoch sein würden. Die Amerikaner glaubten jedoch, die Präzisionsangriffe, die die deutsche Rüstungsindustrie ausschalten sollten, seien nur tagsüber möglich. Die Begleitjäger der B-17 Flying Fortresses und B-24 Liberators der 8. US-Luftflotte konnten ihre Bomber nur 260 bis 280 Kilometer weit schützen, bevor sie umkehren mußten. Das hielt die Amerikaner jedoch nicht davon ab, am 17. August 1943 einen Angriff tief nach Deutschland hinein zu fliegen.

Bei diesem Einsatz handelte es sich um einen Doppelangriff: 147 Fliegende Festungen sollten das Messerschmittwerk Regensburg, weitere 216 die Kugellagerwerke in Schweinfurt bombardieren. Um nach Regens-

Bei einem Nachteinsatz über Deutschland hebt sich ein englischer Lancaster-Bomber, dem ein Motor weggeschossen wurde, als Silhouette gegen die Leuchtbomben und Rauchwolken ab. Deutsche Nachtjäger schleusten sich mit ihren zweimotorigen Maschinen in den feindlichen Bomberstrom ein, hängten sich unter die Lancasters, wo sie von den Besatzungen nicht gesehen werden konnten, und griffen im geeigneten Augenblick an.

Nachdem die Bordwarte seine mit einem Nachttarnanstrich versehene Me 109 überprüft haben, bereitet ein deutscher Nachtjäger sich 1944 auf den Start zur freien Jagd auf Bomber der Alliierten vor. Diese „Wilde-Sau"-Taktik bewährte sich erstmals am 3. Juli 1943, als über Köln zwölf englische Bomber abgeschossen wurden.

burg zu gelangen, mußten die amerikanischen Bomber ohne Jagdschutz 500 Kilometer weit über feindliches Gebiet fliegen. Die auf Schweinfurt angesetzten Maschinen hatten zwar einen etwas kürzeren, aber keineswegs einen weniger gefährlichen Flug vor sich.

Die Tagjäger der Luftwaffe griffen an, sobald die amerikanischen Begleitjäger an der Grenze ihrer Reichweite angelangt waren und umkehren mußten. Oberst Beirne Lay, der Kopilot einer Fliegenden Festung in der untersten Staffel des letzten Kampfgeschwaders, das die Hauptlast der Angriffe zu tragen hatte, schilderte später, mit welch wütender Energie die Deutschen den Feind angriffen:

„Eine aus zwölf Maschinen bestehende Staffel Me 109 schwenkte mit ihren gelben Nasen in einer weiten Kehrtkurve ein und griff von 12 bis 2 Uhr in Rotten und zu viert an, und die Hauptvorstellung begann. Ein silberglänzender Gegenstand segelte über unsere rechte Tragfläche. Ich erkannte ihn als eine Hauptausstiegstür. Sekunden später kam ein dunkles Etwas durch den Verband gestürzt und verfehlte dabei nur knapp mehrere Luftschrauben. Es war ein Mann, der seine hochgezogenen Knie mit den Armen umklammerte und wie ein Turmspringer bei einem dreifachen Salto rotierte. Soweit ich sah, hatte sich sein Fallschirm nicht geöffnet.

„Eine B-17 scherte langsam nach rechts aus dem Verband aus, ohne an Höhe zu verlieren. In Bruchteilen einer Sekunde verschwand die B-17 vollständig in einer grellen Explosion, nach der nur vier kleine Feuerkugeln, die Treibstofftanks, übrigblieben, die beim Abstürzen rasch verglühten. Unser Flugzeug wurde durch fallende Wracktrümmer gefährdet. Notausstiege, Ausstiegstüren, vorzeitig geöffnete Fallschirme, Leichen und verschiedene Bruchstücke von B-17 und Hunnen-Jägern rauschten im Luftschraubenstrahl an uns vorbei."

Den Schweinfurt angreifenden Maschinen stand dieser Spießrutenlauf auf dem Rückweg nach England erneut bevor, während der auf Regensburg angesetzte Verband nach Süden weiterflog und über Alpen und Mittelmeer zu amerikanischen Luftstützpunkten in Nordafrika entkam. Von insgesamt 363 Bombern wurden 60 abgeschossen. Weitere 55 Bomber gingen bei Notlandungen in England und Nordafrika restlos zu Bruch. Die Luftwaffe verlor lediglich 25 Jagdflugzeuge.

Obwohl es der Reichsverteidigung nicht immer gelang, feindlichen Bomberverbänden so schmerzhafte Verluste beizubringen und obwohl sie gelegentlich selbst schwere Einbußen hinnehmen mußte, gelang es der Luftwaffe im Herbst 1943 doch immer wieder einmal, die Alliierten für ihre Angriffe büßen zu lassen. Als amerikanische Bomber am 14. Oktober erneut Schweinfurt angriffen, schossen Tagjäger und Flak von 291 Fliegenden Festungen 60 ab, während die Deutschen nur 50 Jäger verloren.

Der deutschen Nachtjagd, deren Standardangriffsverfahren jetzt das „Wilde"- und „Zahme-Sau"-System war (Kammhuber, der sich dagegen ausgesprochen hatte, wurde im November von seinem Posten abgelöst und nach Skandinavien als Befehlshaber der Luftflotte 5 abgeschoben), gelang es, bis weit ins neue Jahr hinein ähnliche Erfolge zu erzielen. Unterdessen hatten die Bordfunker der Nachtjäger die nach dem „Zahme-Sau"-Verfahren angriffen, gelernt, auf den Mattscheiben ihrer Bordsuchgeräte zwischen Düppeln und echten Flugzeugen zu unterscheiden. Außerdem flogen die feindlichen Bomber oft in so riesigen Verbänden ein, daß die Nachtjäger Mühe gehabt hätten, ihnen auszuweichen.

Feldwebel Ostheimer, ein „Zahme-Sau"-Bordfunker, schilderte später ein Zusammentreffen mit einem 140 Kilometer langen Strom aus 585 Lancaster- und Halifax-Bombern, die am Abend des 21. Januar 1944 zum Angriff auf Magdeburg anflogen. Ostheimer gehörte zur Besatzung einer zweimotorigen Ju 88, die von Major Prinz Heinrich zu Sayn-Wittgenstein geflogen wurde. Der Prinz, einer der erfolgreichsten deutschen Nachtjäger, hatte damals bereits 79 Abschüsse erzielt. Seine Maschine war mit der „schrägen Musik" ausgerüstet – der schräg nach oben schießenden Maschinenkanone, mit der er sich unter seine Opfer hängen und sie ungesehen abschießen konnte. Da die „schräge Musik" keine Leuchtspur schoß, hatten die Besatzungen der angegriffenen Bomber und ihre Kameraden in benachbarten Maschinen in vielen Fällen nicht die leiseste Ahnung, woher das Feuer kam.

„Wir starteten kurz vor 21 Uhr", berichtete Feldwebel Ostheimer, Wittgensteins Bordfunker, von ihrem letzten gemeinsamen Einsatz. „Um 22.00 Uhr fiel der erste Lancaster-Bomber, fünf Minuten später der zweite. Wir befanden uns mitten im Bomberstrom, aus dem Major Wittgenstein um 22.30 Uhr den dritten Lancaster-Bomber herausschoß, kurz darauf einen weiteren Viermot, und als wir im Anflug auf den fünften Bomber den zweiten Angriff flogen, Major Wittgenstein schoß, krachte und blitzte es auch in unserer Maschine fürchterlich.

„Es brannte gleich die linke Fläche, und die Maschine begann zu stürzen. Da sah ich, wie über mir das Kabinendach wegflog, und hörte in der Eigenverständigung einen Schrei wie ‚Raus!' Ich riß die Atemmaske und die Kopfhaube herunter und wurde aus der Maschine geschleudert. Nach einiger Zeit zog ich den Schirm und kam nach 15 Minuten kurz vor 23 Uhr östlich Hohengöhrener Damm bei Schönhausen an der Elbe auf den Boden." Aber Wittgenstein, der in diesem Augenblick mit 83 Abschüssen erfolgreichste deutsche Nachtjäger, verunglückte tödlich, als er mit seiner Maschine abstürzte. Die Engländer verloren bei ihrem Angriff auf Magdeburg 55 der insgesamt eingesetzten 648 Bomber.

Ihren spektakulärsten Erfolg – den größten Abwehrerfolg der deutschen Luftwaffe im Zweiten Weltkrieg – erzielten die Nachtjäger in der Nacht zum 31. März 1944. Am Abend des 30. März starteten 795 Bomber der Alliierten – mit einigen amerikanischen Maschinen im überwiegend englischen Verband – zu einem Angriff auf Nürnberg, eine Stadt, die Panzer, Panzerspähwagen und Dieselmotoren herstellte.

Die Piloten rechneten damit, unterwegs wegen Bewölkung zumindest teilweise vor Nachtjägern sicher zu sein. Statt dessen war der Himmel klar und mondhell. Und da die Nacht außergewöhnlich kalt war, zogen die Viermotorigen lange weiße Kondensstreifen hinter sich her, die sich deutlich in der dünnen Luft abzeichneten.

Sobald der einfliegende Bomberstrom gemeldet wurde, starteten 246 Nachtjäger von ihren über ganz Deutschland verstreuten Flugplätzen. Die nach der „Zahme-Sau"-Taktik eingesetzten Nachtjäger der 3. Jagddivision erhielten Befehl, zunächst eine Warteposition bei dem kombinierten Funk- und Leuchtfeuer „Ida" südlich von Aachen einzunehmen, das genau auf der Einflugschneise des Bomberstroms lag. Während die feindlichen Bomber frontal mit den auf der Lauer liegenden deutschen Nachtjägern zusammenstießen, begannen die Luftwaffenpiloten, die Gegner mit der phänomenalen Geschwindigkeit von einer Maschine pro Minute abzuschießen. Der Flugzeugführer einer Lancaster warnte daraufhin seine Besatzung: „Legt lieber eure Fallschirme an, Jungs; ich hab' eben die Nummer zweiundvierzig abstürzen sehen."

Während die Bomber, die an „Ida" vorbeigekommen waren, nach Süden in Richtung Nürnberg eindrehten, wurde ihr neuer Kurs an die 1. und 2. Jagddivision gemeldet, von deren Maschinen sie abgefangen werden sollten. Nach dem Eindrehen auf Nürnberg warf jeder Bomber zwei Düppelbündel pro Minute ab. Die Staniolstreifen reichten jedoch nicht aus, um die bei Mondschein angreifenden Nachtjäger zu täuschen: Sie schossen auf den 120 Kilometern zwischen dem Wendepunkt und Nürnberg weitere zehn Bomber ab. Und über der Stadt wurden nochmals 39 Bomber der Alliierten erledigt.

„Normalerweise bestand die größte Schwierigkeit für uns darin, den Bomberstrom zu finden", sagte Oberleutnant Helmut Schulte, „aber in dieser Nacht machte uns das keine Mühe." Schulte brachte mit nur 56 Schuß aus seiner Maschinenkanone vier Bomber zum Absturz. Der erfolgreichste Angreifer in dieser Nacht war Oberleutnant Martin Becker, ein erfahrener Pilot. Beckers Me 110 war nicht mit „schräger Musik" ausgerüstet, trotzdem brauchte er nur 30 Minuten, um je drei Bomber der Typen Halifax und Lancaster abzuschießen. Dann mußte er landen, um zu tanken, startete aber nochmals gegen die zurückfliegenden Maschinen und schoß einen siebten englischen Bomber ab.

Die Verluste waren erstaunlich einseitig. Oberleutnant Fritz Lau, der den Bombern von seinem Flugplatz Laon-Athies entgegenjagte, erkannte den Bomberstrom schon aus der Ferne an den brennend abstürzenden Maschinen. Da deutsche Flugzeuge viele Magnesiumteile enthielten, leuchteten sie grellweiß, während englische Maschinen als dunkelrote Brandfackeln loderten. „In dieser Nacht", berichtete Lau später, „sah ich nur zwei weiße Feuer, aber viele rote." Die Luftwaffe verlor bei diesem

Ein B-17-Bomber, der den Anschluß an seinen Verband verloren hat und das Opfer einer in der Ferne einkurvenden einzelnen Focke-Wulf Fw 190 geworden ist, verliert im November 1943 in der Nähe von Bremen an Höhe. Anfangs mußten amerikanische Bomber weit nach Deutschland hineinführende Einsätze ohne Jagdschutz fliegen. Erst ab 1944 wurden sie während des gesamten Einsatzes von Langstreckenjägern begleitet.

Luftkampf zwölf Maschinen. Von den 795 Bombern der Alliierten gingen 95 verloren. Die Verluste bei den Bomberbesatzungen waren erschrekkend: 545 Gefallene und etwa 200 Verwundete.

Als Göring die im Luftkampf um Nürnberg erzielten Erfolge gemeldet wurden, jubelte er über die bewundernswürdige Tapferkeit der Nachtjägerbesatzungen, die wieder einmal über die Briten triumphiert hatten, und forderte: „Weiter so!" Aber die dunkelroten Brandfackeln abstürzender englischer Bomber in der Nacht zum 31. März 1944 kündigten keine weiteren Siege der Luftwaffe an. Sie sollte nie mehr imstande sein, ihren Gegnern derartig hohe Verluste beizubringen. Statt dessen mußte sie in Zukunft ums Überleben kämpfen.

Trotz einer Serie deutscher Nachtjagdsiege hatte sich das Blatt im Luftkrieg bereits eindeutig zugunsten der Alliierten gewendet – eine

Tatsache, die für die bei Tageslicht kämpfenden deutschen Jagdflieger nur allzu augenfällig war. Am Himmel über Deutschland erschien jetzt ein neues amerikanisches Jagdflugzeug, die P-51 B Mustang. Diese von der North American Aviation Incorporated gebaute verbesserte Ausführung der ursprünglich nicht sonderlich erfolgreichen P-51 hatte einen V-12 Motor mit 1400 Pferdestärken, der ihr eine Höchstgeschwindigkeit von 710 Stundenkilometern ermöglichte. Damit war die Mustang über 50 Stundenkilometer schneller als die Me 109, rund 30 Stundenkilometer schneller als die Fw 190 und wendiger als die beiden deutschen Jäger. Ihre wichtigste Eigenschaft war jedoch ihr Aktionsradius von 1300 Kilometern, mit dem die P-51 B amerikanische Bomber über ganz Deutschland begleiten konnte. Dabei wurden die Mustangs von zwei weiteren amerikanischen Langstrecken-Begleitjägern unterstützt. Einer war die P-47 C Thunderbolt der Republic Aviation Corporation, ein schwerer einmotoriger Jäger, dessen Aktionsradius etwa zu diesem Zeitpunkt durch abwerfbare Zusatztanks auf rund 800 Kilometer gesteigert worden war. Der andere war die Lockheed P-38 F Lightning, ein zweimotoriger Jäger, der Bomber mit seinen Zusatztanks über 1100 Kilometer weit begleiten konnte.

Als Mustangs über Hannover, mehr als 300 Kilometer innerhalb des Deutschen Reichs, gesichtet wurden, weigerte sich Generalfeldmarschall Göring, diese Meldung zu glauben, und erteilte der betreffenden Kommandobehörde einen Verweis. Wenig später wurde jedoch General Galland, der einen Tagjägereinsatz der Reichsverteidigung aus der Luft inspizierte, von vier Mustangs bis nach Berlin zurückgejagt. Jetzt konnte sich Göring dieser Tatsache nicht mehr verschließen, und er erfaßte auch durchaus den Ernst dieser neuen Entwicklung. Nach seinen Worten war die Einführung amerikanischer Langstrecken-Begleitjäger nichts weniger als „eine Tragödie". Was die Luftwaffe betraf, sollte er damit recht behalten. „Jetzt mußten nicht mehr ihre Bomber durch unsere Jäger Spießruten laufen", erinnerte sich ein Luftwaffenpilot, „sondern wir mußten durch ihre Bomber und Jäger Spießruten laufen."

Gleichzeitig bauten die Amerikaner auch ihre Bomberverbände zu gewaltiger Stärke aus. Mitte Februar verfügte die amerikanische 8. Luftflotte über etwa 2500 Bomber und 1200 Jäger. Zwar war auch die Stärke der deutschen Tagjagdverbände gewachsen – aber nur auf etwa 1000 Flugzeuge. Am 20. Februar demonstrierten die Amerikaner ihre neue Kampfkraft, indem sie mit sechstägigen Luftangriffen auf die deutsche Flugzeugindustrie begannen. Bei diesen als „Big Week" bezeichneten Einsätzen sorgten die neuen Begleitjäger dafür, daß die amerikanischen Bomberverluste sechs Prozent nicht überschritten, während 355 Tagjäger der Luftwaffe vernichtet und weitere 155 beschädigt wurden. Die durch die „Big Week" bewirkten katastrophalen Zerstörungen hatten zur Folge, daß die Deutschen ihre Jägerproduktion umorganisierten und steigerten. Obwohl Hitler weiterhin halsstarrig auf der Vorrangigkeit von Bombern bestand, stieg die Monatsproduktion von einmotorigen Jagdflugzeugen von weniger als 900 Maschinen im Februar auf über 2000 im April 1944.

Die schwersten Verluste fügte die „Big Week" der deutschen Tagjagd jedoch nicht im materiellen, sondern im personellen Bereich zu: Insgesamt waren im Februar 225 Männer gefallen oder vermißt und 141 verwundet – zehn Prozent des fliegenden Personals.

Während die Amerikaner ihren Druck in den nächsten Monaten durch Tagesangriffe auf Berlin und ständige Angriffe auf Flugzeugwerke aufrechterhielten, stiegen die Verluste der Luftwaffe besorgniserregend an. „Die Tagjagd hat in den letzten vier Monaten weit über 1000 Flugzeugführer verloren", stellte Galland im April 1944 in einem Bericht ans Oberkommando der Luftwaffe fest, „darunter die besten Staffelkapitäne, Kommandeure und Geschwaderkommodores... Es ist jetzt so weit, daß man sagen muß, es besteht die Gefahr des Zusammenbruchs unserer Waffe."

Die Ausbildungs- und Ergänzungsorganisation der Luftwaffe bildete zahlreiche Flugzeugführer heran, um die Gefallenen möglichst schnell zu ersetzen. Um die Absolventenzahlen halten zu können, war die Lehrgangsdauer verkürzt worden. Angehende Jagdflieger erhielten nur eine etwa 30stündige Ausbildung auf einmotorigen Jagdflugzeugen, bevor sie Einsatzverbänden zugeteilt wurden – im Gegensatz zu der bei Kriegsausbruch üblichen über 50stündigen Ausbildung. Und da die besten Flugzeugführer im Einsatz standen, waren die Fluglehrer im allgemeinen mangelhaft qualifiziert. Das hatte zur Folge, daß die zum großen Teil noch blutjungen Jagdflieger ungenügend auf den tobenden Luftkrieg vorbereitet waren, in den sie geworfen wurden. Viele kamen nicht einmal soweit: 32 der 100 Flugschüler eines glücklosen Lehrgangs für Me-109-Piloten stürzten vor Lehrgangsende tödlich ab.

Die Luftwaffe machte keinen Versuch, die neuen amerikanischen Begleitjäger durch Direktangriffe zu bekämpfen. Tatsächlich befahl Göring seinen Jagdfliegern, Luftkämpfe mit feindlichen Jägern zu vermeiden und nur Bomber anzugreifen. Dadurch wuchs das Selbstvertrauen der amerikanischen Jagdflieger, die sich bald angewöhnten, nicht nur ihre Bomber zu begleiten, sondern deutsche Jäger aufzuspüren und anzugreifen, bevor diese auch nur in die Nähe der Bomber kamen. Damit rissen die Amerikaner praktisch die Luftherrschaft über Deutschland an sich.

Unmittelbar nachdem die Alliierten die Invasion in Frankreich am 6. Juni 1944 durchgeführt hatten, konzentrierten sich die englischen und amerikanischen Luftstreitkräfte zunächst ganz darauf, die Bodentruppen auf dem Kontinent zu unterstützen. Aber schon wenige Tage später erschienen die Bomber und ihre Begleitjäger wieder über Deutschland – und über den Ölfeldern in dem von Deutschen besetzten Rumänien –, um die deutsche Kraftstoffversorgung lahmzulegen.

Die Angriffe auf Ölfelder, Raffinerien und Hydrierwerke erwiesen sich als das bisher wirkungsvollste von den Alliierten angewandte Mittel zur Ausschaltung der deutschen Luftwaffe. Die Produktionsmengen von Flugbenzin sanken von 195 000 Tonnen im Mai auf 35 000 Tonnen im Juli und nur 7000 Tonnen im September. Durch Rückgriffe auf die strategische Reserve gelang es der Luftwaffe, die Zahl der Einsätze während des Sommers nicht wesentlich absinken zu lassen. Im Herbst machte sich jedoch die Treibstoffknappheit entscheidend bemerkbar – ausgerechnet zu dem Zeitpunkt, als die Jägerproduktion der deutschen Flugzeugindustrie mit 3133 Jagdflugzeugen im September 1944 einen neuen Höchststand erreichte. Ohne Flugbenzin aber waren die neuen Maschinen wertlos. Um Kraftstoff zu sparen, wurden Ausbildungsflüge weiter eingeschränkt und Einsätze zur Erdkampfunterstützung an den Fronten auf ein Mindestmaß reduziert. Selbst die Flugzeugführer von den in der Reichsverteidigung eingesetzten Jagdverbänden konnten zeitweilig nicht starten, weil Treibstofflieferungen auf sich warten ließen. So mußten sie hilflos zusehen, wie die Bomber der Alliierten über sie hinwegzogen, um weitere Angriffe auf die Treibstoffversorgung zu fliegen.

Trotz der Treibstoffknappheit und Deutschlands offensichtlich hoffnungsloser Lage unternahm Hitler Ende 1944 einen verzweifelten Versuch, den Sieg durch eine Offensive doch noch an sich zu reißen. Mitte Dezember traten deutsche Panzer- und Infanteriedivisionen zum Angriff auf die dünnen feindlichen Linien in den belgischen Ardennen an und erzielten einen tiefen Einbruch in das von den Alliierten besetzte Gebiet. Zur Erdkampfunterstützung des Heeres während der Ardennenoffensive stellte Göring zwei Drittel der deutschen Tagjäger und ein Drittel der Nachtjäger von ihren Aufgaben in der Reichsverteidigung ab. Diesen Flugzeugführern, die mit Treibstoff flogen, der durch Einschränkung aller nicht unmittelbar der Unterstützung der deutschen Offensive dienenden Einsätze eingespart wurde, gelang es, täglich etwa 800 Bomben- und Tieffliegerangriffe durchzuführen. Die Luftwaffe mußte während der Ardennenoffensive jedoch hohe Verluste hinnehmen. Innerhalb von zwei Wochen war zu erkennen, daß der Vorstoß bei wachsendem Widerstand der Alliierten seinen Schwung verloren hatte.

Weder Hitler noch Göring war indes bereit, die Offensive einzustellen, und so wurden am 1. Januar 1945 etwa 900 deutsche Flugzeuge zu einem Überraschungsangriff auf Flugplätze der Alliierten in Belgien, den Niederlanden und Frankreich eingesetzt. Dieser Angriff am Neujahrsmorgen hatte den Verlust von über 400 zumeist am Boden zerstörten Maschinen der Alliierten zur Folge. Nur erwies sich der Überraschungsangriff gleichzeitig auch als letztes Aufbäumen der Luftwaffe, die sich von den dabei erlittenen Verlusten nie mehr erholte. Die Deutschen konnten die etwa 300 Flugzeuge, die sie bei diesem Unternehmen verloren, leicht ersetzen – aber nicht die 253 Flugzeugführer, darunter 19 Staffelkapitäne, Gruppenkommandeure und Geschwaderkommodores. Mitte Januar endete die Ardennenoffensive mit einem Mißerfolg. Nach wenigen Wochen setzten die Alliierten ihren Vormarsch zum Rhein fort.

Nachdem für die Ardennenoffensive riesige Mengen kostbaren Treibstoffs verbraucht worden waren, sahen die deutschen Jagdflieger sich zum Teil zu immer längerer Untätigkeit verdammt. Der Nachschuboffizier eines Geschwaders, der Tankfahrzeuge auf die Suche nach Kraftstoff ausschickte, stellte fest, daß es manchmal eine Woche dauerte, um genug Treibstoff für einen Einsatz zu beschaffen. Die zur Untätigkeit gezwungenen Flugzeugführer murrten. Viele von ihnen hatten Hunderte von Einsätzen geflogen und wollten auch jetzt noch weiterfliegen – aus Patriotismus, aus dem Wunsch, ihre Lieben zu schützen, und um wieder den Nervenkitzel dieses gefährlichen Spiels zu spüren.

Während sich die Lage an allen Fronten verschlechterte, kam es zu wachsender Entfremdung zwischen Jagdfliegern und Luftwaffenführung. Bei den Jägern entwickelte sich eine Einstellung, die sich um Dienstvorschriften und vom Oberkommando befohlenen Unsinn wenig kümmerte. Ihre Unzufriedenheit trugen einige von ihnen manchmal geradezu provozierend zur Schau. Oberst Johannes Steinhoff, ein Jagdflieger-As mit 993 Einsätzen, schilderte beispielsweise die äußere Erscheinung seines Kameraden Major Erich Hohagen, dessen Tapferkeit sichtbare Spuren hinterlassen hatte. Seit einer Operation nach einer Notlandung waren Teile seiner Stirn durch Kunststoff ersetzt, wodurch sein Gesicht „die Balance verloren" hatte, wie Steinhoff es ausdrückte.

„Wie ein Student nach einer schweren Mensur trug er eine schwarze Haube, die tief in die Augen gezogen war", schrieb Steinhoff. „Das blonde

Bizarre Konstruktionen der letzten Stunde

Während sich die Bombenangriffe der Alliierten gegen Kriegsende ständig steigerten, gingen die besten Flugzeugkonstrukteure Deutschlands in höchster Eile an die Entwicklung neuer Abfangjäger. Das Ergebnis war eine wunderliche Zusammenstellung unorthodoxer Flugzeuge – von der bei Blohm & Voss gebauten BV 40, einem winzigen „Jagdsegler", der von einem liegenden Piloten geflogen werden sollte, bis zur Bachem 349 Natter *(S. 165)*, einem zugleich futuristischen und preiswerten Raketenjäger, der hauptsächlich aus Holz bestand. Trotz der mit Hochdruck in Tag- und Nachtschichten vorangetriebenen Entwicklungarbeit an diesen Flugzeugen kamen sie alle zu spät zum Einsatz, um das Kriegsglück der Luftwaffe – und Deutschlands – noch einmal zu wenden. Von den hier und auf den nächsten Seiten abgebildeten Maschinen kam nur die Me 163 zum Einsatz. Obwohl sie im Luftkampf gewisse Erfolge erzielten, wurden zu wenige Me 163 gebaut, um den Ausgang des Krieges beeinflussen zu können.

Die Blohm & Voss BV 40, ein Segelflugzeug von knapp 5,80 Meter Länge, sollte mit 900 Stundenkilometern Höchstgeschwindigkeit in Bomberverbände der Alliierten hineinstoßen und dann frontal mit ihren beiden 30-mm-Mks angreifen.

Mit stolzen 20,40 Meter Spannweite und einem 1600-PS-Motor wäre die Blohm & Voss BV 155 den Jagdflugzeugen der Alliierten in Höhen über 12 000 Meter wohl überlegen gewesen, wenn ihre Entwicklung nicht durch konstruktionsbedingte Probleme behindert worden wäre.

Die Dornier Do 335, mit 760 km/h Höchstgeschwindigkeit der schnellste jemals gebaute Kolbenmotorjäger, verdankte ihre Geschwindigkeit einem zweiten Motor mit Druckpropeller im Heck.

Das 960 Stundenkilometer schnelle Messerschmitt-Raketenflugzeug Me 163 wurde durch die Reaktion zweier hochflüchtiger Brennstoffe angetrieben und hatte den großen Nachteil, daß sie bei harten Landungen leicht explodieren konnte.

Der Raketenjäger Bachem 349 Natter (rechts) sollte seine Bugraketen auf Bomber der Alliierten abschießen und dann abstürzen, während sein Pilot und das wiederverwendbare Triebwerk an Fallschirmen zur Erde schwebten.

Mit robustem Düsentriebwerk auf einfachem Metallrumpf war der Heinkel-„Volksjäger" He 162 in großer Zahl einfach herzustellen, aber schwierig zu fliegen.

2
3

Haar drang unter dieser Haube hervor. Gegen jede Anzugordnung (an die sich die Jagdflieger schon lange nicht mehr hielten) umrahmte ein Fuchspelz den Kragen seiner gelben Lederweste (englisches Beutegut – wahrscheinlich Dünkirchen). Und er trug Pelzstiefel. So war eigentlich nur das Stück Hosenbein, das man sehen konnte (luftwaffenblau), vorschriftsmäßig und das Ritterkreuz, das auf dem Fuchspelz hing." Hohagen war von der Luftwaffenführung später so enttäuscht, daß er sein Ritterkreuz ablegte. Bei Kriegsende, als das Dritte Reich praktisch schon nicht mehr existierte, gehörte er jedoch zu einer kleinen Gruppe von Jagdfliegern, die weiterhin Einsätze gegen die Bomber der Alliierten flogen.

Trotz der unbestreitbaren Tapferkeit von Männern wie Hohagen bezeichnete Göring seine Jagdflieger gewohnheitsmäßig als Feiglinge und machte sie für die drohende Niederlage verantwortlich. Nach einem fehlgeschlagenen Jägereinsatz forderte er Galland einmal auf, aus jeder Jagdstaffel einen Flugzeugführer „wegen Feigheit vor dem Feind vors Kriegsgericht zu stellen". Galland konnte den Reichsmarschall überreden, diesen absurden Befehl zurückzunehmen – aber die bittere Erinnerung an diese Affäre und weitere Beweise für Görings Einstellung wirkten nach und führten dazu, daß der einst so beliebte „Eiserne" jetzt die Zielscheibe erbitterter Ressentiments seitens der deutschen Jagdflieger war.

Tatsächlich benutzte Göring seine Männer als Südenböcke, um Hitlers Wut abzuleiten, die sich mit zunehmender Heftigkeit gegen ihn richtete, je häufiger die Alliierten siegten. Und je mehr Hitler sich Göring entzog, um so entscheidender entfernte sich der Reichsmarschall von allzu engem Arbeitskontakt mit seinen Untergebenen, was deren Zorn noch steigerte.

Eine Gruppe unzufriedener Offiziere, darunter einige Geschwaderkommodores, unternahm den Versuch, Görings Ablösung als Oberbefehlshaber der Luftwaffe zu erreichen. Ohne daß sie etwas davon ahnten, wurden sie jedoch auf Schritt und Tritt überwacht. Auch einige ihrer Telephongespräche wurden abgehört. Sie erreichten ihr Ziel nicht, aber auf dringendes Anraten des Chefs des Generalstabs der Luftwaffe erklärte Göring sich bereit, sich ihre Beschwerden anzuhören.

Die eigenartig aussehende Mistel bestand aus einem mit Sprengstoff vollgepackten ausgedienten Bomber Ju 88 und einem Jäger des Typs Fw 190. Die Fw 190 brachte die Ju 88 ins Ziel und warf sie wie eine Bombe ab. In der Zeit von 1943 bis 1945 wurden rund 250 Misteln zusammengestellt.

Oberst Günther Lützow, ein erfolgreicher Jagdflieger und guter Redner, wurde von seine Kameraden zum Sprecher bestimmt, als es darum ging, Reichsmarschall Göring, der die Jagdflieger immer heftiger kritisierte, im Januar 1945 ihre Beschwerden vorzutragen. Der über Lützows Kühnheit empörte Göring drohte, ihn erschießen zu lassen.

Diese bemerkenswerte Begegnung fand im Januar 1945 im Haus der Flieger in Berlin statt. Zu den Rebellen, die Görings Ablösung als Oberbefehlshaber der Luftwaffe wünschten, gehörte auch Oberst Steinhoff. Während er auf den Reichsmarschall wartete, erinnerte Steinhoff sich an einen früheren Auftritt Görings: „Einem Mimen der wagnerischen Opern gleich ließ er das romantische Ideal des Ritters eines neuen technischen Zeitalters vor unseren Augen greifbar deutlich erscheinen."

Als Göring jetzt eintrat, fiel Steinhoff der krasse Gegensatz zwischen dieser Erinnerung und dem jetzigen Aussehen Görings auf: „Es war ein müdes Gesicht, aufgedunsen und mit Falten wie bei alten Frauen, die sich vom Mund herab zum Doppelkinn zogen. Die welke Haut war gepudert, und das Gesicht hob sich kaum vom blaßblauen Uniformkragen ab, der den mächtigen Hals umschloß."

Der Sprecher der Jagdflieger, Oberst Günther Lützow, eröffnete die Diskussion energisch, indem er Göring mit unerhörter Bravour warnte, falls er ihn in gewohnter Weise unterbreche, habe diese Aussprache wenig Sinn. Göring saß nach Steinhoffs Erinnerung „wie versteinert" da und hörte schweigend zu, als Lützow die Argumente der Jagdflieger vortrug.

„Herr Reichsmarschall", sagte er, „Ihre Jagdflieger, besonders die Tagjäger, sind aufs äußerste besorgt über die nähere Zukunft ihrer Waffe und ihre Möglichkeit in der Reichsverteidigung eine wirksame Rolle zu spielen. Wir wissen, daß Sie, Herr Reichsmarschall, wegen des angeblichen Versagens der Jagdflieger schweren Vorwürfen ausgesetzt sind. Sie wiederum haben nicht gezögert, diese Vorwürfe an uns weiterzugeben, indem Sie uns der ‚Laurigkeit', zuweilen auch der Feigheit bezichtigt haben. Ihre Jagdwaffe ist noch immer imstande, der Heimat Entlastung zu bringen, dem Bombenterror wenigstens zeitweise Einhalt zu tun. Jedoch glauben wir, daß dazu alle Anstrengungen auf die Jagdwaffe konzentriert werden müssen, so konsequent wie möglich."

Dann kam Lützow auf Einzelpunkte zu sprechen. Er forderte die „Zusammenfassung aller Kräfte" zur Stärkung der Jagdwaffe und „die Unterstellung der in Reserve befindlichen Bomberverbände, die für den Jagdeinsatz vorgesehen sind, unter erfahrener Jägerführung". Danach schnitt er ein Thema an, das bei Hitler und Göring ein wunder Punkt war.

Nach sechsjähriger Geheimentwicklung hatte Messerschmitt die Serienfertigung des ersten einsatzfähigen Düsenjägers der Welt, der Me 262, aufgenommen. Das neue Flugzeug erreichte nicht nur eine noch nie dagewesene Höchstgeschwindigkeit von 870 Stundenkilometern, sondern bot auch den eindeutigen Vorteil, mit einem minderwertigen, dieselähnlichen Treibstoff auszukommen, der einfacher herzustellen war und in erheblich größeren Mengen zur Verfügung stand als das für Kolbentriebwerke benötigte klopffeste Flugbenzin.

Ein mit über 40 der unglaublich schnellen Düsenjäger Me 262 ausgerüsteter Verband, das Jagdgeschwader 7, stand bereits im Einsatz, aber Hitler, der sich noch immer an die Vorstellung klammerte, er könne diesen Krieg mit einer Luftoffensive gewinnen, war entschlossen, die neuen Düsenflugzeuge hauptsächlich als „Blitzbomber" einzusetzen. Aus diesem Grund war nicht zu erwarten, daß Göring jubeln würde, als Lützow „die sofortige Freigabe aller Düsenflugzeuge – ‚Me 262' – für den Jagdeinsatz" forderte. Görings beringte Rechte knallte flach auf den Tisch, aber Lützow sprach weiter: „Noch, Herr Reichsmarschall, kann verhindert werden, daß jede deutsche Stadt in Schutt und Asche fällt."

Endlich raffte Göring sich zu einer Erwiderung auf. „Was Sie mir hier bieten, ist unglaublich!" stellte er eisig fest. „Sie maßen sich an, mir vorzuschreiben, wie ich meine Luftwaffe zu führen habe . . . Sie verlangen, ich solle alles zusammenfassen, alles konzentrieren, die Kampfflieger eingeschlossen. Gerade das werde ich nicht tun!

„Ich wäre ein Narr, wenn ich diese schlagkräftige, hervorragende Reserve nicht für den Augenblick aufhöbe, in dem ich beschließe, den entscheidenden Schlag zu führen. Sie wollen die Düsenflugzeuge, und Sie werden sie nicht bekommen, weil ich sie denen gebe, die besser damit umgehen können, meinen Kampffliegern."

Dann explodierte Göring: „Was Sie mir hier bieten, meine Herrren, ist Staatsverrat, ist Meuterei! Es ist geradezu ungeheuerlich, daß Sie hinter meinem Rücken konspirieren und seltsame Wege gehen, die einen schweren Verstoß gegen Ihre soldatischen Pflichten, gegen Ihre Treuepflicht mir gegenüber darstellen. Ich werde entsprechend reagieren!" Er schob seinen Stuhl zurück, um sich zu erheben, und brüllte den Sprecher der Jagdflieger an: „Sie, Lützow, Sie . . . ich lasse Sie füsilieren!"

Lützow wurde jedoch nicht an die Wand gestellt. Hitler, der von dem Aufstand der Jagdflieger erfahren hatte, befahl Göring, in diesem Fall Galland gegenüber nachzugeben. „Geben Sie ihm Gelegenheit, seine immer wieder vorgebrachte Behauptung über den Kampfwert der Düsenjäger persönlich zu beweisen", ordnete Hitler an. „Er soll einen Verband mit Me 262 aufstellen."

So entstand in den letzten Monaten des Dritten Reiches einer der ungewöhnlichsten Verbände in der Geschichte der Militärluftfahrt, der auf dem Flughafen München-Riem stationierte Jagdverband 44. „Jedem war klar", sagte Steinhoff, „daß dieser Flugplatz die Endstation unserer Reise sein würde." Aber vorläufig war der Krieg noch nicht zu Ende. Galland hatte seinerseits danach gefiebert, eine Me 262 als Jagdflugzeug zu fliegen, seitdem er dieses Muster am 22. Mai 1943 erprobt und dabei das Gefühl gehabt hatte: „Es ist, als wenn ein Engel schiebt." Für die neuen Düsenflugzeuge holte er sich rund 50 der verwegensten, kampferprobtesten Piloten, die je einen Verband gebildet hatten; einige von ihnen kamen direkt aus dem Jagdfliegerheim für „abgeflogene", frontmüde Piloten. „Viele meldeten sich ohne Einwilligung oder Versetzungsbefehl", berichtete Galland. „Fast alle standen vom ersten Kriegstag an im Einsatz. Kaum einer, der nicht wenigstens einmal verwundet war. Unter den Namhaften keiner, der nicht neben höchsten Orden dieses Krieges bleibende Spuren des Kampfes trug. Das Ritterkreuz gehörte sozusagen zum Dienstanzug seines Verbandes. Jetzt, nach langer technischer und zahlenmäßiger Unterlegenheit wollten sie noch einmal das Gefühl fliegerischer Überlegenheit erleben. Sie wollten als erste Düsen-Jäger zu den letzten Jagdfliegern der Luftwaffe gehören. Hierfür setzten sie noch einmal ihr Leben ein."

Die Umstellung auf die schnellen neuen Maschinen fiel den Piloten jedoch nicht leicht. Kurz nach der Aufstellung des Verbandes flog Steinhoff, der Gallands Flugzeugführer auf die Me 262 umschulte, mit einem Düsenjäger an der Ostfront, als er einen ganzen Schwarm russischer Jäger sichtete. Er ging vorsichtig tiefer und flog die Russen aus der Sonne heraus an, so daß sie geblendet wurden. Aber er hatte die hohe Geschwindigkeit der Me 262 nicht ausreichend berücksichtigt. Die schwarzen Punkte auf der Panzerscheibe vor seinem Gesicht wurden sekundenschnell zu einem Schwarm Jäger, und Steinhoff „passierte einen, der in der Luft still zu

Der erfolgreiche Jagdflieger Johannes Steinhoff, einst als „der bestaussehende Mann der Luftwaffe" bezeichnet, sitzt 1942 an der Ostfront unbekümmert auf der Führersitzlehne seiner Me 109. Später gehörte er Adolf Gallands Eliteverband J.V. 44 an, der in den letzten Phasen des Krieges die zukunftweisenden Düsenjäger Me 262 flog.

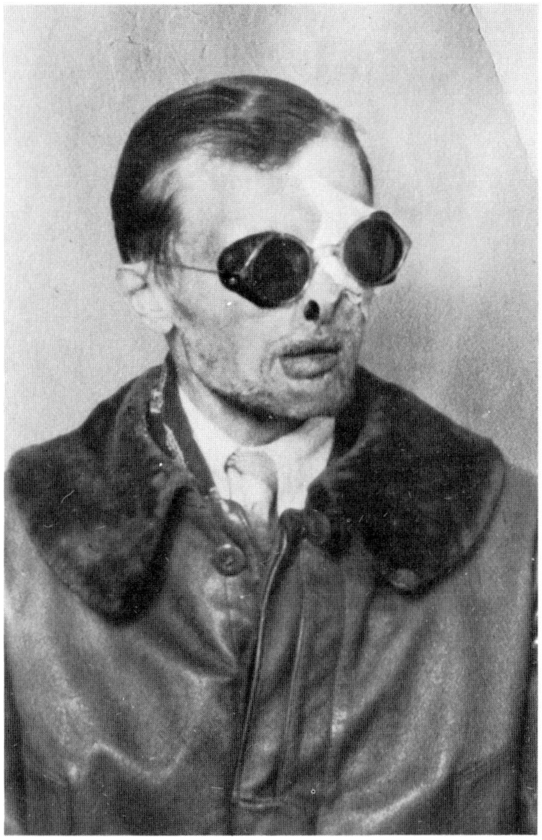

Steinhoff, der schreckliche Verbrennungen erlitt, als seine Me 262 in den letzten Kriegstagen beim Start abstürzte, trägt während seiner Genesungszeit einen Augenverband und eine dunkle Brille. Später war er maßgeblich am Aufbau der neuen deutschen Bundesluftwaffe beteiligt und diente ihr von 1966 bis 1970 als Inspekteur.

stehen schien". Angesichts seiner enormen Geschwindigkeit wurde er von Zweifeln geplagt: „Ist das wirklich ein so gutes Jagdflugzeug?" Steinhoff blieben kaum noch 25 Minuten Flugzeit, als er unter sich ein halbes Dutzend sowjetische Sturmowik-Schlachtflugzeuge entdeckte, die deutsche Infanterie mit Bomben und Bordwaffen angriffen. Er stürzte in enger Linkskurve und setzte sich mit leichter Überhöhung hinter die Russen.

„Als ich den Kopf nach vorn neigte, um durch das Visier zu schauen, merkte ich, daß ich wieder viel zu schnell flog. Während im Tiefflug die Bäume und Felder unter mir hindurchjagten, wuchsen die Umrisse des letzten Schlachtfliegers unheimlich schnell ins Visier." Steinhoff wiederholte die Anweisungen, die er sonst seinen Flugschülern gab: „Das leuchtende Zentrum des Visierkreises auf die Mitte des Rumpfes richten, – jetzt den Schußhebel durchdrücken, indem die Hand sich um den Steuerknüppel krampft –, heftig am Steuerknüppel reißen, um eine Kollision zu vermeiden." Er hielt sich sorgfältig an seine eigenen Anweisungen. „Der Feuerstoß war sehr kurz", berichtete er später. „Die Sturmowik ‚zeichnete' im Augenblick, in dem ich über sie hinwegzog." Steinhoff, der unter den Beschleunigungskräften der Me 262 in der Kurve ächzte, sah noch, wie die abgeschossene sowjetische Maschine eine Bauchlandung auf einem Schneefeld vor dem Wald machte.

Ende Februar 1945 hielten die Alliierten das Dritte Reich im Würgegriff. Die Russen standen an der Oder, keine 80 Kilometer mehr von Berlin entfernt, und die Amerikaner und Engländer hatten den Rhein erreicht. Gallands Me 262 – sowie das Jagdgeschwader 7, das im Vorjahr aufgestellte Düsenjägergeschwader – starteten jeden Tag gegen die feindlichen Bomber, die „wie Spinnen im Altweibersommer die Fäden der Kondensstreifen durch den graublauen Himmel zogen", wie Steinhoff sich ausdrückte. Und ihre Einsätze waren oft erfolgreich.

„Nun hing ich tiefer als die Bomberformation", erinnerte Steinhoff sich an einen Angriff. „Mein Fahrtüberschuß war enorm. Im leichten Hochziehen wanderte die Liberator durchs Visier, und die Kanonen polterten für zwei, drei Sekunden. In weitem Schwung trug mich der Fahrtüberschuß zwei-, dreitausend Meter über die Bomberformation, und ich sah, daß die angegriffene Liberator einen dunklen Schweif hinter sich herzog. Treffer!" Aber Steinhoff sah auch, daß der Bomberverband unbeirrbar weiterflog – und daß dahinter ein weiterer Pulk folgte. „Wir waren alle wie Eintagsfliegen am Ende des Lebens angekommen, wo sich der Spuk in Nichts auflösen wird", schrieb Steinhoff später. „Warum flogen wir noch? Für wen eigentlich?" Aber sobald der Einsatzbefehl kam, lief Steinhoff zu den wartenden Me 262, ging schnell noch einmal um sein Flugzeug herum und „strich mit der Hand über den glatten Rumpf, so wie man einem Pferd über den Hals streicht". In solchen Augenblicken wurde das Fliegen zum Selbstzweck: „Da war plötzlich wieder jenes seltsame Gefühl von Macht und Überlegenheit. Bei jedem Start mit der Me 262 ergriff es von mir Besitz. Die Frage, ‚warum' ich flog und ‚jagte', trat davor einfach in den Hintergrund. Die Amerikaner hatten Crailsheim erreicht, die Russen waren im Vormarsch auf Berlin, die Luftwaffe war nicht mehr existent. Was ich also betrieb, war eine gefährliche Therapie! Mehr noch, es war eine wahnsinnige Selbsttäuschung."

Am 18. April 1945 versagte Steinhoffs Me 262 und stürzte aus geringer Höhe ab, als er zum Angriff auf einen Regensburg anfliegenden Verband Fliegender Festungen aufsteigen wollte. Er überlebte den Aufschlagbrand, war aber durch Verbrennungen gräßlich entstellt. Inzwischen flogen praktisch keine deutschen Jäger mit Kolbentriebwerken mehr. Die Luftwaffe zerfiel jetzt rasch. Das Personal einiger Verbände wurde ins Heer eingegliedert, andere wurden einfach aufgelöst. Nur die Düsenjäger flogen unbeirrbar weiter. Göring und die Überreste des Oberkommandos der Luftwaffe hatten sich nach Berchtesgaden zurückgezogen.

Am 5. Mai, drei Tage vor der Kapitulation Deutschlands, wurde der Reichsmarschall von amerikanischen Truppen gefangengenommen. Gemeinsam mit weiteren Größen des Dritten Reiches wurde er ein Jahr später vom Internationalen Militärgerichtshof in Nürnberg als Kriegsverbrecher zum Tode durch den Strang verurteilt. Göring bat darum, durch Erschießen hingerichtet zu werden, wie es einem Soldaten zustehe. Als ihm das abgeschlagen wurde, schluckte er eine Giftkapsel, die er während seiner Gefangenschaft verborgengehalten hatte. Er starb am 15. Oktober 1946 zwei Stunden vor dem festgesetzten Hinrichtungstermin in seiner Zelle.

Etwa 265 000 Offiziere und Mannschaften der deutschen Luftwaffe waren im Zweiten Weltkrieg gefallen oder wurden vermißt. Weitere 213 000 waren verwundet worden. Sie hatten Großes geleistet. Als der Krieg sich schließlich zuungunsten Deutschlands wendete, hatten sie ihre Fähigkeiten pflichtbewußt für die Fortführung des Kampfes eingesetzt, obwohl sie „nicht gerüstet waren, einen solchen Krieg zu bestehen", wie Steinhoff später schrieb. Sie hatten rund 90 000 feindliche Flugzeuge zerstört und dabei 75 000 eigene Maschinen verloren. Ihre Einzelerfolge übertrafen die jeder anderen Luftwaffe: Bei Kriegsende hatten 103 deutsche Jagdflieger je über 100 Luftsiege erzielt; 13 waren in über 200 Luftkämpfen Sieger geblieben. Zwei Jagdflieger, Hauptmann Erich Hartmann und Major Gerhard Barkhorn, hatten jeweils über 300 feindliche Flugzeuge abgeschossen. Eine breite Mehrheit der Weltöffentlichkeit verurteilte die Sache, der die Offiziere und Mannschaften der deutschen Luftwaffe gedient hatten, aber nur wenige Kritiker fanden an der Art, wie sie ihre Pflicht erfüllt hatten, etwas auszusetzen.

Am 9. Mai 1945, einen Tag nach seiner Gefangennahme, sitzt Göring in einem Augsburger Garten Kriegsberichterstattern der Alliierten gegenüber. Als die Reporter ihm seinen prahlerischen Ausspruch während des Krieges vorhielten, er wolle Meier heißen, wenn jemals feindliche Bomber über Berlin erschienen, wurde der sonst so redselige Göring rot, fuhr sich mit dem Taschentuch übers Gesicht und schwieg, peinlich berührt.

Danksagungen

Das Register des vorliegenden Bandes wurde von Gale Linck Partoyan erstellt. Die Herausgeber sind folgenden Personen und Institutionen für ihre Hilfe bei der Vorbereitung dieses Buches zu besonderem Dank verpflichtet: **In der Bundesrepublik Deutschland:** Altenberg – Günter Sengfelder; Babenhausen – Hans Novarra; Baden-Baden – General a. D. Hannes Trautloft; Berlin (West) – Dr. Roland Klemig, Heidi Klein, Bildarchiv Preußischer Kulturbesitz, Wolfgang Streubel, Ullstein Bilderdienst; Bonn – General a. D. Adolf Galland, Roy Koch, Wanda Menke-Glückert, General a. D. Johannes Steinhoff; Koblenz – Meinrad Nilges, Marianne Loenartz, Bundesarchiv; Köln – Gebhardt Aders, Hauptmann a. D. Winfried Schmidt; Königsbrunn-Augsburg – Hanfried Schliephake; Hauptmann a. D. Horst Amberg, Gemeinschaft der Jagdflieger; Hans Ebert, Messerschmitt-Bölkow-Blohm; Heinrich Graf von Einsiedel; Hauptmann a. D. Otto Hintze; Wolfgang Mayer; Mainz-Finthen – Karl Ries; München – Dee Pattee; Günther Rall; Hans Ring; Nürnberg – Hauptmann a. D. Manfred Riegel; Ransbach – Werner Held; Rösrath-Hoffnungsthal – Janusz Piekalkiewicz; Weil – Erich und Ursula Hartmann. **In der DDR:** Berlin (Ost) – S. Hannes Quaschinsky, ADN, Zentralbild. **In Frankreich:** Paris – André Bénard, Odile Benoist, Elisabeth Bonhomme, Alain Degardin, George Delaleau, Gilbert Deloizy, Yvan Kayser, Général Pierre Lissarague, Direktor, Jean-Yves Lorent, Stéphane Nicolaou, Général Roger de Ruffray, stellvertretender Direktor, Colonel Pierre Willefert, Kustos, Musée de l' Air; George Roland, E. C. P. Armées; Soignolles-en-Brie – Jean Cuny; Toulouse – Patrick P. Laureau; Vincennes – Marcellin Hodeir, S. H. A. A. **In Großbritannien:** London – Group Captain Mieczyslaw Mumler, T. J. Krzystek, Generalsekretär, Polish Air Force Association in Great Britain; Worcester – Group Captain Aleksander K. Gabszewicz, Präsident, Polish Air Force Association in Great Britain. **In den USA:** New York – Colonel John R. Elting (Ret.); Ohio – Williamson Murray, Ohio State University; Oregon – Gordon W. Gilkey, Portland Art Museum; Virginia – Harris Andrews; Louis S. Casey; George Petersen; Washington, D.C. – Thomas T. Helde, Georgetown University; Alice Price, Pentagon; C. Glenn Sweeting, National Air and Space Museum; John G. Ulrich, Direktor, Defense Mapping Agency. Besonders nützliche Informationsquellen waren: *Angriffshöhe 4000 – Die deutsche Luftwaffe im Zweiten Weltkrieg* von Cajus Bekker, Gerhard Stalling Verlag, Oldenburg und Hamburg 1964; *Battle Over the Reich* von Alfred Price, Ian Allen Ltd., London 1973; und *Instruments of Darkness: The History of Electronic Warfare* von Alfred Price, Chas. Scribner's Sons 1977.

Bibliographie

Bücher

Aders, Gebhard: *History of the German Night Fighter Force 1917–1945.* London, Jane's Publishing Company, 1979

Baldwin, Hanson: *Battles Lost and Won.* Harper & Row, 1966

Bekker, Cajus: *Angriffshöhe 4000 – Die deutsche Luftwaffe im Zweiten Weltkrieg.* Oldenburg und Hamburg, Gerhard Stalling Verlag, 1964

Carell, Paul: *Die Wüstenfüchse.* Hamburg, Nannen, 1958

Collier, Richard:
The City That would Not Die. E. P. Dutton, 1960
Adlertag. Heyne-Taschenbuch, Bd. 858, München, 1980

Constable, Trevor J., und Toliver, Raymond F.: *Das waren die deutschen Jagdflieger-Asse 1939 bis 1945.* Stuttgart, Motorbuch Verlag, 1977

Deighton, Len: *Fighter – The True Story of the Battle of Britain.* Alfred A. Knopf, 1978

Esposito, Vincent J.: *The West Point Atlas of American Wars, Vol. 2, 1900–1953.* Frederick A. Praeger, 1959

Galland, Adolf: *Die Ersten und die Letzten. Die Jagdflieger im Zweiten Weltkrieg.* München, Franz Schneekluth Verlag, 1953

Der Jagdflieger Erich Hartmann. Bilder und Dokumente. Stuttgart, Motorbuch Verlag, 1978

Horne, Alistair: *To Lose a Battle, France 1940.* Little, Brown, 1969

Jablonski, Edward: *Terror from the Sky.* Doubleday, 1971

Mason, Herbert Molloy, Jr.: *The Rise of the Luftwaffe: Forging the Secret German Weapon, 1918–1940.* Dial Press, 1973

Middlebrook, Martin: *The Nuremberg Raid, 30–31 March 1944.* William Morrow, 1974

Mosley, Leonard, und die Redaktion der Time-Life Bücher: *Die Luftschlacht um England.* Time-Life Bücher, 1977

Obermaier, Ernst: *Die Ritterkreuzträger der Luftwaffe: Jagdflieger 1939–1945.* Mainz, Verlag Dieter Hoffmann, 1966

Parkinson, Roger: *Summer, 1940: The Battle of Britain.* David McKay, 1977

Plocher, Hermann: *The German Air Force Versus Russia, 1942.* Arno Press, 1966

Price, Alfred:
Battle Over the Reich. London, Ian Allan, 1973
Handbuch deutsche Luftwaffe 1939 bis 1945. Stuttgart, Motorbuch Verlag, 1980

Rudel, Hans-Ulrich: *Trotzdem. Kriegs- und Nachkriegszeit.* Göttingen, Verlag K. W. Schütz, 1966

Sims, Edward H.: *Jagdflieger – Die großen Gegner von einst.* Stuttgart, Motorbuch Verlag, 1969

Snyder, Louis L.: *Encyclopedia of the Third Reich.* McGraw-Hill, 1976

Steinhoff, Johannes: *In letzter Stunde. Verschwörung der Jagdflieger.* München, Paul List Verlag, KG, 1974

Tantum, W. H., IV, und Hoffschmidt, E. J.: *The Rise and Fall of the German Air Force (1933 to 1945).* WE Inc., 1969

Toliver, Raymond F., und Constable, Trevor J.: *Holt Hartmann vom Himmel. Die Geschichte des erfolgreichsten Jagdfliegers der Welt.* Stuttgart, Motorbuch Verlag, 1972

Townsend, Peter: *Duell der Adler. Die R. A. F. gegen die Luftwaffe.* Stuttgart, Goverts Krüger Stahlberg Verlag GmbH, 1970

Wernick, Robert, und die Redaktion der Time-Life Bücher: *Blitzkrieg.* Time-Life Bücher, 1976

Wood, Tony, und Gunston, Bill: *Hitler's Luftwaffe: A pictorial history and technical encyclopedia of Hitler's air power in World War II.* Crescent Books, o. J.

Ziemke, Earl F.: *The German Northern Theater of Operations, 1940–1945.* U. S. Government Printing Office, 1959

Quellennachweis der Abbildungen

Die Quellenangaben der in diesem Buch enthaltenen Abbildungen sind der Reihe nach aufgeführt. Bei mehr als einer Abbildung auf einer Seite sind die Angaben von links nach rechts durch Semikolon, von oben nach unten durch Gedankenstrich getrennt. Vorsatzblatt und Einband: Gemälde von Richard Schlecht. 6, 7: Süddeutscher Verlag, Bilderdienst, München. 8, 9: m. frdl. Gen. Hanfried Schliephake, Königsbrunn bei Augsburg; Bundesarchiv, Koblenz. 10, 11: Karl Ries, Mainz-Finthen; m. frdl. Gen. Hanfried Schliephake, Königsbrunn bei Augsburg. 12, 13: Ullstein Bilderdienst, Berlin (West). 14, 15: m. frdl. Gen. Gebhard Aders, Köln. 16: Bundesarchiv, Koblenz. 17, 18: Ullstein Bilderdienst, Berlin (West). 19: Polish Photo Agency, Warschau. 21: m. frdl. Gen. Janusz Piekalkiewicz, Rösrath-Hoffnungsthal. 23, 25: Bundesarchiv, Koblenz. 27: m. frd. Gen. Sammlung George Petersen. 30: ADN Zentralbild, Berlin (Ost). 32, 33: m. frdl. Gen. Botschaft der Volksrepbulik Polen und Edward Jablonski. 35: Wide World. 36–41: Zeichnungen von John Batchelor. 42: Bildarchiv Preußischer Kulturbesitz, Berlin (West). 44: Photo Reporters, Inc. 45: UPI. 48: m. frdl. Gen. Janusz Piekalkiewicz, Rösrath-Hoffnungsthal. 51: aus *Der Adler,* 1940, m. frdl. Gen. Universitätsbibliothek Mannheim, Foto Norbert Nordmann, Bonn. 55: USAF, Albert F. Simpson Historical Research Center. 57: Imperial War Museum, London – m. frdl. Gen. Gebhard Aders, Köln – Bundesarchiv, Koblenz. 59, 61: Imperial War Museum, London. 62: m. frdl. Gen. Janusz Piekalkiewicz, Rösrath-Hoffnungsthal. 66–69: Bundesarchiv, Koblenz. 70, 71: Bundesarchiv, Koblenz – Sammlung Wolfgang Mayer, München; Bildarchiv Preußischer Kulturbesitz, Berlin (West). 72, 73: aus *Der Adler,* 1940, m. frdl. Gen. Universitätsbibliothek Mannheim, Foto Norbert Nordmann, Bonn; Bildarchiv Preußischer Kulturbesitz, Berlin (West). 74, 75: Bildarchiv Preußischer Kulturbesitz, Berlin (West) – National Archives No. 131-NO-7-36; Bundesarchiv, Koblenz. 76, 77: m. frdl. Gen. Sammlung George Petersen. 80: Wide World. 84: Zeichnung von Frederic F. Bigio von B–C Graphics. 85: Zeichnung von John Batchelor. 87: m. frdl. Gen. Karl Ries, Mainz-Finthen. 89, 91: aus der Illustrierten *Signal,* m. frdl. Gen. George Petersen. 93: Bundesarchiv, Koblenz. 94: Imperial War Museum, London – Bernhard Jope, Butzbach; m. frdl. Gen. Sammlung George Petersen. 97: Bundesarchiv, Koblenz (2); Wide World. 98, 99: Culver Pictures. 100, 101: *Me 109 und ein Verband Wellington-Bomber* von H. Recksiegel, m. frdl. Gen. U.S. Air Force Art Collection. 102: *Stuka-Angriff auf einen englischen Hafen* von H. Recksiegel, m. frdl. Gen. U. S. Air Force Art Collection. 103: *Von einem Jäger angegriffener Sunderland-Bomber* von H. Recksiegel, m. frdl. Gen. U. S. Air Force Art Collection. 104, 105: *Deutsche Bomber über London* von Julius Schmitz-Westerholt, m. frdl. Gen. U. S. Air Force Art Collection. 106, 107: m. frdl. Gen. Karl Ries, Mainz-Finthen. 108: Karte von Tarijy Elsab. 110: aus der Illustrierten *Signal*, m. frdl. Gen. George Petersen. 113: UPI. 114: Wide World. 118: m. frdl. Gen. Werner Held, Ransbach-Baumbach. 119: Bundesarchiv, Koblenz. 120, 121: Margaret Bourke-White für *Life*. 123–127: Bundesarchiv, Koblenz. 128: UPI. 129: m. frdl. Gen. Hanfried Schliephake, Königsbrunn bei Augsburg. 130, 131: Novosti Press Agency, London. 132–139: Archiv Erich Hartmann, Weil. 140–143: Bundesarchiv, Koblenz. 144, 145: m. frdl. Gen. Sammlung George Petersen; m. frdl. Gen. Gunther Heise, München – aus *Instruments of Darkness: The History of Electronic Warfare*, © 1967, 1977, Alfred Price, verlegt bei Charles Scribner's Sons und Jane's Publishing Ltd., London; Ullstein Bilderdienst, Berlin (West). 147–151: Zeichnungen von John Batchelor. 152, 153: m. frdl. Gen. Sammlung George Petersen. 155: Imperial War Museum, London. 156: Ullstein Bilderdienst, Berlin (West). 158, 159: USAF, m. frdl. Gen. Alfred Price, Uppingham, Leicestershire. 163: MBB, Hamburg. 164: Smithsonian Institution Neg. No. 72-8522 – ADN Zentralbild, Berlin (Ost) – Smithsonian Institution Neg. No. A435416. 165: Smithsonian Institution Neg. No. 80-14838. 166: Imperial War Museum, London. 167, 168: Bundesarchiv, Koblenz. 169: Foto Norbert Nordmann, m. frdl. Gen. Johannes Steinhoff, Bonn. 171: Margaret Bourke-White für *Life*.

Register

Kursiv gedruckte Seitenzahlen verweisen auf eine Abbildung zu dem betreffenden Stichwort.